दया पवार

शीर्षस्थ दलित लेखक, कवि और समीक्षक।

1935 में जन्म।

पश्चिम रेलवे के लेखा विभाग से दीर्घ सेवा के बाद निवृत्ति।

1974 में प्रकाशित प्रथम कविता-संग्रह 'कोंडवाड़ा' को महाराष्ट्र शासन पुरस्कार। उसके बाद आत्मकथा 'बलुतं' (अछूत–1979) को कई राष्ट्रीय और अंतरराष्ट्रीय सम्मान प्राप्त और कई भाषाओं में अनुवाद।

1983 में प्रकाशित कहानी-संग्रह 'विटाल' (अपवित्र) और 'चावड़ी' (पंचायत) से दलित सृजनात्मक संवेदनशीलता के नए आयाम नजर आए। उन्होंने भगवान बुद्ध के धम्मपद से कुछ गाथाओं का पाली से मराठी में अनुवाद किया जो 1991 में प्रकाशित हुआ और काफी चर्चित रहा।

'पद्मश्री' से सम्मानित दया पवार ने श्रीलंका, फ्रांस, जर्मनी तथा अन्य कई देशों की यात्राएँ कीं।

1996 में दिल्ली में आकस्मिक निधन।

अछूत

दया पवार

रूपांतर

दामोदर खडसे

राधाकृष्ण पेपरबैक्स

पहला पुस्तकालय संस्करण
राधाकृष्ण प्रकाशन प्राइवेट लिमिटेड द्वारा
1980 में प्रकाशित

राधाकृष्ण पेपरबैक्स में
पहला संस्करण : 1998
नौवाँ संस्करण : 2026

राधाकृष्ण पेपरबैक्स : उत्कृष्ट साहित्य के जनसुलभ संस्करण

राधाकृष्ण प्रकाशन प्राइवेट लिमिटेड
जी-17, जगतपुरी, दिल्ली-110 051
द्वारा प्रकाशित

शाखाएँ : अशोक राजपथ, साइंस कॉलेज के सामने, पटना-800 006
पहली मंजिल, दरबारी बिल्डिंग, महात्मा गांधी मार्ग, प्रयागराज-211 001
1, अनमोल सोराबजी सन्तुक लेन, धोबी तलाव, मरीन लाइंस, मुम्बई-400 002

वेबसाइट : www.radhakrishnaprakashan.com
ई-मेल : info@radhakrishnaprakashan.com

बी.के. ऑफसेट
नवीन शाहदरा, दिल्ली-110 032
द्वारा मुद्रित

मूल्य : 299

ACHHOOT
Novel by Daya Pawar

ISBN : 978-81-7119-644-9

दगड़ू मारुति पवार
के हिस्से आई
दुखों की यह बनिहारी
भारतीय समाज-व्यवस्था ने
उसकी झोली में डाली—

मैं मात्र भारवाहक
उसके शब्दों का,
शब्दांकन किया मैंने

किसी को न बताएँ
यही उसकी इच्छा है

मैं भी सोचता हूँ
आप भी किसी को न बताएँ...।

—दया पवार

यह पत्थर—
इमारत के
निर्माण-कार्य से
निकाल फेंका गया।

—जैक लंडन

माँ,

तुम्हारे ही कारण
दलितों के
विराट दुखों के
दर्शन हुए।

जब कभी भी वह अकेला होता है, उससे अक्सर मेरी मुलाक़ात हो जाती है। जब से मैंने होश सँभाला है, तब से मैं उसे अच्छी तरह पहचानता हूँ। जितना अपनी परछाईं से परिचय हो, उतना परिचित है वह। पर कभी-कभी अँधेरा छा जाने पर या बदली छा जाने पर जैसे स्वयं की परछाईं लुप्त हो जाती है, वैसे ही वह भी लुप्त हो जाता है। पिछले कई वर्षों से उसे भीड़ से बड़ा लगाव रहा है। हमेशा किसी के साथ या सभा-सम्मेलनों में दिखाई देता है।

आज भी ऐसा ही हुआ। एक सभागृह में सामाजिक समस्याओं पर परिसंवाद आयोजित किया गया था। स्टेज पर प्रतिष्ठित लोग बैठे थे। उस भीड़ में वह भी सिकुड़कर बैठा था। जब उसकी बारी आती है, तब वह अपना विषय बड़े मनोयोग से प्रस्तुत करता है। अनेक लोग उसके प्रस्तुतीकरण की दाद देते हैं। कुछ लोग तालियाँ भी बजाते हैं। सभा समाप्त होती है। उसके चारों ओर मँडराने वाले चेहरे ग़ायब हो जाते हैं। मेरे पास आकर वह कहता है, "मेरा भाषण कैसा रहा?"

"बहुत अच्छा भाषण दिया तूने। पर एक बात तो बता? तू कभी ख़ुश नहीं दिखता? हमेशा परेशान-सा लगता है!"

"लगता है, तूने मुझे बहुत दिनों बाद आड़े हाथों लिया है। अरे, आज तक मैंने तुझसे छिपाया ही क्या है?"

"तुम्हारा एक प्रोफ़ेसर दोस्त तुम्हें 'दलित ब्राह्मण' कहकर गाली देता है!"

"उसके कहने में सत्यांश है। ऊपरी तौर पर देखने से कोई भी कहेगा, मैंने एक सुखी आदमी की शर्ट पहन रखी है। सात-आठ सौ की सरकारी नौकरी है। वह भी ऑडिटर की। माई-बाप सरकार ने, किराये का ही सही, सबर्ब में मकान दिया है। पढ़ी-लिखी पत्नी है। दो लड़कियाँ पढ़ रही हैं। अपना नाम चलाने के लिए पाँच-छह साल का लड़का हाथों-कन्धों पर नाच-फुदक रहा है। बड़ी लड़की की शादी हो गई है। पिछले साल ही उसे लड़का भी हुआ। यानी मैं उम्र के चालीसे में ही नाना बन गया। मुझे देखकर ऐसा नहीं लगता। कुल मिलाकर बेल ऊपर चढ़ती हुई फल-फूल रही है।"

"फिर भी तू उदास रहता है? क्या खो गया है तुम्हारा?"

"उस गुरखे लड़के की कथा मालूम है तुम्हें? उसकी टोपी गुम हो गई थी!"

मेरे 'नहीं' कहने पर वह बोला, "एक गुरखे की टोपी गुम हो गई थी। लड़के को टोपी की याद आई। खाते-पीते उसे टोपी ही दिखती। इसको लेकर वह सदैव बेचैन रहता। एक दिन हमेशा की तरह वह जंगल में ढोर चराने गया। जंगल में शहर से आया एक प्रेमी-युगल प्रेमालाप कर रहा था। गुरखा उनका संवाद सुनता है। प्रेमी अपनी प्रेमिका की आँखों में झाँकते हुए कहता है, 'हे प्रिये, मुझे तुम्हारी आँखों में चाँद, सूरज, फूल, सागर, सुहानी शाम का नन्दनवन दिखाई दे रहा है।' चोरी से संवाद सुननेवाला गुरखा आगे बढ़कर पूछता है, 'अरे, ज़रा देखना भाई, मेरी गुम टोपी उन आँखों में कहीं दिखाई देती है?' "

"दार्शनिकों का मुखौटा पहन इस तरह मत बको। ठीक-ठीक बताओ, क्या हुआ? सीधे-सीधे क्यों नहीं बताते।"

"कैसे बताया जा सकेगा सीधे-सीधे? वह सारा क्या एक दिन का है? पूरे चालीस साल की ज़िन्दगी का जीवित इतिहास है...रात में कौन-सी सब्ज़ी खाई, आज याद नहीं रहता। वैसे मैं बड़ा भुलक्कड़ हूँ। विस्मरण की आदत के कारण ही जीवित रह सका, नहीं तो सिर फटवाकर मरने की बात थी। मुझे एक भी बच्चे की जन्म-तिथि याद नहीं। पत्नी ही उनके जन्म-दिनों की याद दिलाती है।"

"पर तू कैसे बड़ा होता गया, किसकी गोद में तुम्हारी परवरिश हुई, यह सब बताने में क्या एतराज है?"

"ठीक है। जैसा याद आए, बताता हूँ...।"

कोंडवाला [काँजीहाऊस] में मेरी पसन्द की एक कविता है :

सागर में हिमखंड ज्यों डूबकर बचे
ठीक उसी तरह ये दुख
शिखर लाँघ-लाँघकर आते हैं
यादों की दाहक बूँदें
शरीर पर तेजाब छिड़कने-सी
आग दहका जाती हैं
काँधे पर ज़िन्दगी का यह सलीब
और माथे पर भाग्य की तख़्ती ठोंककर
तुमने खुल्लमखुल्ला हाथ झटक लिये हैं

अब भूतकाल की खाल खींचकर
साफ़ चेहरे से कैसे घूमा जा सकता है!

यह कविता मुझे अपनी ही उम्र का आईना लगती है। मेरा चेहरा इस तरह जमा हुआ, ज्यों समुद्र में कोई हिमखंड डुबोया हो। उसका सिर, शिखर लोगों को दिखता है। इसके आधार पर लोगों के तर्क-वितर्क। मैंने जो भूतकाल भोगा है, वह सागर में पोसा-पाला गया बर्फ़ के पहाड़-सा विशाल-विस्तृत है। जब से मुझमें समझ आई है, तब से वह मुझे चकमा दे रहा है। इसे पकड़ते समय प्राण काँपने लगते हैं। काफ़ी दिनों तक तो ऊपरी सतह पर दिखनेवाले इसी शिखर पर मोहित हुआ। अनेक बार शॉक दिया। अब कुदाल लेकर इसे तोड़-फोड़ डालें, ऐसी कुछ तुम्हारी इच्छा लगती है। मुझे शंका है, वह टूटेगा भी या नहीं! परन्तु तोड़ते समय मेरी दशा पोतराज-सी होगी। तूने देखा होगा—पोतराज अपने ही खुले बदन पर कोड़े बरसाता था। पैरों के घुँघरू बजाता। मज़बूत बाहुओं में सुई घोंप लेता। उसके बदन से ख़ून का फ़व्वारा फूटता। लोग तालियाँ बजाते। कोई 'बेचारा' कहकर आहें भरता।...मेरी भी हालत ठीक वैसी ही होगी...और यदि मैं दया का पात्र बन गया तो?

"इसमें तुम्हारा क्या दोष?"

यह मुझे अच्छी तरह मालूम है। यदि मेरा जन्म बर्फ़ीले टुन्ड्रा प्रदेश में हुआ होता तो क्या ऐसा ही भूतकाल मेरे हिस्से आता? वहाँ भी दुख-तकलीफ़ें होंगी, परन्तु उनका स्वरूप अलग होगा। इस तरह का मनुष्य-निर्मित भयंकर दुख न होगा। यह सब बताते समय ठीक मुझसे ही मुलाक़ात हो पाएगी या नहीं, यह मैं फिलहाल नहीं बता सकता। यह कोई ज़रूरी तो नहीं कि आईने को उसके सामने खड़े हर आदमी के बारे में सबकुछ मालूम हो ही। अब इसी बात पर ग़ौर करो न। मेरा नाम है 'दगड़ू'। यह तो तू भूल ही गया होगा। मैं भी भूल गया था। पर आज भी तुम्हें स्कूल के सर्टिफ़िकेट में यही नाम मिलेगा। आज इस शहर में मुझे इस नाम से कोई नहीं जानता। पता नहीं, बीवी-बच्चों को भी यह नाम मालूम है या नहीं। मुझे बचपन से ही इस नाम से घृणा-सी रही। शेक्सपियर कहता है—'नाम में क्या रखा है?' पर मेरे ही हिस्से यह 'दगड़ू' नाम क्योंकर आए! धरती के जिस टुकड़े पर जन्म लिया, वहाँ सभी के इसी प्रकार के नाम हैं—कचरू, धोंड्या, सटवा, जबा...सब इसी तरह। किसी माँ ने बड़े प्यार से गौतम नाम रखा कि उसका तत्काल 'गवत्या' हो जाता। यही परम्परा थी। 'मनुस्मृति' में शूद्रों के नामों की सूची देखी—इसी प्रकार तुच्छतादर्शी। ब्राह्मणों के नाम विद्याधर, क्षत्रियों के बलराम, वैश्यों के लक्ष्मीकान्त और शूद्रों के शूद्रक, मातंग। वही परम्परा बीसवीं सदी में भी जारी रही।

बचपन में माँ कहती थीं : 'बेटा, तुझसे पहले दस-बारह बच्चे दफ़न कर चुकी थी। बच्चे जीते ही नहीं थे। मनौती की। तू पैदा हुआ। किसी ने कहा कि 'दगड़ू', 'धोंड्या' नाम रखो, बच्चा जियेगा...।'

इस तरह मेरा नामकरण हुआ। स्कूल जाने लगा। यह नाम मुझे पसन्द नहीं, यह बात कक्षा के लड़कों को मालूम थी। इसलिए वे मुझे डी.एम. कहते। कोई मित्र घर आकर दरवाज़े पर मुझे पूछता तो दादी कहती : 'डलामू घर में नयी हय।'

डी.एम. का उसकी भाषा में यही रूपान्तर था।

मेरा बचपन कभी गाँव में तो कभी शहर में बीता। मेरा एक पैर गाँव में और दूसरा शहर में होता। इसलिए आज भी मैं पूर्णतः गाँव में या पूर्णतः शहर में नहीं रहता। मेरी मानसिकता भी दो भागों में बँटी हुई है, दो दिशाओं की ओर—जरासन्ध-सी।

पिताजी बम्बई की सुक्या गोदी में काम करते थे। उन्हें मैं 'दादा' कहता था। आज भी मेरा बेटा मुझे 'दादा' कहता है। वह डैडी या पप्पा कहे, यह मुझे क़तई पसन्द नहीं। यह सब देशी कँटीले झाड़ों में विलायती कैक्टस की क़लम लगाने-सा लगता है!

हाँ, तो मैं कह रहा था...उन दिनों हम कावाख़ाना में रहते थे। दस बाई बारह का कमरा। भीतर ही नल। संडास कॉमन। माँ, दादी और चाचा का परिवार भी वहीं।

आज आपको बम्बई के नक्शे में कावाख़ाना नहीं मिलेगा। उन दिनों फारस की खाड़ी से छूटनेवाली ट्राम फोरास रोड नाका से गिरगाँव की ओर जाती थी। दादी ने घोड़ों की ट्राम देखी थी। दादी पुरानी बातें सुनाती। मेरी आँखों के सामने एक दृश्य कौंध जाता। घोड़ा ट्राम कैसे खींचता होगा...उसके नथुनों से कैसा झाग निकलता होगा...इसी पुल के पास से नागपाड़ा शुरू होता था। इसी नागपाड़ा में कावाख़ाना था। आज वहाँ पाँच-छह मंज़िल की विशाल इमारत है। कावाख़ाना के एक ओर चोर बाज़ार। दूसरी ओर कामाठीपुरा। गोलपीठा में वेश्याओं की बस्ती। इन दोनों के ठीक बीचोबीच कावाख़ाना की बस्ती थी।

इस इलाक़े में महार लोग छोटे-छोटे द्वीप बनाकर रहते थे। ये संगमनेर, अकोला, जुन्नर, सिन्नर की तराइयों से आए हुए लोग थे। आसपास ईसाइयों-मुसलमानों की बस्ती थी।

महार लोगों के मकानों की व्यवस्था बड़ी घटिया थी। एक-एक दड़बे में

दो-तीन उप-किरायेदार। बीच में लकड़ी की पेटियों का पार्टीशन। लकड़ी के इन्हीं सन्दूकों में उनका सारा संसार!

पुरुष हमाली (मज़दूरी) करते। किसी मिल या कारख़ाने में जाते। स्त्रियों को कोई भी परदे में न रखता। उलटे पुरुषों की अपेक्षा वे ही अधिक खटती थीं। शराबी पति उन्हें कितना भी पीटें, वे उनकी सेवा करतीं। उनका शौक़ पूरा करतीं। सड़कों पर पड़ीं चिन्दियाँ, काग़ज़, काँच के टुकड़े, लोहा-लंगर, बोतलें बीनकर लाना, उन्हें छाँट-छाँटकर अलग करना और सुबह बाज़ार में ले जाकर बेचना—यही उनका धन्धा था। वहीं पास ही मंगलदास मार्केट में कपड़े का व्यापार चलता था। उन दुकानों से फेंके गए काग़ज़ आदि ये औरतें इकट्ठा करतीं। सबकी अपनी-अपनी दुकानें तय थीं। कचरा उठाने के लिए झगड़े होते। वहाँ की दुकानों के नौकरों को छोटी-मोटी रिश्वत भी दी जाती। कुछ औरतें पास के ही वेश्यालय में वेश्याओं की साड़ियाँ धोतीं। कीमा-पाव से ऊबी वेश्याओं के लिए कुछ औरतें बाजरे की रोटियाँ और रायता पहुँचातीं। शौक़ीन ग्राहक इन आयाओं की ही माँग कर बैठता! ऐसे समय काँच-सी इज़्ज़त बचाने के लिए वे सिर पर पैर रखकर भागतीं।

कावाख़ाना की एक और ख़ासियत थी। बस्ती के पास ही एक क्लब था। क़रीब-क़रीब खुला। बड़े हॉल के सामने खुली जगह में चटाई की दीवारें। विलायती टाट की छत। इसी क्लब को कावाख़ाना कहते। यहाँ गोरे साहब, यहूदी, ऊँची क़द-काठी के अरबी लोग, उनमें एकाध हब्शी—ये सारे लोग दिन-भर जुआ खेलते। उनके खेल भी विविध—ताश के तीन पत्तों के खेल, बिलियर्ड आदि। चमकदार रंग-बिरंगे गोले चिकनी छड़ी से छेद में लुढ़काते। इस बिलियर्ड खेल को हम बन्द दरवाज़ों की दरारों से देखते रहते। वे लोग अपने व्यवहार से यह ज़ाहिर करते रहते कि यह खेल ग़रीबों का नहीं है।

क्लब के ये अमीर लोग काम-धन्धों पर कभी जाते न दिखते। सुबह से रात के बारह तक वहीं पड़े रहते। बिना दूध की चाय पीते। ऐसा ही एक और पेय वे पीते, जो कोको के बीज से तैयार किया जाता। उसे वे 'कावा' कहते। इस गहरे काले पेय से गाजर जैसे लाल सुर्ख़ यहूदियों को कौन-सा आनन्द मिलता होगा, भगवान जाने!

यहूदियों से एक बात याद आई। मुर्ग़ी मारने का उनका बड़ा अजीब तरीक़ा था। वे मुर्ग़ी के आर-पार छुरी नहीं घुमाते थे। सिर्फ़ आधा गला काटकर मैदान में फेंक देते। मुर्ग़ी के गले से होता ख़ून का छिड़काव और उसकी जानलेवा छटपटाहट। यह क्रूर खेल देखा न जाता। यहूदी मंडली के विशाल मन्दिर के पास ही यह हत्याकांड निरन्तर चलता रहता। स्कूल जाने-आने का वहीं से रास्ता था। यह सब देखकर रोंगटे खड़े हो जाते।

कभी-कभी क्लब के लिए बस्ती को हैरानी होती। कब हुल्लड़ होगा, कुर्सियों-बरनियों[1] की फेंक-फाक होगी—बताना मुश्किल होता। दिन-भर सट्टा, बेटिंग, रेस—यही शब्द कानों से टकराते। बैठे-बैठे हज़ारों रुपये आरपार हो जाते। कोई कंगाल होता, कोई मालदार। हम जब सोकर उठते तो पूछा जाता, रात में कौन-सा सपना देखा?

सपने में आग देखी तो अमुक आँकड़ा, पानी दिखा तो फ़लाँ आँकड़ा—बस यही सिलसिला जारी रहता। 'चिनाबेटिंग' खेलने के लिए एक आना भी पर्याप्त होता। इस खेल में घर के सभी स्त्री-पुरुष बड़े उत्साह से भाग लेते। फ़ुटपाथ के धूल-धूसरित पगले को भी इस खेल में अच्छा मूल्य मिलता। उसके इशारों के अर्थ निकाले जाते। इससे किसी की क़िस्मत चमक जाती तो उस पगले को योगी-सा मूल्य मिलता।

क्लब के पास ही घोड़े के नाल के आकार की एक खपरैली चाल थी। उसी में हम लोग रहते थे। हमारे कमरे के पास ही दादी की बड़ी बहन के चार कमाऊ पूत रहते थे। मेरे सगे चाचा का नाम जबा था। मौसेरे चाचाओं के नाम थे—रभा, नबा, शिवा और कबा। इनमें से किसी को मैं 'तात्या' कहता, किसी को 'बाबा'। इनमें से कोई हथगाड़ी खींचता, कोई हमाली करता। शुरू-शुरू में अकेले पिताजी ही गोदी में थे। बाद में उन्होंने एक-एक कर सबको गोदी में चिपका दिया।

दादी भायखला के पास ही कुत्तों के दवाखाने में काम करती थी। एक परिचित साहब की मेहरबानी से उसे काम मिला था। वहाँ साहब लोगों के कुत्ते उपचारार्थ आते। कुत्तों का मैल निकालना, उन्हें साबुन से नहलाना, उन्हें दूध पिलाना आदि काम दादी के थे। कभी-कभी मैं भी दादी के साथ जाता। मुझे कुत्तों के पिल्ले बड़े प्यारे लगते। उन्हें देखते रहना बड़ा अच्छा लगता। चीनी-मिट्टी के उथले बरतन में दूध पीते समय उनकी 'मच्-मच्' आवाज़ बड़ी मज़ेदार लगती। उन्हें सहलाने का मोह होता। परन्तु साहब बिगड़ेगा, यह सोचकर हाथ लगाने का साहस न होता।

वैसे कावाख़ाना में हमारे रिश्तेदारों का एक छोटा-सा द्वीप ही था।

बारिश में आदमी ज्यों अपना कोट समेट लेता है, ठीक उसी तरह ये सारे रिश्तेदार एक-दूसरे के साथ रहते। उनका प्रेम और द्वेष साथ-साथ चलता। लड़ाई-झगड़ों के समय ऐसा लगता कि वे एक-दूसरे का मुँह भी नहीं देखेंगे। इतने विशाल महानगर में अलग-अलग बिखर जाएँगे। परन्तु वैसा न होता। मूँगफली का पौधा उखाड़ने पर ज्यों सारी फलियाँ बेल के साथ बाहर आ जाती हैं, ठीक वैसी ही उनकी एकता थी। ये लोग जब यहाँ रहने आए, तब सामने वाली विशाल

1. मर्तबान।

इमारत ख़ाली ही थी। परन्तु सीढ़ियाँ चढ़ने-उतरने की तकलीफ़ न हो, इसलिए उन्होंने तल की यह खपरैली चाल पसन्द की। शायद कभी यह घोड़ों का तबेला रहा हो। उनकी नासमझी पर आज भी हँसी आती है।

परन्तु यही कारण रहा हो, ऐसा नहीं लगता। उनका धन्धा सारे बम्बई का कचरा जमा करने का था। ऐसी हालत में कचरा जमा करनेवालों को फ़्लैट में भला कौन रहने देगा? परन्तु इस कारण उन्होंने नरक-से दिन काटे! बाद में मेरे जीवन के उत्साह-भरे दिन इसी गटर में बरबाद हो गए। बरसात में क़रीब-क़रीब सबके घर चूते। सारी रात छतें टपकती रहतीं। घमेले[1]-पतीली जगह-जगह रखे जाते... इस जलतरंग की आवाज़ में कब नींद आ जाती, पता भी न चलता।

आसपास के घरों से मैं अकेला ही छोटा था। मेरा बड़ा लाड़-प्यार होता। सिरदर्द के बहाने यदि मैं गुदड़ी पर पड़ा रहता तो तुरन्त मेरे लिए ईरानी होटल से गरम-गरम पोहा आ जाता। मेरा सिरदर्द तत्काल ग़ायब हो जाता। मेरी बीमारी की घर में खिल्ली उड़ाई जाती। परन्तु मुझ पर कोई न बिगड़ता।

ऐसा ही एक पगार का दिन था। पिताजी और चाचा को एक-सी पगार मिलती थी। मैंने सूट-बूट की ज़िद की। मैं सात-आठ साल का था। सूट-बूट पहनने की शायद मेरी उम्र न रही हो। मैंने रो-रोकर आसमान सिर पर उठा लिया। अन्त में वे मुझे पीला-हाउस ले गए। इतनी भव्य, चमकदार, काँच की दुकान मैंने पहली बार देखी। मेरे लिए वूलन कोट-पैंट, पाँवों के लिए चमकते जूते ख़रीदे जाते हैं। घर जाने तक का धीरज मुझमें नहीं था। दुकान में ही कपड़े बदलता हूँ। मुझे देखकर पिताजी को न जाने क्या लगा कि उस दिन सबका ग्रुप-फ़ोटो खिंचवाया जाता है। मैंने यह फ़ोटो कई वर्षों तक सँभालकर रखा था। पर इन बीस-पच्चीस सालों की खानाबदोश गृहस्थी को पीठ पर लादे-लादे बम्बई में ही कई तबादले सहे। इस भागदौड़ में वह फ़ोटो कब ग़ायब हो गया, पता नहीं। मुझे आज भी लगता है कि मेरा अनमोल ख़ज़ाना लुट गया। पिताजी और चाचा का वह दुर्लभ फ़ोटो...सिर्फ़ इतनी ही याद मैं सँभाल सका था। पर वह क्षण भी समय की गर्त में दफ़न हो गया।

पिताजी का चेहरा आज भी याद है। पिताजी काले साँवले, शीशम-से। ऊँचे, लम्बे-लम्बे। उनकी पोशाक बड़ी शानदार होती। सफ़ेद-शुभ्र मर्सराईज़ की महँगी

1. तसला।

धोती। वूलन का कोट। सिर पर ऊँची, काली गन्धर्व-छाप टोपी। बहुत सुन्दर हँसते। हँसते समय उनके दाँत में लगी सोने की कील चमकती। वैसे वे अँगूठा-छाप थे, परन्तु फ़ोटो खिंचवाते समय हाथ में भारी-भरकम ग्रन्थ और कोट की जेब में पेन रहता।

चाचा बड़े रोबदार। पीछे की ओर मुड़ते हुए घुँघराले बाल। अप-टू-डेट रहते। शुरू-शुरू में अखाड़े जाते थे। गतका-पेटी, लाठी-काठी खेलते। गतका-पेटी से नींबू के दो टुकड़े यूँ ही कर डालते। उनके गले में ताक़त की ताबीज़ बँधी होती।

दादी बड़ी भोली, बातूनी। देवकी नाम था उसका। जवानी में ही पति मर गया। बड़ी हिम्मत से उसने अपना वैधव्य निभाया।

बड़ी मेहनत से रोटियाँ जुटाकर उसने अपने दो बेटे किसी लायक़ बनाए।

उससे यदि पूछा जाए, "दादी, तू बम्बई कब आई?" वह दूर कहीं देखते हुए कहती :

"उसका ऐसा है बेटे, तेरा दादा भाँग-ताड़ी से मरा। तेरा बाप इत्ता-सा था। चाचा तो बहुत छोटा। उस वक़्त गाँव में बड़े जुल्म होते, तालुके के मामलेदार-सा जुल्म। महारकी की पारी आती। घर में कोई प्रमुख नहीं था। तब भाई-भतीजे भी छलते। मरी-माँ की गाड़ी खींचने जाना पड़ता। साथ ही गाँव की महार विधवाएँ देवी का आह्वान करतीं। धारणा यह थी कि इनके इस तरह चिल्लाने से गाँव में देवी का कोई कोप नहीं होता। तभी गाँव में चेचक की बीमारी आई। उस समय मरी-माँ की गाड़ी मुझे एक गाँव से दूसरे गाँव खींचते हुए ले जाना पड़ता। होली का त्योहार था। उस त्योहार में यह डर होता कि तले पदार्थ या मीठे पकवानों के कारण देवी का प्रकोप बढ़ सकता है। इसलिए गाँव के पटेल मुझे यह ऐलान करने को कहते थे कि 'गाँव में कहीं भी पकवान न बनें'। तब मैं घुंघरू वाली लाठी लेकर आवाज़ देती जाती। विठोवा के मन्दिर की सीढ़ियों पर कोंडीबा बैठा हुआ था। उसकी आँखों में जवानी की मस्ती थी। पता नहीं, उसके मन में क्या आया। शायद मेरा मज़ाक उड़ाना चाहता था, बोला, 'पकड़ो रे, इस महारिन को! इसका दिमाग़ ख़राब हो गया है। इसे चौपाल पर बाँध दो। मन में जो आया सो बकती है!' तब तक काफ़ी लोग जमा हो गए। कोई मुझ पर हँस रहा था, कोई आँखें तरेरकर देख रहा था।

"मैंने गाँव वालों को हाथ-पैर जोड़े। मैंने किसके कहने पर आवाज़ दी है, यह बात क़सम खाकर बताई। परन्तु गाँव वाले सुनने को तैयार नहीं थे। महारवाड़ा में चचेरे-देवर को ख़बर लगी। गाँव में उसकी थोड़ी-बहुत इज़्ज़त थी। जब वह आया, तब गाँववालों ने मुझे छोड़ा। रात-भर नींद नहीं आई। सोचा, माँ पांढरी में नहीं रहना चाहिए। दो बच्चों को लेकर बम्बई आई। यहाँ बहन के

आसरे रही।''

ससुर को छोड़ दादी को किसी का नाम याद न आता। अनेकों की वंशावली किताबों में पढ़ता हूँ। कुछ लोगों के वंश-वृक्ष किताबों में पढ़े हैं। परन्तु मुझे परदादा से पहले के किसी पूर्वज का नाम नहीं मालूम। ऐसा कहते हैं कि वंशावलियाँ तीर्थक्षेत्रों के पंडों की पोथियों में रहती हैं...परन्तु मेरे पूर्वज ऐसे तीर्थक्षेत्रों में गए होंगे क्या? यदि गए भी होंगे तो जेजुरी के खंडोवा के दर्शन हेतु गए होंगे।

एक दूसरी घटना के कारण दादी मेरे मन में गहरे बैठ गई। घर का कमाऊ आदमी खाना खाने बैठता कि दादी भी उसके सामने आ बैठती। उसकी पीठ पर हाथ फेरती और उसके मुँह से ये शब्द निकलते, ''बेटा, गपागप खा!''

पिताजी घर के मुखिया थे। जब तक वे रोटी-पानी लाकर देते रहे, तब तक दादी उनके पास बैठी। पिताजी के बाद चाचा का नम्बर लगा। वे एक बार धुत्त पीकर घर आए। चाचा खाने बैठे और दादी की रट चालू हुई, ''बेटा, गपागप खा!''

उस दिन चाचा बहुत क्रोधित हुए। गुस्से में आकर उन्होंने अपनी थाली सामने के आँगन में फेंक दी। सारा खाना मिट्टी में मिल गया। वे गुस्से में बोले, ''अब फिर कहेगी, गपागप खा, गपागप खा! क्या मैं छोटा बच्चा हूँ?''

बस, दो-चार दिन के लिए दादी मौन रही। पर उसकी आदत नहीं छूटी। बाद में जब मैं बड़ा हुआ, दो पैसे कमाकर घर लाने लगा, तब दादी मेरे भोजन के वक़्त पास बैठती। पीठ पर हाथ फेरती और कहती, ''बेटा, गपागप खा!'' मेरी आँखें डबडबा जातीं।

आज दादी नहीं है। जब खाना खाने बैठता हूँ, उसकी याद आती है। उसके शब्द कानों में गूँजते हैं। वैसे दादी ने अपनी सारी उम्र में इत्ता-सा भी सुख नहीं भोगा। आज भी मुझे आश्चर्य होता है कि उसके स्वभाव की कोमलता इतने कड़वे यथार्थ से भी कैसे नहीं खुरची गई? दादी जैसी पुरानी पीढ़ी के लोग आज लुप्त हो रहे हैं। सिर्फ़ अपने व्यवहार में कड़वाहट लिये लोग ही चारों ओर दिखाई देते हैं।

मैं तालुके के अंग्रेज़ी स्कूल में पढ़ रहा था। जब दादी को बम्बई में यह मालूम हुआ कि मेरी दाढ़ी-मूँछ निकल आई है, तब उसकी ख़ुशी का ठिकाना न रहा। चाचा-चाची को बिना बताए उसने मेरे लिए दाढ़ी बनाने का सामान भेजा। कितना ही वक़्त गुज़र गया है, फिर भी मैं उसी मशीन से दाढ़ी बनाता हूँ। वैसे मशीन अब बहुत ख़राब हो चुकी है, पर उसे फेंकने की इच्छा नहीं होती।

कुछ लोगों को पुनर्जन्म की घटना याद रहती है। रवीन्द्रनाथ टैगोर जैसी मेरी बुद्धि तेज़ नहीं है कि मैं अपने पुनर्जन्म की घटनाएँ बता सकूँ। परन्तु आँखों पर ज़ोर देकर जब मैं मुड़कर देखता हूँ, तब स्कूल जाने से पहले की एक घटना मेरे कलेजे पर कुरेदकर लिखी गई दिखती है। उस घटना ने मेरे भीतर गहरा जख़्म बनाया।

माँ और मैं गाँव में रहते थे। पिताजी बम्बई से कभी-कभी मिलने आ जाया करते। उस दिन पिताजी रात में ही आए। साथ बम्बई का पाव-खजूर, चमकीली कृष्ण छाप रेशेवाली टोपी, कोरे शुभ्र कपड़े लाए। मैं रात-भर ख़ुशी के मारे सो नहीं सका। सुबह-सुबह नींद लगी और जल्दी ही खुल गई। पिताजी घर के सामने वाले बड़े पत्थर पर बैठकर मंजन कर रहे थे। इतने में हमारे घर की ओर दो पुलिस वाले आते हैं। कुछ समझने से पहले ही पिताजी के हाथों में हथकड़ियाँ पहना दी जाती हैं। माँ दहाड़ मारकर रो रही थी। मेरी तो ज़ुबान ही बन्द हो गई। स्तब्ध आँखों से मैं इस दृश्य को देख रहा था। महारवाड़ा में यह बात हवा की तरह फैल गई। पिताजी को ख़ून के आरोप में गिरफ़्तार किया गया था। उन दिनों महारवाड़ा में आपसी बैर बहुत अधिक था। पवार विरुद्ध रूपवते—ऐसे दो दल। आपसी दुश्मनी इतनी थी कि पवार-दल का यदि कोई मर जाता तो रूपवते-दल एक पुतला बनाकर उसकी शव-यात्रा निकालते। बाजे के साथ वह 'जनाज़ा' निकाला जाता। इसी तरह रूपवते के ग्रुप में किसी के मरने पर पवार-दल भी ऐसा ही करता। इन्हीं झगड़ों की यह परिणति थी कि पिताजी पर ख़ून का आरोप लगाने तक की साजिश रची गई।

महारवाड़ा में उमांआजा नाम का एक बूढ़ा रहता था। टूटे-फूटे मकान में वह अपनी गूँगी बीवी के साथ रहता था। ताबीज़ देना, भविष्य बताना, रामायण-महाभारत पढ़ना—यह सब उसका धन्धा था। उसे सब 'शकुनी मामा' कहते। वह बहुत ही काइयाँ आदमी था। किसी का भी सुख उसे फूटी आँख न सुहाता।

मरे जानवरों की किसके खेत में चीड़-फाड़ की जाए, इस बात को लेकर गाँव में विवाद उठ खड़ा हुआ। पंचायत के पास ही जगताप नाम के एक भिक्षुक का घर था। यह जगताप हमारे गाँव का नहीं था। भूले-भटके इस गाँव में आ गया था। साथ में बीवी-बच्चे भी थे। पुरानी बात है कि उस समय मेरे परदादा निःसन्तान थे। बुढ़ापे में अपनी सम्पत्ति का क्या करें, यह सोचकर उन्होंने आधी ज़मीन, बाड़ी का आधा हिस्सा, महारकी के दो आने हिस्सा इस भिक्षुक को दान में दे दिया। फिर परदादा का वंश बुढ़ापे में फलने-फूलने लगा। परन्तु थूककर चाटें कैसे? इसलिए उन्होंने दान वापस नहीं लिया। इस ख़ाली जगह में भिक्षुक ने शंकर की स्थापना की। इस मन्दिर के पास मरे जानवरों की चीर-फाड़ न हो, इसलिए पवार-रूपवते में मारपीट, विवाद हुआ। जगताप का खानदान अब रूपवते

के साथ। इस ज़मीन के लिए कोर्ट-कचहरी हुई। पवार मंडली जीत गई। इसका बदला कैसे लिया जाए, इस ताक में था उमाआजा। उसने एक युक्ति ढूँढ़ निकाली। दादा जब बम्बई रहते थे, तब उसके साथ ही उनका लँगोटिया यार मुर्हा था। एक चाय वे दोनों आधी-आधी कर पीते। पता नहीं कैसे वह बम्बई से पारे की तरह ग़ायब हो गया। उसका ख़ून पिताजी ने ही किया। उन दोनों की एक ही रखैल थी, इसलिए पिताजी ने मुर्हा का काँटा निकाल फेंका है, वह बात फैलाई गई। मुर्हा की माँ दगड़ाव मुर्ग़े का ख़ून बेटे के कपड़ों पर छिड़ककर रोती-चिल्लाती तालुके पहुँची। वैसे इस सारे नाटक का सूत्रधार उमाआजा ही था। पिताजी पर ख़ून का आरोप लगाया गया। जब मैं माँ के साथ पिताजी से मिलने तालुके की कचहरी जाता हूँ तो पिताजी घंटा बजाने की जगह सलाखों के पीछे खड़े दिखते हैं। उन्हें इस हालत में देखकर मैं रोने लगता हूँ। पास ही दो मील पर माँ का मायका था। वहाँ से माँ का चाचा तानाजी भागता-दौड़ता आया। अपनी पत्नी के गहने महाजन के पास गिरवी रखता है। फ़ौजदार की डाँट-डपट करता है। मामले में वैसे कोई ख़ास दम तो था ही नहीं। पर ख़ूनी होने का आरोप लगना ही घर के सभी लोगों के लिए रोंगटे खड़े कर देनेवाली बात थी।

इस घटना को पिताजी उम्र-भर नहीं भूल पाए। दोनों भाई मुर्हा की खोज में इधर-उधर भटकते हैं। यह अपमान चाचा के मन में भी डंक मार रहा था। उसी समय उमाआजा अपनी बेटी से मिलने बम्बई आया। उसकी बेटी कावाख़ाना में ही ब्याही थी। उस रात चाचा ने उमाआजा को हरा-नीला होने तक पीटा। उमाआजा ज़ोर-ज़ोर से चिल्ला रहा था। छुड़ाने कोई नहीं आया। इस घटना के बाद पिताजी हम माँ-बेटे को बम्बई ले आए। पिताजी के रिटायर होने तक हम कावाख़ाना में ही रहे।

सन् 1944 याद आ रहा है, क्योंकि उस साल गोदी में बम-विस्फोट हुआ था। बांद्रा में दादी की ताईबाई नाम की एक बहन थी। दादी की यह 'दूध-बहन' थी, अर्थात् माँ एक और बाप दो। उसे बचपन से ही खंडोबा की देवदासी बना दिया गया था। परन्तु जैसे ही वह सब समझने लगी, उसने वह धन्धा छोड़ दिया। मज़दूरों-सा कष्ट उठाती। बहुत प्यारा स्वभाव था उसका। उसने एक बार जो राजपुरी चूड़ियाँ पहनीं तो मरने तक नहीं फूटीं, इसकी आज भी प्रशंसा होती है। वह अपने भाई के परिवार की मदद करती। भरी जवानी में भाई मर जाने के कारण उसकी जवान बीवी को उसने बच्ची-सा सँभाला। उसके इकलौते बेटे की परवरिश की। बांद्रा में मुसलमान-ईसाई बस्ती में रहने पर भी इन्हें कोई छेड़ने का साहस

न करता। ननद को छेड़ने वाले एक मुसलमान को उसने पत्थर पर पछाड़ा था—ऐसा उसका दबदबा था!

माउंट-मेरी के पास ईसाई लड़के-लड़कियों का एक छात्रावास था। वहाँ बाज़ार-हाट पहुँचाना, मटन पहुँचाना—दादी का यही धन्धा था। माउंट-मेरी का मेला जब लगता, तब परिवार के सभी सदस्य सात-आठ दिन पहले ही उसके घर जा धमकते। एक बात तो यह थी कि उसके घर खाने-पीने की मौज थी। मटन-मछली पर्याप्त मात्रा में मिलते; माउंट-मेरी के मेले में ऊधम-मस्ती करने को मिलता। उसका घर खाड़ी के पास ही था। वहीं किनारे थोड़ा तैर भी लेते। सारे वातावरण में मछली की गन्ध, शंख-सीपियों की बहार। समुद्र-किनारे लकड़ी और रेती के घर बनाने का खेल।

ऐसी ही एक शाम समुद्र-किनारे तैर रहा था। सूरज डूबने में बहुत समय नहीं था। अचानक कुलाबा की दिशा से समुद्र में भयानक ज्वाला दिखने लगी। मिट्टी के तेल से समुद्र सुलग उठा। ऐसा था दृश्य। कान के परदे फाड़नेवाला विस्फोट भी हुआ। दौड़ते-भागते घर आया। साथ में दादी। रेलगाड़ी में इसी की चर्चा। बॉम्बे सेंट्रल पर उतरा। बाहर आकर देखा कि हर कोई जो भी वाहन मिले, उससे बम्बई छोड़ रहा है। सारे शहर में हाहाकार। क्या हुआ, ठीक से किसी को नहीं मालूम। कावाख़ाना में आते ही मालूम हुआ कि गोदी में बम-विस्फोट हुआ है। हम घर में सभी चिन्ता में चूर। दादा और तात्या गोदी में काम पर थे। दादा और तात्या घर आए, ख़ुश-ख़बरी लेकर। अभी गोदी में अग्निकांड हुआ है। बहुत बड़ी सम्पत्ति अब हाथ लगेगी, इसी ख़ुशी में सब मस्त थे। कावाख़ाने में कई तरह की चर्चाएँ होतीं। किसी के यहाँ छप्पर फटने से सोने की ईंटों की वर्षा हुई तो किसी को राख में सोने का घड़ा मिला। बस, यही चर्चा।

प्रातः सब लोग जो भी वाहन मिला, उसी से अग्निकांड की दिशा की ओर भागते हैं। सात-आठ दिनों तक यही क्रम। एक दिन तो वे सफ़ेद-शुभ्र काग़ज़ हाथगाड़ी पर लादकर लाए। उनके चेहरे पर अलादीन की ख़ुशी झलक रही थी। सब भीगा हुआ था। बहुत बड़े काग़ज़ की रील थी। सारे घर में, आँगन में, सभी ओर काग़ज़ सुखाया जा रहा था। घर में गीले काग़ज़ की चमत्कारिक गन्ध। काग़ज़ सूखने के बाद पास के ही काग़ज़ गोदाम में अच्छे भाव पर बिक गया। भविष्य में इसी काग़ज़ से पाला पड़ेगा। इसका सपना भी उस समय कैसे आता? कावाख़ाना में मुझे राख के अलावा कुछ नहीं मिला। रत्ती-भर सोने का नाम न था।

नागापाड़ा के नगर परिषद् स्कूल में मेरा नाम लिखवाया गया। शायद दूसरी तक मैं वहाँ था। अँगुलियों में सोने की अँगूठियाँ पहननेवाला एक चमार मास्टर याद आता है। स्कूल के सर्टिफ़िकेट में मेरी जो जन्म तारीख़ है न, वह मुझे कभी भी सही नहीं लगी। कैसे लगेगी? माँ-बाप अनपढ़। अन्दाज से कोई तारीख़ डालनी थी। इसलिए कभी जन्म-दिन नहीं मनाया गया। इसी बीच कुछ साल गाँव और बम्बई की आवाज़ाही में कट गए। दूसरी के बाद बम्बई छोड़ दी। उसके लिए प्रतिकूल कारण भी थे।

पिताजी दारू के फन्दे में पूरी तरह फँस चुके थे। इसकी लत उन्हें कब लगी, याद नहीं। कौन बताए? शायद मेरे जन्म के पहले से ही पीते हों। वैसी परम्परा भी थी। उस वातावरण में दारू पीना कोई बुरा न समझता। वैसे घर में उनका तनिक भी ध्यान न रहता। पगार मिली कि पिताजी दस-पन्द्रह दिन ग़ायब। घर आते ही नहीं थे। माँ बेचारी बाज़ार जाकर काग़ज़ जमा करती। उसकी कमाई पर रो-धोकर गुज़ारा होता। कभी-कभी माँ निराश हो जाती। पर पिताजी के सामने मुँह खोलने की उसकी हिम्मत न होती। पगार के दिन माँ मुझे अँगुली पकड़कर गोदी के गेट के पास ले जाती। हम घंटों पिताजी की राह देखते। गोदी के कई दरवाज़े थे। पिताजी किस दरवाज़े से ग़ायब हो जाते, मालूम ही न पड़ता।

गोदी में पिताजी क्या काम करते थे, उन्हें कितनी पगार मिलती थी, यह अब नहीं बता सकते। पर एक-दो बार उनके लिए रोटी लेकर गोदी में जाने की बात पक्की याद है। बाहर से गोदी की भीतरी व्याप्ति का अन्दाज़ नहीं लगता। मचलता, ख़ूब दूर तक फैला हुआ मचलता नीला समुद्र। उस पर ऊँची इमारतों की तरह झूलते जहाज़, जहाज़ों में चढ़ते-उतरते गोरे साहब। उनका उस समय कितना रुआब था! भारतीय मज़दूर उनके लिए कचरा थे।

उन दिनों गोदी में हुई एक घटना के बाद कामगारों में बहुत असन्तोष फैल गया था। गेट के दरवाज़े के पास बैठा एक मज़दूर लंच टाइम में अपनी पोटली की रोटी खा रहा था। वहाँ से जा रहे एक गोरे अधिकारी ने उसका भोजन बूट की ठोकर से उड़ा दिया। कामगार को ग़ालियाँ दीं। पूरी गोदी में इस कारण असन्तोष की आग भड़क उठी। रोकड़े नाम के एक तरुण ने इसका विरोध बड़े धैर्य से किया। अधिकारी जब तक माफी नहीं माँगता, तब तक आमरण अनशन की घोषणा। इस बात का समुचित असर हुआ। कामगारों को अपनी अस्मिता का बोध हुआ। आगे चलकर रोकड़े को मज़दूर-नेता के रूप में बहुत प्रसिद्धि मिली। ये रोकड़े कावाख़ाने में आते हैं। पिताजी और चाचा से बातचीत करते हैं। इस

बात का बचपन में मुझे बड़ा गर्व होता।

तो मैं क्या बता रहा था? पिताजी का काम। वे स्किल्ड वर्कर नहीं थे। एक बड़ी भट्ठी के पास बैठते। सारी गोदी का कचरा जलाना ही उनका काम था। अब पता लगता है कि पिताजी की सर्जनात्मक शक्ति गोदी ने क्यों नष्ट कर दी! पिताजी में कितने हुनर थे। गाँव में जब थे, तब शहनाई बड़ी अच्छी बजाते। ढोलक में स्याही भरते। नौकरी पर आने से पहले वे एक ब्राह्मण के घर सालाना नौकर थे। वहाँ वे बड़ी कुशलता से बुआई का काम करते। एक बार तो उन्होंने सरपट भागनेवाले साँप की पूँछ ही पकड़ ली। उसे ख़ूब ज़ोर से घुमाया और पत्थर पर पटक दिया। उसकी हड्डियाँ ढीली पड़ गईं। ऐसे थे मेरे पिता। पर गोदी में कचरा जलाने के काम पर। क्या इसी कारण तो उनकी दारू पीने की लत नहीं बढ़ी? आज कुछ नहीं कहा जा सकता।

काम से वे सीधे दारू के अड्डे पर जाते। उस ज़माने में कदम-कदम पर पारसियों के ये अड्डे थे। मुझे लगता है, मोरारजी का ज़माना आया और ये अड्डे ग़ायब हो गए। खुले रूप से दारू मिलना कठिन हो गया! पर पिताजी तो रुक नहीं सकते थे। जंगल के किसी जीव को जैसे आदमी का ख़ून मुँह लग जाता है, वैसे ही उनका यह व्यसन उनसे आगे बढ़ता गया था। क्या करें वे? वे स्पिरिट पीने लगे। बोहरा की दुकान पर वे मुझे स्पिरिट लाने भेजते। स्पिरिट लाते समय छोटा जर्मन टोप साथ ले जाने को कहते। किसी ने पकड़ा तो सीधे टोप नीचे रख देना, ऐसी युक्ति उन्होंने समझाई थी। है न दिमाग़? बचपन में नाक में धँसी स्पिरिट की गन्ध आज भी याद है। आठ-बारह आने में स्पिरिट उन्हें आसानी से मिल जाता। स्पिरिट में पानी मिलाते। उस पेय का सफ़ेद-शुभ्र दूध-सा रंग हो जाता। नाक के पास लाते ही बदबू से सिर फटने को होता। सही अर्थों में वह ज़हर ही था।

पीते समय पिताजी बड़े विचित्र लगते। मुँह बिचका-बिचकाकर वह पेय गले से नीचे उतारते। लगता, पीते समय इतनी तकलीफ़ होती है तो क्यों पीते हैं? एक-दो साल में यदि अँतड़ियों में छेद न हो जाते तो ही आश्चर्य होता। इस पर खाना भी अगड़म-बगड़म। पेट का गड्ढा भरने तक ही। दिनोंदिन उनका शरीर छँटता गया।

माँ की हालत ऐसी थी, जैसे मुँह दबाकर उसे मुक्कों से पीटा जा रहा हो। पिताजी कोयले-से काले। पर काली लकड़ी में भी शीशम की-सी चमक थी। माँ उनकी तुलना में बहुत उजली। गेहुँए रंग की। पिताजी ताड़-से ऊँचे तो माँ ठिगनी। नौ-गजी साड़ी पहनती। सुहाग की प्रतीक बड़ी-सी सिन्दूर-बिन्दी लगाती। गले में हमेशा काली गुरियों की माला। कभी-कभी 'डोरल' और दो-चार सोने की

मणियाँ। गहने भी क्या? हाथों में चाँदी की चूड़ियाँ। उसे भी कभी-कभी पिताजी महाजन के पास गिरवी रख देते।

पीने के बाद पिताजी 'दादा' न रहते। साक्षात् शैतान हो जाते। ऐसे समय माँ उनके सामने न जाती। परन्तु उसके प्रेम का रहस्य अन्त तक न खुल सका। पिताजी के प्रति उसे तिल-भर भी घृणा न होती। उसके पास जितने भी पैसे होते, वह उनके सामने डाल देती। नशा उतरने पर 'दारू फिर नहीं छुऊँगा', इस प्रकार की वे सौगन्ध खाते। पर सवेरे ली गई क़सम शाम तक भी न टिकती।

पिताजी कुछ-कुछ रंडीबाज़ भी थे। एक घटना तो साफ़-साफ़ याद आती है। शायद वह पगार का दिन था। घर आए तो पीकर ही। आए तो 'नाके तक जाकर आता हूँ', कहकर बाहर निकलने की तैयारी की। मैं पीछे पड़ जाता हूँ। मुझे साथ लेकर ही वे बाहर निकले। ईरानी होटल के 'फ़ैमिली-रूम' में बैठ जाते हैं। मैंने देखा कि वहाँ पहले से ही एक महिला बैठी हुई है। काली-साँवली-सी। उस छोटी उम्र में भी यह सब क्या है, मेरे ध्यान में आ जाता है। मैं पिताजी को ग़ालियाँ देने लगता हूँ कि यही करना था तो मुझे क्यों लाए? उन्हें खरी-खोटी सुनाता हूँ। वे मेरे संवाद को मुस्कुराते हुए झेल लेते हैं। इस कारण मैं और भी क्रोधित होता हूँ। सामने बैठी महिला मुझे लाड़ करने लगती है। मुझे पास बिठाने की कोशिश करती है। मैंने गुस्से में उसके हाथ झटक दिए। लगता, इस महिला से मेरी माँ कितनी गुनी अच्छी है। फिर पिताजी ऐसा क्यों करते हैं? मैं वहाँ नहीं ठहरना चाहता, यह देखकर पिताजी ने मुझे वापस घर लाकर छोड़ दिया।

मैं घर आकर माँ को सारी घटना बताता हूँ। तब वह फीकी हँसी हँसती है। शायद उसे इस बात की जानकारी हो। पुरुष द्वारा की गई रंडीबाज़ी अर्थात्, छाती पर एकाध मेडल लटकाने जैसा वातावरण चारों ओर था। गर्व से देखा जाता था। वैसे पिताजी की रंडियाँ भी साधारण ही होती थीं—कोई बँगलों में काम करनेवाली आया तो कोई लारी पर मिट्टी ढोनेवाली। कितनी बदली होंगी, कोई गिनती नहीं।

दारू के नशे में भी पिताजी द्वारा माँ को मारने-पीटने की कोई घटना याद नहीं है। एक ही घटना याद है, पर वह भी दूसरे कारणों के लिए। इससे पिताजी के मन का एक दूसरा ही कोना खुलता है। भगवान जानें, एक बार उनके मन में क्या आया कि उन्होंने घर के सभी लोगों को बाहर निकाल दिया। भीतर सिर्फ़ माँ। दरवाज़े-खिड़कियाँ बन्द। शायद आज सखू का पसीना निकलेगा, चालीसी की औरतों की कानाफूसी। मैं रुआँसा। माँ की ज़ोर-ज़ोर से चीखने की आवाज़ और पिताजी की लाठी की आवाज़। सामने के क्लब से यहूदी लोग दौड़े। पिताजी बाहर की खटखटाहट पर कोई ध्यान नहीं देते। अब शायद सखू मरेगी, यह बाहर की चिन्ता। यहूदी लोग दरवाज़ा तोड़ते हैं। भीतर जाकर देखते हैं तो पिताजी बिछौने

पर लाठी पटक रहे हैं और माँ कोने में रो रही है। बाहर के लोगों को लगा कि बीवी को पीट रहा है; पर वैसा कुछ भी नहीं था। इतने साल बीत गए, पर इस घटना का रहस्य नहीं खुल पाया।

माँ की लड़की के लिए बड़ी इच्छा थी। मेरे बाद एक बहन हुई, पर बचपन में ही मर गई। इसलिए वह लड़की के लिए हमेशा मिन्नत करती। सायन जाकर सटपाई की पूजा करती। माँ के लड़की हुई और उसके बाद तुरन्त मेरी चाची की हमेशा बीमार रहनेवाली लड़की मर गई। इसका सारा दोष माँ पर आया। माँ ने ही कुछ करनी करके लड़की मार डाली और स्वयं ही कोख आबाद कर ली। ऐसी कुछ ग़लतफ़हमी चाची को हुई जो उम्र-भर रही। बाद में, उन दोनों में भयंकर दुश्मनी हो गई। वे दोनों एक-दूसरे का अनिष्ट चाहतीं। चाची के मन से यह द्वेष आज तक नहीं गया। वह सबकुछ भूल जाए, इसके लिए मैंने और पत्नी ने मिलकर बहुत प्रयत्न किए। परन्तु उसके मन में बैठा भूत नहीं निकला। एक-दो बार वह घर भी आई, पर उसने हमारे घर का एक बूँद पानी तक नहीं पिया। ऐसे समय खाना तो दूर ही रहा। शायद हम ज़हर दे दें या कुछ गड़बड़ कर दें, ऐसी ही उसकी भावना रही होगी।

एक-दो साल पहले की बात है। किसी रिश्तेदार ने यह अफ़वाह उड़ा दी कि मैं ट्रेन-दुर्घटना में मर गया हूँ। चाची और उसके रिश्तेदार चीखते-चिल्लाते घर आए। ऐसा यह प्रेम!

मैं क्या कह रहा था? बहन के बारे में। घर में मेरे बाद छोटी बच्ची के आने पर वह सबके लिए मन-बहलाव का विषय हो गई। मैं उसे जान से भी ज़्यादा चाहता। उसका नाम इन्दु रखा गया। जिस हॉस्पिटल में माँ की जचकी हुई, वहीं की नर्स ने मेरी बहन का यह नामकरण किया था। माँ की तरह ही बहन का गोल चेहरा, वैसी ही उजले रंग की, छोटे क़द की, बोलती आँख।

मुझे अपने-आप पर शर्म आए, ऐसा कुछ व्यवहार उस समय पिताजी करते। उनकी टटपूँजी पगार। उस पर रंडीबाज़ी। दारू की लत। शौक़ पूरा करने के लिए पैसों की हमेशा कमी रहती। अपनी लत पूरी करने के लिए वे गोदी से पीतल, ताँबा चुराकर लाते। वैसे गेट पर पूरा बन्दोबस्त होता। उन सबकी आँखों में धूल झोंककर वे साफ़ निकल जाते। जेबों की तलाशी में उनका माल मिलना असम्भव होता। वे लँगोटी में माल बाँधते। यदि उनकी चोरी पकड़ी जाती, तो आज मुझे भी समाज में मुँह दिखाना मुश्किल हो जाता। और उनकी अपनी कितनी फ़ज़ीहत होती?

मुझे वे सब घटनाएँ बहुत बुरी लगतीं। पर कौन कहे? इतना साहस उस छोटी उम्र में असम्भव था। एक ओर स्कूल में मैं 'सदा सच बोलो' पढ़ रहा था

और दूसरी ओर पिताजी का चोरी का माल चोर-बाज़ार में बेच रहा था। यथार्थ की दुनिया से स्कूल की दुनिया बहुत नक़ली लगती—तसवीरों में नयन-मनोरम चित्र टाँगने-जैसा।

बस्ती में क्या नहीं था? एक आदमी तो रोज़ घर में दस रुपए के नोट छापता। उसे हम छत पर सुखाते। हममें से किसी लड़के को वह उसे भँजाने के लिए देता। इस आदमी का संयम ऐसा था कि वह ज़्यादा नोट न छापता। दिन-भर का खर्च चल जाए, बस। ज़्यादा लालच करने पर जेल की हवा खानी पड़ेगी, इस बात की उसे पूरी जानकारी थी। ऐसी थी बस्ती की दुनिया। ऐसी दुनिया में यदि मेरी परवरिश हुई होती तो यह सब परिवर्तन असम्भव था। कौन कह सकता है कि मैं भी उनमें से एक होता! परन्तु पिताजी का बढ़ता व्यसन। सारी पगार कर्ज़दारों में बँट जाती। सिर पर पठानों का कर्ज़। दिनोंदिन यह सब शायद उनके लिए असह्य होता जा रहा था। एक दिन अचानक ही वे नौकरी से इस्तीफ़ा दे देते हैं। प्राप्त फंड आदि वे कर्ज़दारों में बाँट देते हैं और गाँव लौटने की योजना बनाते हैं।

वैसे पिताजी का दर्शन बड़ा अजीब था। 'नंगा आया, नंगा जाऊँगा'—शराब के नशे में वे ऐसा ही बड़बड़ाते। उन्होंने अपने जीवन में कभी भी माया जोड़ने की बात नहीं सोची। गोदी में भी वे जो चोरी करते, उसके लिए उनका अपना तरीक़ा होता। बड़ी चोरियों में वे हाथ न डालते। क्लब में खेलने के लिए आनेवाला बूढ़ा यहूदी उनके अच्छे परिचितों में से था। सूटबूट में वह गोराचिट्टा यहूदी घर आता। हैट निकालकर गुदड़ी पर बैठता। हमारे घर का मटन-शोरबा खाता। उसका होंठ, गाल—तीखी-मिर्च के कारण लाल-लाल हो जाते। सू-सा करता रहता। उसका हीरों का व्यापार था। छोटी-सी लकड़ी की पेटी काँख में दबाकर वह धनवानों के पास जाता। उसे एक बार कुछ दिनों के लिए पैलेस्टाईन जाना था। उसे पिताजी पर विश्वास था। पेटी हमारे घर रख गया। एक-दो साल बीत जाते हैं, वह वापस नहीं आता। हमको लगा, शायद बुढ़ऊ लम्बा हो गया। पर पिताजी के मन में उन हीरों को बेचने का कोई लालच न था। दो साल के बाद वह वापस आता है। उसको उसका माल सही-सलामत वापस दिया जाता है। ऐसे थे पिताजी!

वैसे बम्बई छोड़ते समय मुझे दुख हुआ था। न जाने क्यों, गाँव पसन्द ही न था। बम्बई में बत्तियों की रोशनी से झिलमिलाती दुनिया। यह शहर अँगूठी के पत्थर-सा लगता। बहुत दिनों तक मुझे गाँव में एक सपना दिखता रहा। एक ऊँची दीवाल

से मैं छलाँग लगाता हूँ और तत्काल बम्बई पहुँचता हूँ। बम्बई में चाय के साथ पाव-बटर मिलता। कभी पाव-मस्का। सिनेमा तो हमेशा ही देखता हूँ मारधाड़ का। पिताजी ने एक बार माँ को ख़ास तौर पर 'सन्त सखू' दिखाया। पूरी पिक्चर में माँ सखू के दुखों को देखकर रोती रही। उसे अपना दुख सखू के रूप में तो नहीं दिखा? उसका भी नाम सखू, शायद इसीलिए यह पिक्चर पिताजी ने उसे दिखाई। ऐसी रुलानेवाली पिक्चरें मुझे कभी अच्छी नहीं लगतीं। नादिया, जॉन कावस की पिक्चरें मन को भातीं। पीला-हाउस में चार आने में वे देखी जा सकती थीं। मेरी उम्र के लड़कों के कितने मज़ेदार खेल। 'चिकोटी-हंज्याप इ-हंज्याप' कहा कि हाथ ऊपर कर देते। जेब में जो कुछ भी माल होगा, कहनेवाला निकाल लेता। पर कंचे और ताश खेलना कभी नहीं सीख सका। चिकोटी में हमेशा कूल्हों पर हाथ रखना पड़ता। यदि वहाँ हाथ नहीं रखता तो ज़ोरदार तमाचा पड़ता। सामने ईसाई लोगों द्वारा शुरू किया गया 'नेबरहुड' था। वहाँ लोहे के झूले, 'रपटना', 'सी'सॉ' आदि खेलने के साधन थे। 'नेबरहुड' की दीवाल पर बैठकर लड़के आने-जाने वाली मोटरगाड़ियों के नम्बर पर जुआ खेलते। इस खेल में मेरी कोई रुचि नहीं थी। लेकिन व्हिक्टोरिया के पीछे लटकना, उसके चाबुकों की मार खाना—यह सब थ्रिल लगता। पीठ पर फटी चद्दर बाँधकर बगीचे में भटकना, टारझन-सा आवाज़ देना, इस सबमें भी बड़ा मज़ा आता। इन सब खेलों से अब वंचित रहना पड़ेगा, इसी बात का अफसोस हो रहा था बम्बई छोड़ते वक़्त।

उन दिनों रेल से जाने पर घोटी उतरना पड़ता। वैसे हम घाट के रहनेवाले। तालुके में सह्याद्री की क़तारों से एक रास्ता गया है। ऊँचा कलसूबाई का शिखर। वहाँ से बम्बई द्वीपसमूह स्पष्ट दिखते—ये सब पुराने लोगों की बातें। जन्मगाँव के पास से ही अमृतवाहिनी प्रवरा नदी बहती है। गाँव पहाड़ों की गोद में। तालुके में देश के लिए महत्त्वपूर्ण सिद्ध होनेवाला विशाल बाँध भंडारहरा। उसका पानी नीचे कोपरगाँव, श्रीरामपुर आदि तालुकों में जाता। शक्कर, गन्ना और मोसम्बी के बगीचे होते। वैसे हमारा तालुका सूखा। पथरीला। 'पत्थरों का देश'—यह वर्णन शायद हमारे तालुके को देखकर ही कविता में आया होगा। तालुके में अधिकतर आदिवासी, ठाकर, धीवर, लँगोटी पहननेवाले। परन्तु मेरा गाँव बहुसंख्यक मराठों का।

घोटी से संगमनेर तक मोटर-यात्रा। उस ज़माने में राज्य परिवहन नहीं था। तालुके के एक धनी मारवाड़ी का, बस का धन्धा था। इसमें आदमी भेड़-बकरियों-से ठूँसे जाते। छत पर भी लोग। गाँव का कोई प्रतिष्ठित व्यक्ति सवार होता तो उसके घर के सामने बस खड़ी होती। ड्राइवर के पास की सीट उनके लिए रिज़र्व।

ऐसी बसों से गाँव जाने की बात अच्छी तरह याद है। घोटी तक मैं 'विदाउट'

ही रहता हूँ। छोटे बच्चे का टिकट लेकर क्या फ़ायदा, ऐसी माँ-बाप की धारणा रही होगी। मैं विदाउट हूँ, कभी भी पकड़ा जा सकता हूँ—यह डर हमेशा चेहरे पर होता। स्टेशन आते ही अँधेरे में टी.सी. की आँख बचाकर मैं बाहर आता हूँ। माँ-पिताजी मुझे प्लेटफ़ार्म पर ही खोजते हैं। मैं उन्हें अँधेरे से ही इशारा करता हूँ। बाद में माँ और पिताजी मेरी बहुत तारीफ़ करते हैं। वैसी ही दूसरी घटना गाड़ी की। तालुके के गाँव में हम उतरते हैं। और बाद में ख़याल आता है कि सफ़ेद चादर में लिपटी गठरी उतारने की याद ही नहीं रही। वह संगमनेर चली गई है। माँ को स्टैंड पर बैठाकर पिताजी और मैं गठरी की खोज में निकले। संगमनेर के स्टैंड पर मोटर-मालिक के पास वह लावारिस गठरी पड़ी मिलती है। मालिक देने को तैयार नहीं। 'यह आपकी ही है, इसका सबूत!' इस पर झंझट। मैं छोटा होने के बावजूद उसमें रखी चीज़ों के नाम बताता हूँ। मज़ेदार बात यह थी कि हम गाँव के लिए निकले, इसलिए बम्बई के सभी गाँववालों ने हमें सामान की पोटलियाँ दे दीं। उस पर अपना नाम लिखकर। सुई-धागे से सीया हुआ। भीतर की पोटली पर लिखे व्यक्तियों के नाम सब मैं बिना देखे बताता हूँ, तब मालिक को विश्वास होता है। मालिक गठरी वापस देता है। उसमें किसी का कोई माल नहीं रहता। बस यही मिरची-मसाला, किसी की सूखी मछलियाँ, किसी का खजूर-पाव। हम यदि वह माल वापस न करते तो ऐसी अफ़वाह उड़ती कि हमने ही वह सब हड़प लिया है, पिताजी इसीलिए चिन्तित थे। अपने बेटे की चतुराई के कारण माल मिल गया, इसका पिताजी को कितना गर्व हुआ, क्या बताऊँ? वे आते-जाते गाँववालों से इस होशियारी का बखान करते। यदि मेरी छाती गर्व से न फूलती तो ही आश्चर्य था!

तालुके का नाम अकोला। वहाँ से तीन-चार मील पर मेरा घामण-गाँव। गाँव के नाम में वैसे कोई बड़ी बात नहीं है और न ही किसी ऐतिहासिक स्थल की याद ही है। रास्ता बहुत ही धूल-भरा। बैलगाड़ियों के चक्के बहुत भीतर तक धँस जाते। बरसात में रास्तों में अत्यधिक कीचड़। कचहरी छोड़ने के बाद गाँव जाने का रास्ता शुरू होता। आज भी गाँव के बजाय महारवाड़ा के बारे में मैं अधिक बता सकता हूँ। गाँव और मेरे बीच आज भी एक अदृश्य दीवार है। वे उस पार—मैं इस पार। गाँव और महारवाड़ा से सीधे एक रास्ता जाता है। वही गाँव और महारवाड़ा का बॉर्डर है। यह गाँव की गोद-सा है। एक टीले पर महारवाड़ा। गाँव के निचले हिस्से पर। ऐसा कहते हैं कि हवा और नदी का पानी उच्च जातियों को शुद्ध मिले, इसलिए गाँवों की रचना प्राचीन काल से इसी तरह की गई। सबके

घरों के दरवाज़े गाँव के विरुद्ध दिशा में। बचपन में देखा महारवाड़ा याद आता है। बहुत भीड़-भाड़। महारवाड़ा में विशाल चावड़ी थी। खपरैली, ऊँची-ऊँची लकड़ी के खम्भों की। चावड़ी के फाटक नहीं थे। किसी सार्वजनिक हॉल-सा खुला-खुला। रात को सभी पुरुष चावड़ी में सोने आते। विशेषकर युवक-मंडली। सोने की जगह को लेकर झगड़े होते।

घर से चावड़ी, सामने का मैदान, वहाँ के खेल—सभी-कुछ आँखों के आगे घूमता रहता। वैसे हमारा घर बहुत मामूली। हमारे घर के दोनों ओर अच्छे मकान। इसके कारण हमारा घर बहुत ही दक़ियानूसी दिखता। जैसे बुढ़ापे से कोई बूढ़ा ठूँठ झुक जाए। मिट्टी की दीवारें, खपरैलों के नीचे की कमान बहुत काली हो गई। बीम के कारण अपने-आप ही घर के दो भाग हो गए थे। जब हम आए तो स्वाभाविक ही घर के सामने छोटी-छोटी कँटीली झाड़ियाँ, घास का जंगल फैल गया था।

कुछ ही दिनों में माँ का हाथ दीवारों पर फिरने लगता है। मकान को घर का स्वरूप मिलने लगता है। यहाँ कभी लोग भी रहते थे, इसकी निशानी तक न थी। रॉकेल[1] की ही क्यों न हो, रोशनी घर में टिमटिमाने लगी थी।

माँ कहती, "बेटा, इसी जगह तुम्हारा जन्म हुआ।" माँ ने जन्म के समय की कौतुक-कथाएँ अनेक बार बताईं। माँ की कहानियाँ मुझे अच्छी लगती हैं।

जिस प्रकार सवर्णों की सारी विधि ब्राह्मण पुरोहित करता है, वैसे ही उस ज़माने में महारों की विधि भाट करता था। यह भाट तालुके में रहता। बच्चों का नामकरण, शादी-ब्याह इत्यादि काम भाट ही करता था। वैसे ये भाट जाति से महार ही थे। परन्तु इन्हें महार लोग छोटा समझते। दरवाज़े पर आने के बाद 'रावसाहेब, पुण्य महाराज' इस तरह पुकारते। हमारे घर आनेवाला सीताराम भाट स्वभाव का बहुत ही मीठा था। बातें करने में एक अलग ही मिठास थी। सभी को प्यारा लगता था उसका व्यक्तित्व।

गाँव में पिताजी अपनी दिलदारी के लिए प्रसिद्ध। मेरे जन्म के समय पिताजी ने एक छोटी-सी बछिया, पाँच बर्तन भाट को दान में दिए थे। बड़ा होने पर जब-जब तालुके में सीताराम भाट से मिलता, तब-तब वह पिताजी के बारे में ग़ौरव भरी बातें करता। 'तू उनकी दिलदारी के सामने कुछ भी नहीं है,' ऐसा भी कह देता। पिताजी, मात्र धर्म के डर से यह सब दान करते थे, ऐसा बिलकुल नहीं लगता। मुझे जितना याद है, उनके व्यक्तित्व का विद्रोही स्वरूप ही मुझे याद रहा है। वे कभी भी पूजा या उपवास में विश्वास न करते। गाँव में, 'पूजास्थान पर खंडोबा को कम-से-कम रविवार को तो स्नान कराइए,' माँ ऐसा आग्रह करती।

1. मिट्टी का तेल।

पर पिताजी ने वह काम मुझ पर सौंप दिया था। मेरे जन्म के समय उन्होंने भाटों के लिए बड़ा शानदार भोज तैयार करने के लिए कहा था। परन्तु भाटों की कोई बात न मानते हुए उन्होंने बकरा काटा और सारे महारवाड़ा को शोरबायुक्त भोज दिया।

पिताजी के विद्रोही स्वभाव के कई उदाहरण दिए जा सकते हैं। एक दिन की बात है कि वे अपने एक मित्र सटवा के साथ शादी में गए थे। वे दोनों मान्त्रिक के रूप में चारों ओर प्रसिद्ध थे। शादी निपट जाने के बाद एक महिला में प्रेत का संचार हुआ। उसकी लटें खुली हुईं। पूरे माथे पर सिन्दूर पुता हुआ। वह महिला झूमती है। सामने की गोलाकार ज़मीन नींबू, पिन नारियल से भरी हुई। पिताजी को क्या सूझा, पता नहीं! वे आगे बढ़ते हैं, वह घेरा ठोकर से उड़ाते हैं और उस महिला को माँ की गाली देते हैं। अब महिला का प्रेत और बेताल हुआ। महिला झूमते-झूमते कहती है, 'माँ की ऐसी-तैसी कहा?' सटवा उसी धुन में उत्तर देता है, 'जाता है वापस कि घर का ही है?' यह रंगीन वार्ता उन दोनों के बीच चलती रही। सारे बाराती हँसते-हँसते निढाल हो जाते हैं। इतने में पिताजी उसके चूतड़ में जब बबूल का काँटा चुभोते हैं, तब कहीं उसका भूत-पिशाच भागता है। बाद में कई दिनों तक महारवाड़ा में यह मज़ाक सुनाया जाता रहा।

पिताजी के स्वभाव में बुरे-भले का मिश्रण था। गाँव के अखाड़े में महारवाड़ा के लड़कों को ज़ोर करने की मनाही है, यह देखकर उन्होंने अपने घर में ही अखाड़ा शुरू किया। उस समय ओसारे में हम रहते। घर का पिछवाड़ा अखाड़े के लिए खोदा गया। लाल मिट्टी डाली गई। अखाड़े में वे भी कभी-कभी उतरते। अपने से छोटे लड़कों को कुश्ती के दाँव सिखाते। गाँव के मृदंग और ठकारवाड़ी की ढोलकें स्याही भरने के वास्ते हमारे पास आतीं। मालूम नहीं, यह विद्या उन्होंने कहाँ से सीखी!

पिताजी जब गाँव आए तो बम्बई की जगमगाहट कुछ ही दिनों में ख़त्म होने लगी। पेट के लिए हाथ-पैर मारना ज़रूरी हो गया। बम्बई में गोदी का काम उनके लिए विशेष कष्टदायक नहीं था, लेकिन गाँव में आकर बबूल की, नीम की लकड़ियाँ फाड़नी पड़तीं। वे खेतों की झाड़ियाँ खरीदते। अपने एक-दो साथियों के साथ वे कुल्हाड़ी कन्धे पर रखकर घर से निकल पड़ते। बम्बई की बुरी आदतों से झुलसा शरीर गाँव की आबोहवा और मेहनत के कामों से स्वस्थ होने लगा। गहरे सूखे कुएँ के पास वे लकड़ी फाड़ रहे हैं, यही बचपन का दृश्य मुझे याद आ रहा है। माँ भी गाँव के मराठा लोगों के खेतों पर जाकर गोड़ाई, खुरपना, कटाई

आदि का काम करने लगी।

उन दिनों गाँव में दारूबन्दी बड़ी आम थी। पिताजी के मन में कभी-कभी पीने की लहर उठती। ऐसे समय वे क्या करें? वे सीधे घर में ही हाथ-भट्ठी शुरू कर देते।

उनका मित्र सटवा बड़ा हुनरवाला था। उसके सान्निध्य में किसी को ऊब न होती। वह घंटों हँसाता रहता। 'पट्ठे बाबूराव की पवला मैंने नचाई है,' वह गर्व से बताता। उसके सौन्दर्य का वह वर्णन करता। वैसे पवला हमारे ही ज़िले की देवदासी थी। वह इतनी गोरी थी कि पान खाते समय उसके गले से लाल भक्क पीक दिखती, यह क़िस्सा सटवा हमेशा बताता। दो मील की दूरी पर स्थित वाशेरे गाँव का वह रहनेवाला था। दो बीवियों का धनी। वे दोनों रात-दिन खटतीं और इसे पालतीं। यह उन्हीं की मेहनत पर पलता। बगुले-सा सवेरे ही उठकर वह तालुके या हमारे गाँव आ जाता। सटवा की इन दोनों बीवियों को झगड़ते मैंने अनेकों बार देखा। दोनों के मुँह में असंख्य ग़ालियाँ। लगता, ये अब एक-दूसरे का टेंटुआ दबाकर ही दम लेंगी। झगड़ते-झगड़ते वे बीच में ही रुक जातीं। चूने, तम्बाकू का लेन-देन करतीं। झगड़ा फिर शुरू करतीं। उनके झगड़े में बड़ा मज़ा आता।

शायद सटवा ने ही पिताजी को दारू निकालने की कला सिखाई होगी। जब-जब सटवा घर आता, तब-तब उसकी यही बातें। सड़ा गुड़, नौशादर। नशा बढ़ाने के लिए वे किसी पेड़ की छाल भी उसमें डालते। सात-आठ दिनों तक वे डिब्बा कचरे के ढेर में दबाकर रख देते। पर तब तक वे बेचैन हो जाते। फिर-फिर जाकर वे माल सूँघते। दारू निकालने के लिए लकड़ी, घेरा उन्होंने घर में ही बना लिया था। दारू की पहली धार निकलते ही वे उसमें माचिस लगाकर देखते। भक्क-से आग लगी कि माल अच्छा उतरा। तब वे ख़ुश हो जाते। लेकिन माँ को इस भट्ठी के सामने खटना पड़ता। दो फ़र्लांग की दूरी से कुएँ से पानी लेकर आना पड़ता। इसी से वह पस्त हो जाती। भट्ठी में लकड़ियाँ कम पड़ने पर पिताजी सहज ही गाँव चले जाते और अँधेरे में किसी के अहाते से हल उठा लाते। वैसे घर में भट्ठी लगती, पर पिताजी ने दारू का धन्धा कभी नहीं किया। दारू ख़ास दोस्तों को, गाँव की मंडली को, ख़ासतौर पर पिलाई जाती। ऐसे समय किसी के दड़बों से मुर्ग़ियाँ ग़ायब हो जातीं। एक बार पड़ोसी की मुर्ग़ी मारने के लिए उमाआजा ने मुझे प्रवृत्त किया। पर मुझे यह सब पसन्द न था। मैं इनकार करता हूँ। पिताजी के पास जब शिकायत पहुँचती है, तब उनका ज़ोरदार थप्पड़ गालों पर झेलना पड़ा। मुर्ग़ी पकड़ने का भी उनका एक विशेष तरीक़ा था। मुर्ग़ी पर गीला कपड़ा डालते। वह न चीखती, न चिल्लाती। कभी-कभी ज़िन्दा बकरा खेतों से उठा

लिया जाता...उसके कानों में कंडे रखे कि उसका चिल्लाना बन्द।

पिताजी ने दारू निकालने के कई प्रयोग किए। एक बार तो वह तालुके से टोकरी-भर मौसमी ले आए। डिब्बे में सड़ने दी। पर उस दिन भट्ठी नहीं जमी। सारा माल खट्टा निकला। उनसे ग़लती कहाँ हुई, इसी बात पर वे रात-भर विचार करते रहे।

ऐसी थी दोस्ती पिताजी और सटवा की। उनके पास बातचीत करने के लिए कई विषय रहते, कुछ तो शुद्ध रंडीबाज़ी के। मैं छोटा था। शायद उनका ख़याल था कि बातचीत बच्चे की समझ में क्या आएगी? पिताजी बम्बई आने से पहले एक ब्राह्मण ज़मींदार के घर सालाना नौकर थे। वहाँ कुछ औरतें घास काटने आतीं। उनके हँसिए छिपाते। 'अपने साथ सोने दो, फिर हँसिए दूँगा,' कहना उन्हें बहुत अच्छा लगता। शायद यह सौदा ख़ुशी-ख़ुशी होता रहा हो। नहीं तो पिताजी को गाँव के लोग पीट डालते। वैसे बचपन में इस बाबत बड़ा स्वच्छन्द वातावरण था। 'सोने दो और भेड़ चुनो'—यह कहावत कैसे शुरू हुई होगी, इसका इससे सबूत मिलता है।

अनेक बार उनकी बातों में 'तमाशा' का ज़िक्र आता। वैसे ये दोनों ही तमाशा के पीछे पागल थे। तमाशा की टोली आती तो हमारे ही घर ठहरती। देवठाण का दशरथ तमाशगीर हमेशा अपने साथियों के साथ हमारे यहाँ रुकता। दशरथ बहुत ही रोबदार, गोरा-चिट्टा था। राजसी पोशाक में वह राजकुमार ही लगता। लावणी रचता। निजी बातचीत में भी वह बड़ा शुद्ध बोलता। हरिभाऊ बडगाँवकर का वह नाचनेवाला लौंडा। इसने एक बार एक 'तमाशा' किया। हरिभाऊ, बाबूराव पट्ठे का चेला। उनके कारण पट्ठे बाबूराव के लिए इसके मन में बड़ी श्रद्धा। आजकल सुप्रसिद्ध 'गाढवाच लग्न (गधे की शादी) बडगाँवकर का लोकनाट्य है। बचपन में मैंने 'साँवला कुम्हार' के नाम से देखा था। जब दशरथ बूढ़ा हुआ, तब उसने देवठाण के महारवाड़ा में सोलह-सत्रह साल के लड़कों की तमाशा की एक अद्वितीय मंडली तैयार की। टिकट खरीदते समय यदि पैसे न होते तो पाव-भर ज्वार-बाजरी चल जाती। इसी कारण मुझे भी कई बार तमाशगीर बन जाने की इच्छा होती। उन दिनों के लावणी के मुखड़े-टुकड़े मुझे आज भी याद हैं।

लावणी में बहुत अश्लीलता भी है, ऐसा सुननेवालों को न लगता। औरतें भी बड़ी संख्या में लावणी सुनने-देखने आतीं।

उन दिनों जिसके नाम की चर्चा थी वह तात्याबा शिन्दे याद आता है। उसका कितना रोब था। तम्बू में दस-बारह नचनियाँ। उनमें से चन्दा बहुत सुन्दर थी। दो-तीन बैलगाड़ियाँ। बहुत अच्छा गाता था वह। उसका 'पाथर्डी का राजा'

लोकनाट्य विशेष रूप से चर्चा का विषय था। जैसा राजा नपुंसक, वैसा ही उसका दरबार नपुंसक। सब राजा का ही अनुकरण कर रहे हैं। बाद में तात्याबा का दुखान्त क्यों हुआ? रात में स्टेज पर सरदार की भूमिका करनेवाला व्यक्ति फ़ुटपाथ पर आ गया। बीड़ी तक को वह मोहताज हो गया। जब मैं तालुके में पढ़ने गया, तब मैंने उसे लकड़ियों के गट्ठे बेचते देखा। उन दिनों तात्याबा पर रची एक कविता याद आती है। बाद में यही शिन्दे बम्बई में 'गधे की शादी' के मंचन के समय लालबाग थियेटर में परदे खींचता देखा गया। उसकी यह हालत देखकर मेरे मन पर गहरा आघात हुआ।

सटवा को मैं मामा कहता। उसके कारण हमारा एक फ़ायदा हुआ। उसकी बाजा बजानेवालों की एक टोली थी। उसमें वह 'कांडा' बजाता। शहनाई-सा यह वाद्य। परन्तु आवाज़ ऊँचे स्वर की। इस टोली में पिताजी भी कांडा बजाते। पहले सटवा बोल कहता, फिर पिताजी गाना उठाते। बजनियाँ में चार लोग होते। दो कांडा बजाते। तीसरा सुर मिलाता और चौथा शम्बल बजाता। सुरकरी सिर्फ़ 'भोऽभोऽ' आवाज़ में सुर मिलाता। वाद्य फूँकते समय उसकी साँस फूल जाती। ऐसा लगता कि भीतर-ही-भीतर उसका दम घुट जाएगा। कलेजा फटने से मर जाएगा। वाद्य फूँकते समय उसके गाल फूल जाते। ऐसा लगता, उसके दोनों गालों के भीतर नींबू भरे हों। महारवाड़ा में बिलकुल बचपन से ही साँस रोककर वाद्य कैसे फूँका जाता है, यह शिक्षा दी जाती थी। कांडा बजानेवाले को यह विद्या सीखना बहुत ज़रूरी था। डिब्बे-भर पानी में बाजरे की पोली डंठल से छोटे लड़कों को फूँकना सिखाया जाता। स्कूल जाने के कारण मुझे शर्म आती। आज कोई भी चर्म-वाद्य या स्वर फूँकनेवाला वाद्य मैं नहीं बजा सकता। वास्तव में यह सब घर में ही चल रहा था। शम्बल बजानेवाला वास्तव में अच्छा लगता। दाएँ हाथ में पतली लकड़ी की छोटी-सी छड़ी और बाएँ हाथ में लकड़ी का ही एक आँकड़ा। इन दोनों की सहायता से वह शम्बल बजाता। जिस प्रकार बैलों को झूल पहनाया जाता है, वैसा ही झूल शम्बल को पहनाया जाता। उसे गजमुख कहते हैं। उस पर आईने के छोटे-छोटे काँच के टुकड़े लगे हुए। सामने लेझिम की टोली नाचती है और बीच के घेरे में बजनियाँ खड़े हैं। लेझिम के ताल पर शम्बल बजानेवालों की रंग-बिरंगी पगड़ी का तुर्रा डोलता है—यह दृश्य मन में बस गया।

बजनियों की टोली के साथ-साथ मैं भी कभी-कभी जाता। सटवा मामा को कहता, "मामा, तुम कांडा कितना अच्छा बजाते हो परन्तु तुम्हारी पत्तल तो कचरे के ढेर में!" वह हमेशा की पेटेंट गाली देता, "उनकी माँ की बारात में मैं नाचा था!" फिर कहता, "इन टुटपूँजियों को कांडा से गाली दूँ?"

और फिर वह बारातियों की ओर घूमकर कांडा से ग़ालियाँ देता। बारातियों

को वह सब समझ न आता। सिर्फ़ हम दोनों को इसका अर्थ मालूम था। मैं खिलखिलाकर हँसता।

गाँवों में शादी का सीज़न आया कि हमारे घर दीवाली-दशहरा झलकता। पिताजी के हाथों में पैसे खेलते। नए कपड़े आते। साल-भर की 'दरिद्री' हटती। शादी की बची खीर, मालपुआ, नैवेद्य आदि घर आते। आदिवासियों की शादी में सिर्फ़ भात और मसाले का लाल भूसा मिलता। यही उनके यहाँ शादी की दावत थी!

शादी के गाने बड़े मज़ेदार होते—'क्यों रे दूल्हे, इतनी रात रे। अब खाएगा, बासी भात रे।' दूल्हा लड़का किसी की गोद में या कन्धे पर होता। इनको गाड़ी-घोड़ा कहाँ से? सारे बाराती पहाड़ों-तराइयों से, तपी धूल से विवाह-स्थल तक आते। ये आदिवासी वैसे ग़रीब थे, फिर भी वे मराठों-साही बजनियों को अछूत समझते। उन्हें दूर बिठाते। लोटे में ऊपर से पानी परोसते। खाने की पत्तलें क़तारों से दूर रखते। बजनियों का जीना भी क्या जीना! मराठा-मंडली तो काफ़ी अमीर-धनी। आज मैं देखता हूँ, बैंड बजानेवालों का कितना सम्मान है। पर बजनिये चार दिन के बँधे ग़ुलाम। कोई भी लड़का-बच्चा आए और डाँटकर कहे, 'बजाओ।' उसका कोई टाइम-टेबल नहीं था। विवाहपूर्व प्रीतिभोज, 'बजाओ।' हल्दी लगी, 'बजाओ।' शादी में, 'बजाओ।' बारात आई, 'बजाओ।' बाराती हाथ-पैर धो रहे हैं, तब भी 'बजाओ!' वर और बाराती के विदाई-सौगात के समय तो दो-तीन बजे भी बजाना पड़ता। पाई-पाई वसूल की जाती थी। एक बार शादी सम्पन्न हुई फिर विदाई-बख़्शीश में भी हुज्जत। कोई पता तक न लगने देते। ऐसे समय सटवा का दिमाग़ ख़ूब चलता। एक बाजे का ग्राहक मिलता तो उसके पीछे-पीछे वह सुरकरी भेजता। बाहर निकलने तक नाक में दम कर देता। 'यह आफ़त हटाओ भई'...और सारे पैसे वसूल हो जाते।

तालुके में गुरुवार के दिन बाज़ार लगता। किसी मेले में जाने-सा उत्साह होता। हमारा सारा घर-परिवार इसमें शामिल होता! माँ ने मुर्ग़ियाँ पाली थीं। उसे अंडे बेचने होते थे। उन दिनों एक आने में एक अंडा बिकता। बाज़ार में मुझे बड़ा मजा आता। मिक्सचर, जलेबी मिलती ही थी। इस बाज़ार की एक और विशेषता थी। बाज़ार के आसपास, पेड़ों के नीचे, गाँव-गाँव से आए लोग घेरा बनाकर बैठते। वह भी जातिवार। महार-मंडली मरी-माँ के मन्दिर के पास बैठते। किस गाँव के महार कहाँ बैठेंगे, यह बात भी परम्परानुसार तय होती। आँख बन्द कर लोग बराबर अपनी जगह पर पहुँच जाते। परन्तु होटल में महार-माँग-चमारों के लिए अलग कप होते। उसका कान टूटा हुआ। चारों ओर मकोड़ों की कतारें। चाय पीनेवाले को ही वह कप भी धोना पड़ता। बैठने की जगह अलग—बाहर

बरामदे में लकड़ी का बेंच रखा रहता।

पिताजी सुबह चाय पीकर तालुके के बाज़ार में आ जाते। काम-धन्धा न रहने पर वे तालुके का एक चक्कर लगाते। आसपास के गाँव के सभी महारों की यह आदत थी। हमारे गाँव में नदी नहीं थी। गहरे कुएँ से पानी खींचना पड़ता। इसलिए तालुके की नदी में कपड़े धोने जाते। कपड़े सूखने तक वे लँगोटी पहनते। जब गाँव आते तो बगुलों से सफ़ेद-शुभ्र। रोज़ धोए कपड़े पहनना उन्हें बहुत भाता था।

उनके साथ नदी की ओर जाते समय मुझे एक भव्य कोठी के खँडहर के पास अक्सर डर लगता। दादी ने इस कोठी की एक कथा सुनाई थी। इस कोठी में पहले एक मुसलमान तहसीलदार रहता था। उसमें उनका भारी सामान-असबाब था। दो पत्नियों का संसार। अंग्रेज़ों का ज़माना। ऐसे में यह मुसलमान तहसीलदार बहुत मस्ती में था। नदी के किनारे मछलियाँ पकड़ने का उसे बड़ा शौक़ था। वह वहीं कचहरी बुलाता। कहते हैं, अनेक साधु-सन्तों के मुँह में उसने मछलियाँ ठूँसीं। सारे तालुके में असन्तोष की हवा फैल गई। एक बार बाज़ार के दिन सारे उत्तर महाराष्ट्र के पहाड़ी और जंगली प्रदेशों के आदिवासी भड़क उठे। सबके हाथों में भाले, तीर-कमान। वैसे यह नियोजित विद्रोह था। सबने कोठी के चारों ओर घेराबन्दी की। तहसीलदार तलघर में छिप गया। बाहर निकल भागने की सम्भावना नहीं थी। लोग क्या करें? रॉकेल के पीपे, मिर्ची के बोरे कोठी में भरकर कोठी सुलगा दी! पर वे लोग तहसीलदार के बाल-बच्चों तथा अन्य सदस्यों को सुरक्षित स्थलों पर ले जाना नहीं भूले। थोड़ी ही देर में तहसीलदार राख हो गया। जब भी कोठी के पास से जाता हूँ, इस आग लगाने की घटना मेरे सामने कौंध जाती है। लगता है, कहीं तहसीलदार का भूत न मिल जाए?

हमारा स्कूल लोकल बोर्ड द्वारा बनाया गया। शायद इसलिए हमें बाहर न बैठाते। इस सन्दर्भ में तात्या का अनुभव उलटा है। तब कक्षाएँ हनुमान मन्दिर में लगतीं। महार के लड़के सीढ़ियों पर बैठते। एक बार ब्राह्मण मास्टर ने तात्या को रूल फेंककर मारा। तात्या क्या कर सकते थे? उन्होंने वही रूल फिर मास्टर को दे मारा। उनके माथे पर गहरी चोट आई। मास्टर का बहता ख़ून देखकर तात्या महारवाड़ा से ग़ायब हो गए। तब से तात्या स्कूल गया ही नहीं। महारवाड़ा के ऊपरी भाग में विशाल चट्टानें थीं। वहाँ बड़े-बड़े विशाल काले पत्थरों की शिलाएँ पड़ी थीं। चारों ओर 'साबरबोंड' का जंगल। ये साबरबोंड महारवाड़ा में अकाल के समय बहुत उपयोगी साबित होते। ऐसे पथरीले हिस्से में हमारा स्कूल था। स्कूल

की इमारत भव्य; दूर-दूर से दिखती। उस स्कूल में मेरा नाम तीसरी क्लास में लिखवाया गया। मास्टर ब्राह्मण ही थे, एक पैर से लँगड़े। सफ़ेद कपड़े पहनते। सिर पर गांधी टोपी। उनके पास जाने पर दूध-घी की गन्ध आती। स्कूल चौथी क्लास तक ही था। पहली से चौथी तक कक्षाएँ एक ही हॉल में लगतीं। स्कूल जाते समय स्लेट-बस्ते के साथ-साथ बैठने के लिए बारदाने का एक टुकड़ा भी ले जाते। शुरू-शुरू की बात स्पष्ट याद है। गाँव के मराठे लड़कों के साथ एक ही लाइन में हमें बैठने नहीं दिया जाता था। अलग से बैठना पड़ता। प्यास लगने पर स्कूल में पानी न मिलता। सीधे महारवाड़ा आना पड़ता। पास के चमारवाड़ा में भी पानी न मिलता। सप्ताह में एक दिन लड़कों को ही सारा स्कूल गोबर से पोतना पड़ता। लड़कों की बारी तय रहती।

वैसे ये काम ऊँची कक्षा के लड़कों को ही करने होते थे। ब्राह्मण मास्टर दोपहर में मस्त हो सो जाते। सामने टेबल पर पैर रखकर सोना उनकी आदत थी। कभी-कभी मास्टर हमें सामने के बगीचे से नींबू-मौसंबी चुराकर लाने को कहते। ब्राह्मण मास्टर कक्षा में हमसे छुआछूत मानते हैं, यह महसूस न होता। परन्तु घर पर मास्टर बहुत ही अलग तरह का व्यवहार करते। सुबह पूजा-अर्चन में रहते। उनकी छोटी-सी किराने की दुकान थी। दुकान जाते समय पैसे न रहने पर अँजुरी-भर अनाज लेकर जाने से भी सामान मिल जाता। परन्तु मास्टर के घर, बाहर ही देहरी पर खड़े रहना पड़ता। घर में प्रवेश करने की मनाही थी। देहरी से भी छूत तो नहीं लगेगा, इसकी सावधानी रखकर ही माल दिया जाता। स्कूल के मास्टर और घर के मास्टर में बहुत अन्तर दिखाई देता। ऐसा लगता कि घर आते ही उन्होंने खूँटी पर टँगी अपनी जाति का जनेऊ फिर चढ़ा लिया हो।

मैं शहर में आ गया था। इसलिए मेरे साथ कुछ शब्द भी शहर आ गए। मेरे बोलने में अक्सर 'सबर' शब्द आता। विशेषकर कबड्डी खेलते समय 'रुको' के अर्थ में मैं उसका उपयोग करता। मराठों के लड़कों को यह शब्द समझ में न आता। उनको यह गई-गुज़री भाषा लगती। वैसे देखा जाए तो देहात के लड़कों से मैं अच्छी मराठी बोल लेता था। फिर भी मेरी हँसी उड़ाई जाती। धीरे-धीरे उनके साथ मेरा खेलना बन्द हो गया।

भाषा के कारण एक बात याद आई। तालुके के स्कूल में भी इसके लिए 'महारों की भाषा' कहकर तिरस्कार किया जाता। मर्मांतक घाव लगता। जोश में आकर मैं लड़कों से झगड़ा कर लेता। हमारी भाषा कैसी शुद्ध है, यह बात उनके गले उतारता। मेरी बातचीत में 'नहीं' और 'बाज़ार' शब्द ख़ासतौर पर आते। 'नहीं' और 'बाज़ार' शब्द उर्दू के ख़ास शब्द हैं और ऐसे ही अनेक शब्दों को मराठी में राज्यमान्यता मिल गई—तब मेरी भाषा के 'नहीं' और बाज़ार' शब्द किस तरह

सर्वथा उचित हैं, यह मैं विशेष रूप से स्पष्ट करता। 'पाणी' का 'ण'—इस शब्द का उच्चारण कई सालों तक ठीक से न जमता। इस कारण भी मेरी बड़ी हँसी उड़ाई जाती।

पर एक बात समझ में आई। किताबी दुनिया के कारण मैं अपने बस्ती के अनुभवों से दिनोंदिन दूर हटता जा रहा हूँ। पढ़ने-लिखने के कारण भी अधिक संवेदनशील होता जा रहा था। अनावश्यक प्रश्न खोपड़ी में घोंसला बना लेते। **कोंडवाडा** [काँजीहाऊस] संग्रह में एक कविता में मैंने लिखा है :

किताबों से भला क्योंकर पहचान हुई?
अच्छी थी गोशाला, नदियों के किनारे।
गाँव के ढोर चराए होते—
ऐसे डंक तो न डँसते।

यह मुझे अपना ही वर्णन लगता है। इन ज़हरीले डंकों के कारण जीवन में जो थोड़ा-बहुत मुक्त आनन्द था, वह भी जाता रहा। महारवाड़ा के लोग वैसे जानवरों की ज़िन्दगी जी रहे थे। उनके जीवन में भी एक हठी दर्शन था। लेकिन मुझे उनसे घृणा होने लगी। दूसरी तरफ़ जिनका जीवन आदर्श लगता, वे मुझे अपने में समा लेने को तैयार न थे। ऐसी चमत्कारिक पहेली के बीच मैं घिरा था।

जैसे-जैसे मुझमें समझ आती गई, मैं अकेला होता गया। गाँव के लड़के खेलों में तुच्छता से पेश आते और महारवाड़ा के लड़कों का खेल पसन्द न आता। उनके साथ खेलने में मन न रमता। फिर एक ही आनन्द रह गया। जो भी किताब हाथ लगी, उसमें रम जाना। स्कूल के सामने एक ऊँचा पहाड़ था। उन दिनों वह बहुत ही हरा-भरा था। आज की तरह उसका सिरा नंगा-बुच्चा नहीं था। उस पहाड़ी पर माँ लकड़ियों का गट्ठा लाने जाती। इस पहाड़ के पीछे क्या होगा? यह प्रश्न हमेशा मेरे दिमाग़ में कौंधता। इस पहाड़ी के पठार पर एक पोस्टमैन दोपहर में नियमित जाता और शाम को वापस उतरता था। तालुके की ओर उसका जाने का रास्ता हमारे स्कूल से ही था। उसके हाथ में झुनझुने से सजी लाठी होती। सिर पर लाल पगड़ी होती। खाक़ी कपड़े। उसका आगमन स्कूल की घड़ी थी। उनकी झुनझुनेदार लाठी से हमारे स्कूल छूटने का समय हो गया है, इसका अन्दाज़ होता। मुझे बहुत समय तक यह प्रश्न सताता रहा कि यह रोज ऊपर पहाड़ पर क्यों जाता है? बाद में इस प्रश्न का समाधान हुआ। उस पार कोतुल नाम का एक बाज़ार गाँव। उस तरफ़ की डाक लेकर वह जाता। वह पहाड़ की चोटी पर जब

पहुँचता, तब दूसरा पोस्टमैन कोतुल की डाक लेकर वहाँ पहुँचता। उनकी डाक की अदला-बदला होती। मैं सोचता, जंगली जानवरों से इन्हें डर क्यों नहीं लगता?

शायद स्कूल में बच्चे बढ़ गए होंगे। एक की जगह दो शिक्षक हो गए। नए मास्टर आए। वे महार थे। काले-साँवले चेहरे पर चेचक के दाग़। नेहरू-कुरता और सफ़ेद लुंगी पहनते। बाल सँवारकर अच्छी तरह रखते। उनके सिर पर टोपी न होती। गाँव में रहने के लिए कहीं भी मकान मिलना उनके लिए असम्भव था। वे हमारे ही घर के ओसारे में रहने लगे। मास्टर की शादी नहीं हुई थी। मास्टर को कविता लिखने का शौक़ था।

परन्तु उनकी कविताएँ गीत हुआ करतीं—डॉ. अम्बेडकर के आन्दोलन के सन्दर्भ में। डॉ. अम्बेडकर के शहरी आन्दोलन के बारे में सबसे पहले उन्हीं से सुनने को मिला। घर में मास्टर मुझसे बड़ा अच्छा व्यवहार करते, परन्तु स्कूल में ख़ूब डाँटते-फटकारते। मुझे ठीक से गणित न आता। एक-दो बार उनसे अच्छी पिटाई होने की बात भी याद आती है। उनका गाँव ऊँची पहाड़ियों के पीछे था। एक बार उनके पिताजी बकरी लेकर आनेवाले थे। मास्टर को ताज़ा दूध मिले, इसलिए उनके पिताजी ने यह बकरी ख़ासतौर पर ख़रीदी थी। बकरी लाने के लिए एक दिन मैं उनके साथ उस पहाड़ी पर गया। पहाड़ी की चिपटी सीढ़ियाँ चढ़ते हुए बड़ी घबराहट होती। वहाँ से गाँव चित्रों की आकृति-सा दिखता। आदमी, पेड़—सब चींटियों-से दिखते। वहाँ से पहाड़ के उस पार वाला अज्ञात प्रदेश पहली बार ही देख रहा था। मास्टर बता रहे थे—"वह दूर—जो दीख रहा है न, वह है कलसूबाई का शिखर!" मुला नदी चाँदी की धारा-सी चमकती दिखाई देती। जब तक हम उस पार नीचे उतरें, तब तक मास्टर के पिताजी बकरी लेकर आ गए।

वैसे मास्टर औरतों के मामले में बहुत 'चालू' थे। पहाड़ी के उस पार के गाँव की दो औरतें हमेशा अंडों से भरी टोकरी लेकर आया करतीं। वे यह माल तालुके तक पहुँचाते। पता नहीं, उन दो औरतों के साथ मास्टर ने कैसे सम्बन्ध स्थापित कर लिये! अक्सर वे स्कूल के बरामदे में ही आराम करतीं। स्कूल की चाबियाँ मास्टर के पास ही रहा करतीं। एक दिन जब मैं स्कूल जाता हूँ, तो देखा कि वहाँ काग़ज़, धागा, लड्डू का चूरा पड़े हुए थे। मेरे मन में अजीबोग़रीब शंकाएँ घूमने लगती हैं। स्कूल की छुट्टी होने के बाद क्या हुआ होगा, इसका अन्दाज़ लगता है। चाचा, मास्टर का दोस्त था। उन दोनों की बड़ी गहरी दोस्ती। वे दोनों आते-जाते इन औरतों का मज़ाक उड़ाते। मुझे ऐसा लगता कि इस प्रकार किसी की बदनामी नहीं करनी चाहिए। इतने दिनों के बाद आज मैं यह बता पा रहा हूँ।

वैसे यह सब महारवाड़ा के लिए नया नहीं था। अनेक बातें सुनने में आतीं।

डलिया-भर सूखी-बासी रोटियाँ किसी ज़रूरतमन्द महिला को देने पर वे तुरन्त अपने वश में हो जाती हैं।

चौथी कक्षा की बात है। मराठे की एक हट्टी-कट्टी लड़की मेरी कक्षा में पढ़ती थी। उसे पहला मासिक-धर्म आया और उसका पूरा लहँगा ख़ून से सन गया। तब मैंने ही खोज की—यह लड़की अब औरत बन गई है।

बम्बई में कावाख़ाने में रहते समय लड़कों के बहलाने में आकर दरवाज़ों की दरारों से कई बार छिप-छिपकर छोटी आयु में ही सम्भोग के कई दृश्य मैंने देखे हैं।

एक घटना तो अच्छी तरह याद है। मेरे एक मौसेरे चाचा थे। उनका नाम था शिवा। शादी हुई और बीवी मर गई। विधुरता के दिन काट रहे थे। सड़कों पर कसरत के खेल दिखानेवाली एक काली हुड़दंगी औरत उन्होंने घर में रख रखी थी। वैसे यह औरत बड़ी अजीब थी। पुरुषों की तरह पैंट-शर्ट पहनती। लम्बे बालों को जूड़े में बाँधती। चाचा को कावाख़ाने में मिलने आती, वह भी साइकिल पर बैठकर। सड़कों पर उसके खेल होते। बालों में वह पत्थर की बड़ी शिला बाँधकर उठाती। अपना सारा शरीर लोहे के रिंग से 'पास' करती। जब कावाख़ाने के स्त्री-पुरुष काम पर चले जाते, तब शिवा चाचा उसे कमरे में ले आता। बूढ़ी औरतों को शिवा चाचा चाय-पानी के पैसे देते और वे दूर फ़ुटपाथ पर जाकर बैठ जातीं। हम लड़कों को इसी बात का आश्चर्य होता कि कसरत के खेल दिखानेवाली यह औरत चाचा के सामने गाय के समान कैसे शान्त-लीन हो जाती है! वे नंगे हो जाते। पसीने से लथपथ। दीवाल का आईना ज़मीन पर कोण बनाकर रखते। औरतों की जाँघों के बीच बाल होते हैं, इस बात का मुझे कई दिनों तक आश्चर्य होता रहा...!

शिवा चाचा के अन्तिम दिन बड़े बुरे गुज़रे। कसरत करनेवाली वह औरत पता नहीं, कहाँ ग़ायब हो गई। इसके कारण शिव चाचा बहुत दुखी हुए। हँसते-खेलते शिवा चाचा गूँगे हो गए। घर में हमेशा सोने की जगह की तकलीफ़ थी। ऐसे समय हम फ़ुटपाथ पर सोते। शिवा चाचा की बग़ल में मेरा बिस्तर होता।

एक दिन बग़ल में सोए शिवा चाचा को देखकर मुझे लगा कि शिवा चाचा रात-भर बिस्तर पर हाथ-पाँव मारता रहा है। लगा, शिवा चाचा ने ख़ूब दारू चढ़ा ली है। सुबह झाड़ूवाला आया। फिर भी शिवा चाचा नहीं उठे। जब उनके ऊपर की चादर हटाई गई तब मालूम हुआ कि शिवा चाचा मर गया है। उसके मुँह से

झाग आई थी। पंचनामे में यह सिद्ध हुआ कि शिवा चाचा ने अफ़ीम खाकर आत्महत्या कर ली। कई दिनों तक यह बात सालती रही कि शिवा चाचा ने क्यों आत्महत्या की होगी?

ऐसी ही एक और घटना याद आ रही है। हमारे घर के सामने तिमंज़ली इमारत थी। तल पर विठाबाई नाम की गोरी-भूरी औरत रहती थी। उसकी गोरी देह कोढ़-सी लगती। तिल-मात्र भी चमड़ी का रंग नहीं था। पलकें भी भूरी, परन्तु आँखें नीली थीं। पीठ पर झूलते रेशमी रंग के पीले बाल थे। उसका शरीर भरा-पूरा था। आने-जाने वाले उसे एक नज़र देखते। महार-समाज में जन्म लेकर भी उसकी भाषा और रहन-सहन सफ़ेदपोश समाज की महिलाओं-सा था। धूप में चलती तो गाजर-सी लाल हो जाती। उसकी तुलना में उसका पति बहुत कुरूप था। काले-जामुनी रंग के चमड़े-सा उसका रंग। एक आँख ख़राब। चेहरे पर चेचक के दाग़। दिखने में साधारण होने के बावजूद उसकी आमदनी अच्छी-ख़ासी थी। वह मोटर-मैकेनिक था। जब देखो, तब वह मोटर के नीचे आड़ा पड़ा रहता। हम सब परिवारों से इस महिला का घर सबसे अधिक आकर्षक। दरवाज़े पर झूलता हुआ परदा, भीतर पलंग, कोच, महँगा फ़र्नीचर, काँच लगी आलमारियाँ। काँच के नक्काशीदार साँसर में काँटे-चमचों से भोजन खाया जाता। बचपन में मुझे इस घर के प्रति बड़ा आकर्षण रहता। इसके कई कारण थे। विठाबाई को इतने ऐश्वर्य में भी कोई बाल-बच्चा नहीं था। इस कारण वह मुझसे बहुत लाड़ करती। बच्चे न होने के कारण वह महिला बड़ी बेचैन रहती। इस कारण उसने एक बार क्या किया कि सीधे उसने गर्भवती होने का नाटक किया। उसने नाभि के निचले हिस्से में चिन्दियाँ बाँधीं। पर यह ख़बर कावाख़ाने में फैल गई। सभी औरतों ने बाद में उसकी बहुत फज़ीहत की।

मुझ पर वह जान देती थी। अच्छी-अच्छी चीज़ें खाने को देती। सिनेमा-नाटक दिखाती। मुझे बहुत मज़ा आता। मैंने उसके साथ रॉक्सी में 'ख़ज़ांची' पिक्चर देखी थी, आज भी मुझे याद है। घर में कोई न रहने पर वह मुझे अपने ऊपर बैठाती। पलँग पर चित सोती। मुझे जाँघें दबाने को कहती। ऐसे समय वह साड़ी ऊपर सरका लेती। उसके केले के पेड़ के गूदे-सी जाघें दबाते समय मेरे मन में एक अजीब-सी बेचैनी उठती। वैसे मेरी उम्र बहुत छोटी थी। परन्तु यह सब देखकर भीतर बड़ी उथल-पुथल मचती।

पिताजी की बीमारी दिनोंदिन बढ़ती जा रही थी। गाँव आने के कारण उनके स्वास्थ्य में हुआ परिवर्तन कुछ दिनों के लिए ही टिक पाया। जैसे कोई दीया बुझने

से पहले ख़ूब भड़कता है, वैसा ही उनके साथ हुआ। बम्बई में, पिया स्पिरिट उनकी अँतड़ियों तक पहुँच गया था। और शराब की लत अब तक न छूटी थी। गाँव में उनकी बीमारी का इलाज कोई न कर सका। कोई कहता, भूत-ब्याधा हो गई। कोई कहता, किसी ने करनी की है। परन्तु शायद उन्हें अपनी बीमारी का कारण मालूम हो। उन्होंने अपनी माँ और भाई से मिलने की ज़िद की। वे बम्बई गए। दस-पन्द्रह दिनों के बाद उनके सीरियस होने का तार मिला। जाकर देखा, पिताजी की हालत बहुत गम्भीर थी। निरन्तर कराहते। सनकी-से बड़बड़ाते रहते। घर की समाधि का अंगारा लगाने का क्रम शुरू हुआ। अस्पताल में भर्ती करने की बात किसी को न सूझी। उनकी मौत बड़ी तकलीफ़देह थी। मरते समय उनकी बड़ी दुर्दशा हुई। सनक में आकर वे कपड़ों को तह करते, उन्हें एक-दूसरे पर रखकर घर बनाते। वह बार-बार गिर जाता। हाथ-पैर घिस-घिसकर उन्होंने बलि के बकरे-से प्राण त्यागे। आदमी कैसे मरता है, यह बहुत क़रीब से देखने का मौक़ा मिला। मरते वक़्त 'मेरे बाल-बच्चों को किसी प्रकार की कमी नहीं होने दोगे,' इस प्रकार का चाचा से वचन लेना पिताजी नहीं भूले।

घर में बड़ा रोना-धोना हुआ। मुझे अच्छी तरह याद है कि मैं नहीं रोया था। अपलक निरन्तर देखता जा रहा था। "अरे, बच्चे को रुलाओ, नहीं तो घुटकर मर जाएगा।" मेरी ओर देखकर कोई कह रहा था। कैमरामैन लाया गया। शव के साथ सगे-सम्बन्धियों का फ़ोटो खिंचना चाहिए, यह कावाख़ाने की प्रथा थी। लेकिन, आज वह घटना मुझे बड़ी अजीब लगती है। उस दुखद क्षणों में भी 'पोज़' देने की भाग-दौड़ मचती। उस ज़माने का कैमरा भी बड़ा अजीब था। काले परदे के भीतर कैमरामैन अपने को ढँक लेता। सामने की डिबिया एक हाथ से खोलता।

सबके सामने माँ के गले की काली मणियों की माला तोड़ दी गई। उसमें से एक सोने की मणि पान के बीड़े में रखकर पिताजी के मुँह में डाली गई। माँ के माथे का सिन्दूर पोंछकर चूड़ियाँ फोड़ दी गईं। शव को नहलाने के लिए दरवाज़े का पल्ला निकाला गया। उस पर नहलाने की प्रथा। माथे पर चाँदी का कलदार रुपया। नए कपड़ों पर फूल की चादर। अर्थी बाँधी गई। रास्तों पर शव पर फेंकने के लिए कुछ छुट्टे पैसे। उड़द, लाइयाँ[1]। फिर भूत बनकर न आए, इसलिए उड़द।

चाचा ने पानी दिया। वरली में महार-मंडली के लिए अलग श्मशान-घाट था। उन दिनों शव को दफ़नाते थे। पुरुष जितना गहरा गड्ढा खोदा गया। क़ब्र पर सब लोगों ने मुट्ठी-मुट्ठी मिट्टी डाली। तेरहवीं की। मेरे सिर से बाल न निकाले जाएँ, मैंने ज़िद की। "जाने दो, बच्चे की जात है," कहकर किसी ने ज़बरदस्ती

---

1. धान से बनी खली।

नहीं की। कौवा कुछ खाए, इसके लिए लोग कितने परेशान। निवाले के साथ दारू-बीड़ा भी रखा गया। मैंने पिंड को हाथ लगाया, तब कहीं निवाला लिया।

हमारा सारा आकाश उजड़ गया था। हताश होकर हमने गाँव की राह ली।

सही अर्थों में सिर पर आकाश ढह गया था। पिताजी किसी तरह चोरी-चकारी कर घर की गाड़ी खींच लेते थे। माँ का नैहर पास ही, दो मील पर। उनकी खेती-बाड़ी थी। चचेरे दादा भागे-दौड़े आए। माँ पुनः विवाह कर ले, उनकी यह ज़िद। कोई एक विधुर था। उसने माँ को देखा था। हम दो छोटे बच्चे। मैं तो बहुत ही छोटा। बहन सात-आठ साल की। महारवाड़ा कुछ ऐसा था कि किसी के काम न आता था। और कभी भी इज़्ज़त झट से मिट्टी में मिल जाए सो अलग। दादा इज़्ज़त को सबकुछ समझने वाले। दादा के कहने पर माँ पर ज्यों बिजली गिरी हो। एक तो ननिहाल के बारे में उसके मन में बचपन से ही नफ़रत-सी थी। उसे दादा की यह बात कसाई-सी लगी।

"मैं आपके दरवाज़े भीख नहीं माँग रही। मैं मेहनत-मज़दूरी कर अपने बच्चों को पाल लूँगी।" दादा से साफ़-साफ़ कह डाला।

जब माँ पैदा हुई, तब उसका बाप मर गया। बाप को मिट्टी दी और सद्यः-प्रसूता का छल शुरू हुआ। लड़का नहीं हुआ, यह गुस्सा था ही। नानी को भूखा रखते। उससे ढोर-डंगर-सा काम लेते। आटा छानकर निकालने के बाद जो चोकर बचता, उसकी रोटी नानी को दी जाती। इस प्रकार छल शुरू हुआ। उन दिनों ससुराल की यन्त्रणा जेल-सी जानलेवा थी। इन तकलीफ़ों से तंग आकर नानी अपने ननिहाल चली गई। माँ बहुत छोटी थी। उसे नानी से अलग किया गया। माँ बताती थी—

"तुम्हारी नानी एक बार ननिहाल गई तो फिर वापस ही नहीं आई। उसने दूसरा घर बसा लिया।"

माँ का बचपन ननिहाल में बीता, माँ के बिना। ज़िन्दगी में उसे माँ का सुख नहीं मिला। शादी होने तक माँ की और नानी की मुलाक़ात न थी। परन्तु पिता बहुत ही समंजस थे। उन्होंने पहल कर माँ और नानी की मुलाक़ात करवाई। बाद में नानी हमारे घर कई बार आती। नानी अन्धी हो गई थी। लाठी पकड़कर उसे गाँव से मैं लेकर आता। दूसरा घर बसाने के बाद भी उसे लड़का नहीं हुआ। वहाँ एक छोड़ तीन लड़कियाँ हुईं। नानी और मौसा-मौसी का हमें बड़ा आसरा रहता। वैसे नानी और उसकी लड़कियों का संसार बड़ी ग़रीबी का था, परन्तु ये लोग बड़े अनुरागी थे। माँ के मायके से ये लोग हमें बहुत क़रीबी लगते।

माँ ने मर्दों-सी कमर कस ली। ज़िन्दगी-भर तूफ़ानी कष्ट उठाए। उसके सामर्थ्य से मैं चकाचौंध हो गया। पिताजी जितने लाड़-प्यार से मुझे न पालते,

उससे अधिक लाड़-प्यार से माँ ने पाला। हाथ के फोड़े-सा उसने मुझे सँभाला। वास्तव में आज मैं जो कुछ भी हूँ, वह पिताजी के रहते बन पाता क्या? पढ़-लिख भी पाता या नहीं, पता नहीं! मेरे साथ पढ़नेवाले महारवाड़ा के लड़के अब कहाँ हैं? माँ ने जो त्याग किया था, उसी से इस कीचड़ से निकलने की ऊर्जा मेरे अन्तर से फूटने लगी। पिताजी का रास्ता मेरा रास्ता नहीं है। उन्होंने जो भी किया, वह सब मुझे टालना है—भीतर-ही-भीतर मैंने यह तय कर लिया था। माँ से एक दिन यूँ ही पूछी हुई एक बात याद आ रही है, "माँ, तूने क्या देखकर पिताजी से शादी की?"

इस पर वह आँखें भरकर समूचे जीवन का इतिहास बताने लगी। उसकी कब शादी हुई, माँ को मालूम ही नहीं। उस समय वह पालने में थी। कहते हैं, पालने में ही विवाह के मौर बाँधे गए। जब वह घाघरा-पोलका पहनने लगी थी, तभी उसकी शादी हो गई थी—इस बात पर उसे विश्वास ही न होता। ग्राम-द्वार पर किसी का भी दूल्हा आता कि 'मेरी भी शादी करो,' इस प्रकार का हठ माँ चचेरे दादा-दादी के पास करती। गले की काली-पोत उसे झूठी लगती। बड़ों के समझाने पर भी उसे भरोसा न होता। उसे फुसलाने के लिए फिर दूल्हे के पीछे उसे बिठाते। साड़ी की गठरी उसके पेट के पास जमा हो जाती। सिर पर लोटे में नारियल रखा रहता। इस पोज़ में उसे कलसा लेकर बैठाया जाता। माँ को लगता, उसकी शादी हो रही है।

माँ की शादी का क़िस्सा बड़ा मज़ेदार है। पिताजी की माँ देवकी और माँ का मायका एक ही था। दोनों के मायके के उपनाम भी एक—कसबे। दादी उन दिनों बम्बई में थी। पिताजी की शादी की जब बात चली, तब दादी को अपने मायके का गाँव बड़ा अधिकारपूर्ण लगा। उसकी एक ही ज़िद थी—बहू लाऊँगी तो औरंगपुर की ही। उन दिनों औरंगपुर में पिताजी के लिए उचित लगनेवाली एक भी लड़की नहीं थी। माँ के लिए बात चली। पर चचेरे दादा ने यह बात ठुकरा दी। हमारा गाँव उनकी समझ से बहुत ही बदनाम गाँव था। 'मवालियों का धामणगाँव'—ऐसा ही वे कहते। महारवाड़ा के क़रीब-क़रीब सभी लोग बम्बई चले गए। किसी के पास न खेती, न बाड़ी। थोड़ी-बहुत ज़मीन थी भी तो काम करने में सबकी नानी मरती। क़रीब-क़रीब सभी लोग दारू-ताड़ी और जुए में पूरी तरह डूब चुके थे। जब कभी कोई बम्बई वाला आता तो एकदम अप-टु-डेट आता, पर वापस जाते समय पूरा भुक्खड़ होकर जाता। गाँव की मराठा-मंडली वस्तुएँ गिरवी रखकर उसे गाड़ी-भाड़े के लिए पैसे देती। गाँव की मराठा-मंडली मूल्यवान वस्तुओं को गिरवी रखने की ताक में रहती। मिट्टी के मोल गिरवी रखते। कन्धे का कोट, हाथ का छाता—सब चलता। ऐसे गाँव में बेटी देना उन्हें पसन्द न था। पर दादी

पीछे हटनेवाली न थी। वह महारवाड़ा से उठकर सीधे गाँव जाती है। वहाँ पटेल के सामने अपना रोना रोती है, "मैं आपके गाँव की बेटी। आपके गाँव की मुझे बहू चाहिए, यह मेरा अधिकार है।" उन दिनों मुखिया की बात कौन काटता? नाना-नानी को पंचायत में बुलाया गया। गाँव के निर्णय के ख़िलाफ़ नाना-नानी में विरोध करने की क्या बिसात थी? ऐसे हुई पिताजी के साथ माँ की शादी!

जब तक पिताजी जीवित थे, उनकी अनुपस्थिति में, माँ उन्हें कोसती रहती। बड़बड़ती रहती–"मेरी तो क़िस्मत फूटी है!" भाग्य का दोष देती। पर पिताजी के मरने के बाद उसमें ग़ज़ब का परिवर्तन आ गया। पिताजी की याद कर वह घंटों बिलखती रहती। "तुम्हारे बाप ने मुझ पर कभी हाथ नहीं उठाया," ऐसा कहकर वह सुबकती रहती। माँ बताती, "जब तुम्हारे पिताजी खाना खाने बैठते तो उनका सारा ध्यान चूल्हे की ओर होता। तुम्हारे लिए कुछ बचा या नहीं? मेरे लिए कुछ बचता है या नहीं, इसका वे बड़ा ध्यान रखते।" पिताजी की उदारता की तारीफ़ करनेवाले काफ़ी लोग थे। जब मैं बड़ा हुआ, नौकरी लगी, जेब में पैसे कुलबुलाने लगे और जब-जब भी गाँव जाता, तब-तब पुराने लोग मिलते। कहते, "क्या रे बाबू, तू कितना कंजूस! किसी के लिए पैसे खर्च नहीं करता। तेरा बाप देख कैसा था! बम्बई से आया कि गाँव में दारू-ताड़ी और मटन की पार्टी होती और एक तू है, चाय तक नहीं पिलाता?" मैं क्या उत्तर देता? भीतर-ही-भीतर हँसता रहता। उनकी उदारता के कुछ प्रसंग मुझे भी याद आ रहे हैं। पंचायत में आया मेहमान हमारे घर भी भोजन को आता है। ऐसे ही एक बार दूर का रिश्तेदार हमारे घर आया। उस दिन चूल्हा ठंडा था। हम रात की माँगी गई रोटियों पर गुज़ारा करनेवाले थे। परन्तु मेहमान को बासी रोटियाँ कैसे दी जाएँ? पिताजी ने माँ को कौन-सा इशारा किया, पता नहीं। माँ इकलौता ताँबे का हंडा लेकर घर से बाहर निकली। मेहमान को लगा होगा, पानी के लिए गई है। जब माँ वापस आती है, तब उसके आँचल में सारा बाज़ार बँधा होता है। गेहूँ, गुड़ सबकुछ खरीद लाई थी। रात में मेहमान को 'पुरणपोली' का भोजन दिया गया। मेहमान के चले जाने के बाद हंडा गिरवी रखने की बात उसके मन को तकलीफ़ देती रही। पिताजी कहते, "जाने भी दे। दाने-दाने पे लिखा है खानेवाले का नाम।"

उनकी इन आदतों के कारण या कहिए उनकी बिगड़ती आदतों के कारण हम जीवन-भर टुटपुँजिए ही रहे। ईमानदारी से जीते, तो भी हाथ क्या लगता? घर में कौन ढेर सारा सामान था? दो मिट्टी के राजन[1] ज़मीन में धँसे हुए। ज़मीन में धँसे होने के कारण ही वे बच पाए। पत्थर की चक्की, मिट्टी का चूल्हा, एक लकड़ी का बक्सा और कुछ जर्मन बर्तन। पीतल के एक-दो ही, नाममात्र को।

---

1. मटका।

ठंड से बचने के लिए गुदड़ी सम्पूर्ण महारवाड़ा में सिर्फ़ हमारे घर ही थी। माँ गुदड़ी बहुत अच्छी सीती। गोलाकार परिधि में एक-एक गोला छोटा होता जाता। आज भी हमारे घर में माँ के हाथ की बनी गुदड़ी सँभालकर रखी हुई है। माँ के स्नेह-सी ही। वह आज भी नहीं फटती। बम्बई की भटकन में यह लकड़ी का बक्सा बड़ा उपयोगी साबित हुआ। सारा संसार उसमें समा जाता--सौदा, मसाला, राशन का अनाज। कौन-सी पोटली में क्या है, यह माँ छूते ही बता देती थी।

लकड़ी का बक्सा पार्टिशन के रूप में भी काम में लाया जाता--'यहाँ तक आपकी सीमा, पेटी से इधर हमारी।' क्या मज़ाल है कि बच्चे भी इधर से उधर हो जाएँ। वे एक ही ख़ून के पारिवारिक सदस्य हैं, बड़े आश्चर्य की बात लगती।

पिताजी के जाने के बाद एक काम मैंने बड़ी निष्ठा से कर डाला। दारू निकालने का सामान--जिसमें दारू सड़ाने का डिब्बा, लकड़ी की पटरी वग़ैरा थी--सब तोड़ डाला। इन सबकी विरासत मुझे निरुपयोगी लगी। मैं अपनी ज़िन्दगी में दारू के वशीभूत कभी नहीं हुआ। कई संकट आए, प्राण छटपटाने लगते, आत्महत्या करने तक की स्थिति होती। ऐसा कहते हैं कि इस तरह व्याकुल होकर आदमी दारू को समर्पित हो जाता है। अपना दुख क्षण-भर के लिए भूलने के लिए वह ऐसा करता है। परन्तु दारू का नाम लेते ही मेरे सामने सम्पूर्ण ख़ानदान की एक लम्बी दुखपूर्ण क़तार खड़ी हो जाती है--दादा, पिताजी, चाचा। यह सब देखकर मैं घबरा जाता हूँ। इन दिनों यह परम्परा मेरा चचेरा भाई निभा रहा है। हद तक अल्कोहॉलिक हो गया है। उसे परावृत्त करने में मैं असफल रहा हूँ।

इसका यह मतलब नहीं कि मैं दारू छूता भी नहीं। छोटे-बड़ों के साथ आजकल उठता-बैठता हूँ। उनके आग्रह करने पर एकाध पेग ले लेता हूँ। पर सच बताऊँ? पीने की अपेक्षा सामने रखे पदार्थों पर मेरा ध्यान अधिक रहता है। एक ज़माना था, जब यह लगता कि दारू मुझे लील लेगी। पर आज वैसा नहीं लगता। जीवन में भीतर से जो मस्ती उठी है न, इस नशे के सामने वह नशा बहुत तुच्छ लगता है।

घर के सामान के बारे में, पिताजी की दूसरी वस्तुओं के बारे में, मुझमें ऐसी कोई घृणा नहीं थी। वे जो वाद्य 'कांडा' बजाते थे, वह मुझे मन से भाता। कई दिनों तक वह दीवाल की खूँटी पर टँगा रहा। एकान्त में उसके सुर मैं सुनता, पर इसे कभी बजा न सका। पिताजी की यह अमूल्य निधि हाथ से निकल गई, इसका दुख होता। दिनोंदिन किताबी होता जा रहा था। महारवाड़ा से, वहाँ की अनुभूतियों से दूर-दूर जाने लगा।

इन सभी यादों के निश्चित साल मैं नहीं बता सकता। पर अभी तक याद है, स्वतन्त्रता की जलेबी चौथी कथा में मिली थी। एक चमकदार बिल्ला मिला, जिसमें भारतमाता की प्रतिमा अंकित थी। बड़े गर्व से उसे छाती पर लगाकर घूमता। परन्तु स्वतन्त्रता मिली अर्थात् वास्तव में क्या हुआ? वैसे जीवन में किसी प्रकार का परिवर्तन याद नहीं। गाँव के स्कूल में नेताओं के भाषण हुए। वे जो कुछ भी बोल रहे थे मेरी समझ के बाहर था।

मैं कक्षा में काफ़ी होशियार था। बम्बई के टेढ़े नल का पानी पी आया था! स्कूल में जब कभी सुपरवाइज़र आता, धैर्य से खड़े रहकर उनके प्रश्नों का मैं ही उत्तर देता। कविता अच्छी आवाज़ में गाता। परन्तु स्कूल में मेरा गणित विषय बड़ा कमज़ोर था। किस टोंटी का पानी किस हौज़ में गया, तथा समय, काम और गति का गणित मुझे कभी नहीं जमा। भाषा और इतिहास विषय मेरे हाथ के मैल। वैसे मेरे सहित चौथी में कुल पाँच विद्यार्थी। शारीरिक तौर पर मैं अकेला ही दुबला-पतला। बाक़ी सब हृष्ट-पुष्ट। भगवंत आवारी तो भरा-पूरा, गोरा-चिट्टा। एक घूँसे में मुझे ज़मीन दिखाता। पर मेरे प्रति बड़ा स्नेहिल था।

वार्षिक परीक्षा में मैं गणित में फ़ेल हो गया। बाक़ी तालुके के गाँव में पढ़ने जानेवाले थे। इसी को अकेले यहाँ क्यों रखना? ऐसी बात मास्टर के दिमाग़ में आई होगी। उन्होंने भड़ाभड़ ग्रेस मार्क्स देकर मुझे अगली कक्षा में ढकेल दिया।

मुझे आगे पढ़ाया जाए या नहीं, शायद ये विचार माँ के सामने रहे हों।

महारवाड़ा के उमा दादा की माँ को सलाह—"सखू, लड़के को क्यों स्कूल भेजती हो? हम क्या ब्राह्मण हैं? गली-कूचे घूमेगा और दाना-पानी कमा लेगा। नहीं तो जाएगा ढोर चराने। चार पैसे लाएगा। तुम्हारे नोन-तेल की व्यवस्था हो जाएगी!"

माँ ने उमा दादा की सलाह नहीं मानी। बच्चे को पढ़ाना है, उसे बड़ा साहब बनाना है, यह प्रेरणा उन दिनों उसे किसने दी होगी?

बाबासाहब कहते, 'महारिन के मन में अपने बेटे के लिए कौन-से सपने होते हैं? यही कि वह चपरासी हो या सिपाही। पर ब्राह्मणी की इच्छा होती है, उसका बेटा कलेक्टर बने! ऐसी इच्छाएँ महार की माँ की क्यों नहीं होतीं?'

शायद इसी भाषण का माँ पर अनजाने में कोई असर हो गया होगा। मैं तालुके के गाँव के स्कूल में जाने लगा। सुबह-शाम तीन मील की परेड करने लगा।

उमा दादा से याद आया—उमा दादा हमारे घराने का घुटा हुआ आदमी। वैसे हमने उनकी कोई बात मन पर नहीं ली। पर उखाड़-पछाड़ की आदत किसी-किसी को होती है। किसी का अच्छा चलता रहे तो भी फूटी आँखों नहीं सुहाता। उमा दादा का भी स्वभाव कुछ ऐसा ही था। फिर भी उमा दादा का हम बुरा न मानते।

बड़ा कुतूहल होता। एक बात तो यह थी कि वे भूत-प्रेतों की कथाएँ सुनाते। 'नीलावंती' की बातें बताते कि उसे पढ़ने से पशु-पक्षियों की भाषा हम समझ सकते हैं। "थूक से आदमी मारे जा सकते हैं," इसी प्रकार का उलटा-सीधा वह 'नीलावंती' के बारे में बोलता। एक बार साबर के जंगल में 'नीलावंती' पढ़ने के लिए गया और पाँच फन का नाग किस तरह अचानक सामने आकर फुफकारने लगा–यह बात कई बार उन्होंने हम लड़कों को नीम के नीचे बने चबूतरे पर बताई। परन्तु यह 'नीलावंती' हमने उनके पास कभी नहीं देखी। पर पीले काग़ज़ों में 'रामायण', 'महाभारत' की पोथियाँ हमने उनके पूजाघर में ज़रूर देखी थीं। उन्हें पढ़ने की इच्छा होती, पर वे हाथ न लगाने देते।

उमा दादा ने इसी प्रकार की एक छोटी-सी घटना मुझे सुनाकर मेरे जीवन में कितना बड़ा तूफ़ान खड़ा कर दिया। आज भी उस घटना की मात्र याद से रोंगटे खड़े हो जाते हैं। मैं इतना क्रूर क्यों हो गया? माँ सारी ज़िन्दगी क्या वह प्रसंग भूल पाई होगी? माँ के चरित्र पर शंका? वह भी बेटे द्वारा? मेरी उम्र ही क्या थी? यह सब चरित्रहनन समझने की मेरी उम्र भी थी क्या?

एक दिन, स्कूल से वापस आकर चबूतरे पर उमा दादा के साथ गप्पें मार रहा था। बुड्ढा बड़ा धूर्त था। किसी घास के ढेर पर ज्यों जलती तीली फेंक दी जाए, ऐसा ही कुछ हुआ। मुझसे कहा–

"क्यों रे, छोरे! तेरा बाप मर गया, फिर भी तेरी माँ को दिन चढ़ गए? ये कैसा है रे?"

इस जलती तीली से मेरा मन भड़ककर जल उठा। मन बेचैन। दिमाग़ में प्रश्नों का अम्बार। भयानक दुविधा। बम्बई में रहते समय मैंने विधवा महिलाओं के अनेक क़िस्से सुन रखे थे। एक बार तो कचरे के डिब्बे में मैंने नवजात शिशु देखा था। मन में घुटन लिये घर आता हूँ। देखा कि माँ ने खाट पकड़ ली है। उसका मुँह देखने की इच्छा नहीं रही। उसके लिए नस-नस में घृणा भर आई थी। पड़ोस की बूढ़ी स्त्री चूल्हे पर पानी गरम कर रही थी। बुढ़िया मुझे लकड़ियाँ लाने के लिए दौड़ाती है।

"ऐ, छोरा, दौड़! तेरी माँ का गर्भ गिर गया...।"

मैं सन्तुलन खो बैठता हूँ। अनाप-शनाप बकने लगता हूँ। "बाप मरने के बाद भी गर्भिणी कैसी?" मेरा प्रश्न था! माँ यह समझ न सकी कि वह हँसे या रोए। वह पागलों-सी मुझे देखती है। बुढ़िया मुझे समझाती है। माँ और मेरे बीच दो-तीन दिन तक बातचीत बन्द। सामने जो कुछ भी आता, खाता और स्कूल जाता। अन्त में एक दिन माँ के मन का बाँध फूट पड़ता है। वह मुझसे लिपट पछाड़ मार रोने लगती है। सारी बात स्पष्ट करती है। बात यह थी कि पिताजी

के रहते ही माँ के दो-तीन महीने निकल चुके थे। जब यह सब स्पष्ट होता है, तब मुझे यों लगा जैसे मैं नरक से निकला हूँ। अपने समझ की फेर के कारण माँ को कैसी मौत-सी सज़ा दी!

फिर मैं एक बात गाँठ बाँध लेता हूँ कि माँ को उम्र-भर कभी नहीं दुखाऊँगा। पर माँ यह घटना कभी नहीं भूली। औरतों के बीच गप्पें मारते समय यह घटना उसे विशेष रूप से याद आती और सारी औरतें मेरे इस पागलपन पर हँसतीं।

मेरी ज़िन्दगी की यह भयानक घटना यदि दो-एक साल पहले पूछी जाती तब शायद न बता पाता। मैं अपने-आपसे डरता था। रोंगटे खड़े हो जाते। परन्तु मेरी माँ का ही एक नियम था कि किसी एक व्यक्ति को अपना सबकुछ बता देना चाहिए। उसी ने यह साहस दिया है।

मैंने भी भूतकाल को पूरी तरह भूल जाने की कोशिश की। पर क्या इतनी सहजता से भूतकाल पोंछा जा सकता है? कुछ दलितों को यह कूड़ा-करकट बाहर उलीचने जैसा लगता है। परन्तु आदमी यदि अपना भूतकाल नहीं जानता तो वह अपना भविष्य भी तय नहीं कर सकता।

मैंने बचपन में जो महारवाड़ा देखा था, वह अब उजड़ गया है। परन्तु बचपन में वहाँ के देखे चित्र मैं कैसे पोंछ सकता हूँ? वे सतत मेरी आँखों के सामने घूमते रहते हैं। इतना सच है कि मैंने जहाँ तक देखा था, महारपन में भिखारी वृत्ति नहीं थी। महारों को जो 'बलुत'[1] मिलता, वह उनके अधिकार का होता। पूर्वजों को पुरस्कारस्वरूप 52 अधिकार देनेवाले फ़रमानों की दन्तकथा कई पीढ़ियों तक चलती रही। सबको इस परम्परा पर बहुत गर्व था। कहने मात्र को इनके पास ईनाम में मिली ज़मीन थी। विशेषकर यह पश्चिम महाराष्ट्र में ही था। घर के पास ज़मीन का जो टुकड़ा होता, उसे 'हाडकी' कहते। शायद इस खेत में जानवर छोड़ने से उनकी हड्डियाँ उभर आती होंगी। इसीलिए इसे 'हाडकी' कहते। गाँव से दूर पहाड़ों की तराइयों में जो ज़मीन थी, उसे 'हाड़वला' कहते। अपने गाँव के महार लोगों को मैंने कभी भी हाड़वला ज़मीन पर काम करते नहीं देखा। ऐसा कहते हैं कि मेरे जन्म से पहले महार लोग यहाँ की ज़मीन जोतते-बोते थे। परन्तु कुछ दूर होने के कारण बाद में गाँव के लोगों ने उसे चरागाह के रूप में उपयोग करना शुरू किया। उसका मुआवज़ा नाममात्र का था।

52 अधिकारों के बारे में महार-मंडली के बीच एक आश्चर्यकारक दन्तकथा थी। पैठण के बेदर के मुसलमान बादशाह ने ये 52 अधिकार महारों को दिए,

1. बनिहारी। वर्ष का मेहनताना पैसों में न पाकर अनाज आदि के रूप में पाना।

ऐसी दन्तकथा थी। बाद में विट्ठल रामजी शिन्दे की 'भारत में अस्पृश्यता की समस्या' नामक पुस्तक में यह फ़रमान देख पाया। फ़रमान कुछ इस प्रकार था : "पुरन्दर क़िले में 'शेंदरी बुरज' का काम शुरू किया गया, पर काम समाप्त ही न होता। इसलिए बादशाह को सपना दिखा कि ज्येष्ठ पुत्र और ज्येष्ठ बहू दोनों को यदि 'बुरज' को समर्पित किया जाए तो यह काम पूरा हो सकता है। बादशाह ने जागने के बाद यह सपना येसाजी नाईक चिबे को कह सुनाया।

"तब येसाजी नाईक ने कहा, 'मैं अपना बेटा और बहू देता हूँ।' फिर बहरिनाक और सोननाक का पुत्र नाथनाक व देवकाई दम्पत्ति आश्विन बदी अष्टमी को शेंदरी बुरज में गाड़ दिए गए। बाद में बुरज के काम को सिद्धि मिली।"

52 अधिकारों का फ़रमान मिलने के अलावा महार-मंडली में उसकी ईमानदारी की एक और दन्तकथा प्रचलित थी। बादशाह की रूपवती युवा कन्या को दिल्ली पहुँचाना था। उन दिनों घने जंगलों में से होकर रास्ते थे। आवागमन के आज-जैसे साधन नहीं थे। उसके साथ एक विश्वासपूर्ण ईमानदार महार को भेजा गया। यह महार नौजवान भी बड़ा हट्टा-कट्टा था। राजा की कन्या पहुँचाकर वापस लौटने के बाद दरबार में उस पर संशय व्यक्त किया गया। इसने कन्या को रास्ते में कलंकित किया होगा, यह उस पर आरोप था। जाने से पहले उस महार नौजवान ने एक लकड़ी की छोटी-सी पेटी राजा को दी और बोला, 'मेरी बहुत महत्त्वपूर्ण वस्तु है इसमें। आने के बाद वापस करें।' महार नौजवान पेटी खोलने के लिए कहता है। उसमें उसका लिंग पहले से ही काटकर रखा हुआ था! राजा उसकी ईमानदारी पर ख़ुश होता है। 'जो चाहो, माँग लो,' वह उस नौजवान से कहता है। महार युवक कहता है, 'मुझे कुछ नहीं चाहिए। हमारी जाति को पीढ़ियों तक कोई लाभ मिलता रहे, ऐसा कुछ कीजिए।' बादशाह ने 52 अधिकारों की सनद प्रदान की। ऐसी यह गौरवशाली परम्परा यानी 'महारकी'!

बचपन में देखी इस महारक़ी की कलेजे पर एक स्पष्ट रेखा खिंच गई है। यह भूतकाल लाख पोंछने पर भी नहीं मिटता। यदि मिट गया तो मेरे साथ ही जाएगा। मेरे चेहरे पर जो लाचारी का लेप दिखता है न, यह तभी से है। अब कितना भी घिसिए, ख़ून निकलेगा, पर पोंछा नहीं जा सकता। वैसे महार के काम का कोई टाइम-टेबल न था। चौबीस घंटे का बँधा हुआ नौकर। इसे बेगार कहते। बेगारी का कुछ स्वरूप रहा होगा। ऐसा काम करने के लिए विशेष अनुभव या कला की ज़रूरत न होती। महार जाति के कुछ काम तो गलकर गिर गए, पर कुछ काम

गरदन पर जूँ-से पड़े रहे। गाँव का सारा लगान तालुके में पहुँचाना, गाँव में आए बड़े अधिकारियों के घोड़ों के साथ दौड़ना, उनके जानवरों की देखभाल करना, चारा-पानी देना, ढिंढोरा पीटना, गाँव में कोई मर जाए तो उस मौत की सूचना गाँव-गाँव पहुँचाना, मरे ढोर खींचना, लकड़ियाँ फाड़ना, गाँव के मेले में बाजा बजाना, दूल्हे का नगर-द्वार में स्वागत करना आदि काम महारों के हिस्से आते। इसके बदले मिलता 'बलुत'। बचपन में माँ के साथ यह बलुत माँगने ख़ासतौर पर जाया करता। प्रत्येक घर से एक-एक आदमी बलुत माँगने बाहर निकलता। माँ दूसरी महार-मंडली के साथ मराठों के खेत-खलिहानों में बलुत लेने जाती।

साथ में धोती का टुकड़ा होता। गुड़ आदि देते समय किसान बड़ी चख-चख करते। कहते, "अरे धेडो! तुम्हारी माँ की...काम के नाम पर नानी मरती है और बलुत लेने सबसे आगे! क्या तुम्हारे बाप का अनाज है?"

महार भी कुछ कम नहीं थे। काले-भिल्ल। धाकड़। वे मराठों से निडर हो बोलते। वे ऊपरी भाग देने की कोशिश करते, महार-मंडली नीचे का अच्छा गुड़ चाहती...नीचे दानेदार गुड़ रहता है, इसकी सबको जानकारी थी। जब गुड़ बनने का अन्तिम चरण होता, तब महार-मंडली अपने कपड़े नीचे बिछा देती। एक बार यह कपड़ा बिछा दिया गया कि नीचे का गिरा हुआ सारा गुड़ महारों को दे दिया जाता। पर देते समय वे लगातार ग़ालियाँ बकते रहते। महार-मंडली अपनी गठरियाँ ऐसे बाँधते, जैसे कुछ हुआ ही न हो।

महारकी के काम की एक घटना याद आती है। सम्पूर्ण गाँव का लगान जमा हो गया कि वह सब लेकर महार तालुके जाता। उसे 'पट्टी' कहते थे। यह पट्टी भरने पर कचहरी के क्लर्क से प्राप्त रसीद लेनी होती।

एक दिन एक बूढ़ी विधवा पास के गाँव पट्टी भरने गई। बेचारी भोली बुढ़िया थी। क्लर्क को पट्टी दी परन्तु पावती माँगना भूल गई। क्लर्क का ईमान डोल गया। दूसरे दिन बुढ़िया पावती लेने कचहरी में दौड़ते-भागते आई। क्लर्क ब्राह्मण था। कुछ भी पता नहीं लगने देता। बुढ़िया अपने ही दोनों हाथों से बाल नोंचते गाँव पहुँची। उस पर ग़बन का क़ानूनी आरोप दायर किया गया। बुढ़िया बहुत याचना करती है। देवी माँ की शरण लेती है। पर उस पर किसी को दया नहीं आती। सब लोग उस पर थू-थू करते हैं। उसे हथकड़ी पहनाकर तालुके में लाया जाता है। कोर्ट में पैसे हड़प लेने का आरोप सिद्ध हो जाता है। कचहरी का क्लर्क हाथ झटककर चैन की साँस लेता है। दो-तीन महीनों की सज़ा काटकर वह वापस आ जाती है। कभी-कभी महारकी में इस प्रकार की जानलेवा घटनाएँ भी घटतीं।

एक बलुत लेनेवाले को लेकर गाँव और महारवाड़ा में बहुत बड़ा विवाद खड़ा

हो गया। बात कुछ यूँ थी। परम्परा थी कि गाँव से बलुत आया कि तुरन्त ही उस ढेर का बँटवारा हो जाता। अपने उत्पादन में से कितना हिस्सा महारों को जाता है, इसका वे अन्दाज़ लगाते। जैसे कुत्ते-बिल्लियाँ पलते हैं, वैसे ही महार। ऐसा गाँववालों का सीधा-सा गणित था। साथ ही यह भी विश्वास प्रचलित था कि महार बच्चों को खिलाने से पुण्य भी मिलता है। गाँव में महार का होना गाँववालों के लिए शान की बात हुआ करती। एक गाँव की बात बताते हैं।

महार लोग गाँववालों के अत्याचार से तंग आकर गाँव से भाग निकलने को हुए। गाँववालों ने रास्ता रोक लिया। उन्हें समझाया और महार लोगों को सम्मानपूर्वक वापस ले आए। गाँव में महार नहीं अर्थात् कुछ अमंगल होगा। शायद इस बात का उनके मन में डर रहा हो। ऐसी ही घटनाएँ। इसलिए महारों और गाँववालों के बीच का रिश्ता टूटते न टूटता।

एक साल महारों ने तय कर लिया कि इस बार बँटवारा नहीं किया जाएगा। चारों ओर के चालीस गाँवों को भोज देने की उनकी योजना थी। निश्चित ही भोजन के लिए सिर्फ़ महार-मंडली ही होगी। गाँव के पास ही महारों के बलुत का एक बड़ा ढेर लगाया गया। गाँव के पटेल की भी इतनी बड़ी ढेरी नहीं थी। सब गाँववालों की आँख चौंधिया गईं। 'अपनी ही मेहनत पर ये महार मस्ती कर रहे हैं,' इस प्रकार की प्रतिक्रिया गाँव से उठने लगी। बस, इस घटना के बाद महारों को बलुत देना बन्द कर दिया गया। महारों के पच्चीस-तीस घर और डेढ़-दो हज़ार की गाँव की बस्ती। वैसे यह विषम लड़ाई थी। गाँव में चमार का सिर्फ़ एक ही घर था। परन्तु महारों के झगड़ों में वे कभी न पड़ते। उस घर का रहट और चमड़े के पट्टों का धन्धा गाँववालों पर ही चलता था। उनकी तुलना में महारवाड़ा के कुछ परिवार काफ़ी अच्छे थे। कुछेक के आँगन में खिल्लारी बैलों की गाड़ियाँ, घर में दूध-घी। इनका कोंकण में जानवर बेचने का धन्धा था। आसपास के गाँवों से अच्छे साँड, डाँगी बैल खरीदते और बेचने के लिए कोंकण जाते। बचपन में महार लोग देखे थे। खूब ऊँचे धाकड़, भरे-पूरे, काले-भिल्ल। इनसे सारा गाँव थर्राता। घबराने का कारण था इनकी विद्या–'सोमा महार'। 'सोमा महार' एक प्रकार का ज़हर था। एक बार उमा दादा के पास छोटी पुड़िया में मैंने देखा था। सफ़ेद-शुभ्र। महारों ने यह अस्त्र उड़ाया नहीं कि गाँवों के जानवर सिर पर पैर रखकर भागते। वैसे यह एक अघोरी क्रिया थी, परन्तु जो अमीर आदमी महारों को छलता, उसके ख़िलाफ़ यह हथियार काम में लाया जाता। महार ऐसा करते कि ज्वार के गुच्छे में या रोटी की लुगदी में यह ज़हर मिला देते। और सबकी आँखें चुराकर रात-बे

रात जानवरों को खिला देते। महारवाड़ा के बित्ते-भर लड़के भी यह काम करते। महार एक पत्थर से दो शिकार करते। विरोधियों का काँटा ढीला हो जाता और जानवरों की सगौती। उसका चमड़ा भी महारों को मिलता। कभी-कभी महारों को ठंडा करने के लिए गाँववाले जानवर महारों को न देकर खेत में एक गड्ढा खोदकर गाड़ देते।

लेकिन इस समस्या पर गाँव कभी एकमत न होता। महारवाड़ा की तरह गाँव में भी कई गुट थे। दो गुट तो बड़े ज़बरदस्त थे। वे केवल उपनामों पर आधारित—आवारी और पापल।

आवारी अधिक संख्या में थे और पापल कम संख्या में। इसलिए पटेल बनने का मान आवारी को मिलता। पोले के त्योहारों में, मेलों में ये आवारी आगे रहते। पापल बाहर से आए हुए थे। इसलिए आवारी उन्हें 'बाहरी' समझते। पापल जब आए तो अपने साथ एक महार भी लेते आए। वही अर्थात् हमारे गाँव का रूपवते। पवार आवारी लोगों के घर बलुत माँगने जाते। रूपवते-मंडली पापलों के घर जाती। ढोर किसी का भी मरा हो, मिलकर फाड़ते। वैसे वह भी बारी-बारी से ही होता। यदि गाँववाले बिगड़े और थोड़ी भी तू-तू, मैं-मैं हुई तो महार-मंडली अपना आपसी बैर भूल एक हो जाती। ढोर फाड़ने के चमकदार छुरे पंचायत के पास तरतीब से रखते। 'एक-एक की तोंद फाड़ देंगे।' महारों का आक्रामक रुख़ होता। इस पर गाँववाले महारों का बहिष्कार करते। गाँव बन्द। रास्ता बन्द। मेहनत-मज़दूरी बन्द। ऐसे समय गाँव का एकाध चतुर आदमी समझौते की कोशिश करता।

ऐसी ही एक समझौते की घटना याद आ रही है। गाँव और महारवाड़ा में बेहद तनाव फैल गया था। महारवाड़ा की सीमा पर ईंट-पत्थरों का ढेर लगा दिया गया। हरेक ढेर पर प्रत्येक घर की स्त्री कमर कसकर खड़ी थी। अब ख़ून-ख़राबा होगा, इसलिए महारों को मन्दिर में बुलाया जाता है। नंग-धड़ंग, फटे-पुराने कपड़ों में लोग कन्धों पर चमचमाते छुरे लेकर मन्दिर के सामने मैदान में खड़े हो गए।

पटेल कुलकर्णी और गाँव के प्रभावशाली लोग मन्दिर में बैठे थे। वहीं से संवाद शुरू होता है :

"अपने-आपको समझते क्या हो?"

नौजवान, काला-कलूटा, हट्टे-कट्टे शरीरवाला काशावा बोलता है, "हम राजा हैं!"

"किसके?"

"हम अपने ही राजा हैं!"

इस तरह उस दिन समझौता न हो सका।

पानी ले जाने के रास्ते को लेकर बहुत बड़ा विवाद उठ खड़ा हुआ। गाँव के पश्चिम में महारों का कुआँ। यदि पानी ले जाना हो तो गाँव होकर ही—वह भी हनुमान मन्दिर के सामने जाना पड़ता। महारों की बस्ती के निचले हिस्से में गाँव का कुआँ था। उस कुएँ के पास लोकल-बोर्ड की एक तख़्ती थी। उस पर लिखा होता—"यह कुआँ सभी धर्म-जाति के लोगों के लिए उपलब्ध है।" परन्तु महार-मंडली उस कुएँ पर कभी नहीं दिखी।

महारों के कुएँ में पर्याप्त पानी था, काँच-सा साफ़। मीठा, गर्मी में भी नए घड़े का-सा ठंडा। मुझे हमेशा लगता, ये ज़िद्दी लोग इतने पागल क्यों हैं? सही बात यह थी कि हमारा कुआँ ऊँचाई पर और गाँव का कुआँ निचले हिस्से पर था। हो सकता है कि हमारे कुएँ का पानी झरता हुआ उस कुएँ में जाता हो। परन्तु जो बात मुझे उस बचपन में सूझती थी, वह मराठा-मंडली को भी न सूझी होगी। पर चमार हमारे कुएँ का पानी कभी न पीते। वे महार के पानी से छुआछूत मानते। चमार परिवारों की औरतें मराठों के कुँओं पर घंटों एक धड़ा पानी के लिए भीख माँगती बैठी रहतीं। मन में बड़ी उथल-पुथल मचती। गाँव के कुएँ पर अच्छी फरसी थी। घिर्री घिर्राती रहती। उसकी आवाज़ निरन्तर कानों में आती रहती। हमारे कुएँ पर घिर्री न थी। झुककर खड़े रहकर ही डोल से पानी खींचना पड़ता। गर्मी के दिनों में कुएँ पर जाकर घंटों पानी खींचकर स्नान करना हमें बड़ा अच्छा लगता।

पानी लेने के लिए आते-जाते महार स्त्रियों की छाया हनुमान पर पड़ती। भगवान अपवित्र हो जाता है, इसलिए गाँववालों ने एक बार रास्ता बन्द कर दिया। कुएँ पर यदि दूसरे रास्ते से जाना हो तो तालाब के किनारे-किनारे कीचड़-से लथपथ होकर जाना पड़ता, एक मील तक। यह रास्ता महारों के लिए खुल जाए, इसलिए महारों ने संघर्ष किया। कोर्ट-कचहरी हुई। 'हम अपनी राह नहीं छोड़ेंगे। यदि आप आवश्यक समझें तो हनुमान की स्थापना दूसरी ओर कीजिए।' इस प्रकार का आक्रामक पैंतरा महारों का होता। यह विवाद जब चल रहा था तो एक चमत्कार ही हुआ। इसी दौरान तालुके में एक ईसाई तहसीलदार आया। यह ईसाई तहसीलदार कोई और नहीं, बहुत पहले का महार ही था। महार लोगों की व्यथा उसने भोगी थी। उसने मन में तय किया कि महारों के साथ न्याय होना चाहिए। महार यदि ईसाई हो जाता तो उससे गाँव अपवित्र न होता और यदि ईसाई आदमी ऑफ़िसर है तो बात ही निराली। सारा गाँव उसकी सेवा में हाज़िर। धामणगाँव का दौरा निकाला जाए। हमारी समस्याओं का निदान हो, इसके लिए महार-मंडली ने तहसीलदार से मुलाक़ात की। आज तालुके का तहसीलदार किस खेत की मूली है? पर वह युग अंग्रेज़ों का था। गाँव के दौरे का कार्यक्रम बना। ईसाई तहसीलदार

ने ज़ाहिर कर दिया, 'मैं गाँव में नहीं ठहरूँगा।' महारों की पंचायत में ही उन्होंने बैठक बुलाई। ज़िन्दगी में पहली बार तहसीलदार महारवाड़ा में आनेवाले थे। महारों को अतीव आनन्द हुआ। झंडियों, तोरणों से महारवाड़ा सजाया गया। पंचायत के पास रंग-रँगोली की आयोजना की गई। महार-मंडली ने उस तहसीलदार का स्वागत बैंड-बाजा बजाकर किया। उसे एक कीमती पगड़ी बाँधी गई। पाटिल महारवाड़ा में आकर इन्तज़ाम की देख-रेख कर रहे थे। गाँव के प्रमुख लोगों की बैठक बुलाई गई। वह भी पंचायत में।

तहसीलदार गाँव न जाकर महारवाड़ा में ही ठहरता है, इसे गाँववाले अपना अपमान समझते हैं। परन्तु राजा और वर्षा की मार की शिकायत किससे की जाए? सब लोग अपना क्रोध दबाकर महारवाड़ा आए। गाँव के चार-पाँच अगुआ लोगों पर मुक़दमा दायर किया गया। सबसे माफ़ीनामा लिखवाया गया। भविष्य में महारों को सताएँगे नहीं, उनका रास्ता बन्द नहीं करेंगे, इस प्रकार का लिखित क़रारनामा अगुआ लोगों से लिखवा लिया गया। बहुत दिनों तक जावजीबुआ के पास टीन के चोगे[1] में ये काग़ज़ात रहे। जावजीबुआ इसे प्राणों से लगाकर रखते। बाद में जब मैं पढ़-लिख गया, तब वे मुझे पढ़ने के लिए देते। मुझसे पढ़वा लेते। उसे वे 'मुचलका' या ऐसा ही कुछ कहते। उनकी छाती गर्व से फूल जाती। जिस प्रकार सोने की मुहरों का ख़ानदानी हंडा अपनी अगली पीढ़ी को सौंपा जाता है, ठीक उसी प्रकार उन्होंने यह अपने बेटे को, मरते समय सुपुर्द कर दिया।

"मरे जानवरों का मांस तूने खाया है क्या? कैसा स्वाद होता है?" यह प्रश्न गत दिनों मुझसे 'साहित्य सहवास' में एक विचारक ने पूछा। उस समय मेरा दम घुटने लगा। बौखलाकर मैंने कहा, "जिन दिनों मैंने यह मांस खाया, मेरी उम्र स्वाद परखने की नहीं थी। सिर्फ़ पेट का गड्ढा भरना जानता था। अकाल में विश्वामित्र ने कुत्ते की टाँग खाई अथवा महायुद्ध के समय मराठों की सेनाओं ने घोड़ों का मांस खाया, इसलिए मैं मरे जानवर का मांस खाने का समर्थन करना उचित नहीं समझता।"

ढोर मरने के बाद महारवाड़ा में एक चेतना दौड़ जाती। उसमें भी बैल यदि कगार से फिसलकर मर गया तो आनन्द दुगुना। ऐसा बैल अधिक ताज़ा समझा जाता। जंगल में कहाँ ढोर मरा है, इसकी ख़बर महारवाड़ा पहुँचने में देर न लगती। आज

1. ट्रंक।

के टेलेक्स से भी तेज़ गति से ख़बरें पहुँचतीं। आकाश में चील-गिद्ध विमान-जैसे एक ही दिशा में मँडराने लगते तो महारों को मालूम हो जाता कि खाना कहाँ पड़ा है। गिद्धों द्वारा खाने की बरबादी न हो, इसके लिए भागदौड़ मचती। गिद्ध भी कितने! आसानी से पाँच-पचास का झुंड। पंख फड़फड़ाते। मुँह से मचाक्-मचाक् की आवाज़ें निकालते। अण्णाभाऊ साठे ने एक कथा में इन गिद्धों से मख़मली जैकेट पहने साहूकार-पुत्र की उपमा दी है। पत्थर मारने पर थोड़ी दूर उड़ जाते परन्तु बेशर्मों-से फ़िर खाने की दिशा में सरकते। शायद उन्हें महार लोगों पर बड़ा क्रोध भी आता होगा। उनके मुँह से महार लोग कौर जो छीन लेते थे! गिद्धों की हिंस्र आँखें, उनकी धारदार चोंच! मुझे लगता, वे सब मेरा ही पीछा कर रहे हैं।

"कई दिनों से महारवाड़ा में इस तरह का खाना नहीं मिला। मुँह का स्वाद ही चला गया"—ऐसा कहते हुए बूढ़े लोग काफ़ी ख़ुश दिखाई देते। घर में जो भी बर्तन होता—घमेला, परातें—वह लेकर लोग भागते। चमड़ी छिलने तक भी सब्र न करते। उसमें महिलाओं की धूम अलग। हमारी उम्र के लड़के दूसरे कारणों से ही ख़ुश हो जाते। मोटी चमड़ी के साथ ही पतली चमड़ी की एक परत होती। उससे डफ़ली, ढोल बना सकते थे। पतीली का ऊपरी घेरा या ख़ाली डिब्बा इसके लिए पर्याप्त था। ख़ाली डिब्बे को तानकर बैठाया जाता और धूप में सुखा देते। एक-दो दिन के बाद चर्मवाद्य-सी आवाज़ निकलने लगती।

मरे जानवरों को कन्धा देने में छठी का दूध याद आ जाता। बहुत वज़नदार चीज़ दो आदमियों द्वारा कन्धों पर ढोकर लाई जाती। जानवर के चारों पैर कसकर बाँधते और सुई से जैसे सीते हैं, वैसे ही चिकनी लकड़ी आर-पार डालते। किसी पालकी-सा यह दृश्य। गाय होती तो उसकी दयनीय आँखें आकाश की ओर एकटक लगी देखकर मन व्याकुल हो जाता। आज भी वे आँखें याद आती हैं।

माँ और गाय की आँखों में मुझे बहुत साम्य लगता। हमारे घर की बारी आती तो ढोर को ढोने का काम माँ पर आता। माँ की फज़ीहत देखी न जाती। लगता, कुछ बड़ा होता तो कितना अच्छा होता! माँ का बोझ अपने कन्धे पर झेल लेता।

किसी भी बात पर विवाद खड़ा कर लेने की महारवाड़ा की परम्परा थी। हिस्सों के बारे में वे चिल्लाते। महारवाड़ा माने एक कलदार रुपया। उसमें किसी के हिस्से आठ आने तो किसी को डेढ़ पैसा। इस तरह विषम बँटवारा। उसमें समाज-व्यवस्था का चित्र स्पष्ट होता। जिस घर का फैलाव अधिक होता, उसके हिस्से में कम हिस्सा आता। उनके आपसी सम्बन्धी ही बँटवारे में हिस्सेदार होते। जिनका महारवाड़ा में अधिक हिस्सा रहता, उनका बड़ा मान-सम्मान होता। बड़े घर के रूप में वह जाना जाता। हमारा दो आना हिस्सा होता। पैसे-दो पैसेवाले हिस्सेदारों को कुत्ता तक न पूछता। किसी के घर को आधा जानवर मिलता तो

किसी के घर अंतड़ियाँ और निकृष्ट माल ही पहुँच पाता।

जानवरों का बँटवारा 'गुड़शा' पद्धति से होता। 'गुड़शा' शब्द के बारे में उत्सुकता हो सकती है। लक्ष्मीबाई तिलक की आत्मकथा में यह 'गुड़शा' शब्द आया है। मराठी सारस्वतों को भी इस शब्द का अर्थ मालूम है या नहीं, पता नहीं। परन्तु लक्ष्मीबाई को मा़लूम था। महार-ईसाइयों की पहचान थी न? वहाँ अपनी ही बिरादरी के चाहिए, यह सही है। हाँ, तो मैं गुड़शा प्रकरण के बारे में बता रहा था। जानवरों के शरीर की हड्डियों के नाम। कमर के पास की, जाँघ से लेकर टखने के ऊपर, घुटने से ऊपर अर्थात् घुटने का जोड़। इसी गुड़शा को लेकर महारवाड़ा में दंगे-फ़साद होते। कभी-कभी मारपीट भी। औरतें एक-दूसरों के झोंटे उखाड़तीं। उसमें माँ-बहनों का उद्धार होता। आज भी इस समाज का झगड़ा गुड़शा पर ही होता है। सत्ता-स्पर्धा का झगड़ा। पोला गुड़शा किसे नहीं चाहिए? जाने दीजिए। विषयान्तर हो गया।

हाँ, तो मैं बता रहा था गुड़शा प्रकरण। गालियाँ भी उसी तरह। चोटी से शुरू कर एड़ी तक पहुँचकर खाते, ऐसी गालियाँ। इसी गुड़शा पर आधारित बचपन की एक कथा याद आती है। महारवाड़ा में एक ऊँची चट्टान है। उस चट्टान में जगह-जगह बर्तनों के आकार के गड्ढे खोदे हुए हैं, जैसे वे लकड़ी की पाटें हों। कुछ बुजुर्ग अपने बचपन की यादें सुनाते हैं। कहते, "हम इस चट्टान पर भोजन के लिए बैठते। कुछ गहरे हिस्से में पोले-गुड़शे ठोंकने में बड़ा मज़ा आता। क्या गुड़शे थे, उस ज़माने में! लगातार भदाभद-धार लग जाती।" न जाने क्यों मुझे स्कूल की इतिहास की किताब याद आने लगती। गुफ़ा के द्वार पर बैठा आदिमानव। चारों ओर आग जल रही है। पूरा जानवर उसमें भूना जा रहा है। दाँतों से बोटियाँ नोंच रहा है। उन आदमी के साथ कहीं जुड़े होने का एहसास होता है।

महार-मंडली भादवा की पूजा करती। यह भादवा कैसे आया, इसके पीछे एक चमत्कारिक दन्तकथा है। पतीली में आटा भिगोकर लोई उबालते और उससे पूजा सजाई जाती। कथा इस प्रकार बताते हैं—किसी समय एक महार ने गाँव के पटेल का बैल मारा। भाद्रपद का महीना था। भाद्रपद में महार लोगों को खाने-पीने की बड़ी तकलीफ़ होती। बैल का मांस घर-घर देगची में चढ़ा है। गाँववालों को महारों पर शंका होती है। वे खोजबीन करते हुए महारवाड़ा आए। पकते मांस की गन्ध उन्हें आती है। अब ये महार पकड़े गए। इन्हें कुत्ते की मौत मारेंगे, इस ख़याल से गाँववाले झउती लेने निकलते हैं। कहते हैं, उस समय महार लोगों ने भादवा को संकट में दुहाई दी। 'तुम्हें कभी नहीं भूलेंगे' का वचन दिया। फिर क्या था,

सभी गाँववालों को देगची में आटे की सफ़ेद-शुभ्र लोई दिखी। भादवा ने सबको संकट से बचाया, इसलिए भादवा की पूजा आज भी चली आ रही है!

मान लीजिए कि किसी घर में आधे जानवर का मांस उसके हिस्से आया तो वे उसे एक दिन में तो खा नहीं सकते थे। उनके पास फ्रिज भी नहीं था! फिर इतने मांस का क्या करें?

वे इसे सुखा देते। मांस कैसे सुखाते थे, यह सवाल बहुतों के दिमाग़ में उठा होगा। वे अँगुलियों के आकार के लम्बे-लम्बे टुकड़े बनाते जिसे चाणी कहते। छप्पर पर सुखाते। धुएँ के कारण उसका रंग सुर्ख़ लाल हो जाता। यह सब महार-मंडली ने कहाँ सीखा, यह नहीं बता सकता। परन्तु सुअर का मांस भी इसी तरह सुखाते। कहते हैं, यह पद्धति विदेशों में बहुत ही प्रचलित है। जब मैंने यह पढ़ा तो महार लोगों के बारे में मुझे आश्चर्य हुआ। चाणी के सूखने के बाद उसके छोटे-छोटे टुकड़े बनाते। उसे वे 'तोड़का' कहते। आषाढ़-सावन में पेट की आग मिटाने के लिए इस रिज़र्व कोटे का उपयोग होता। कभी-कभी इन पर सफ़ेद बुर्शी छा जाती या सफ़ेद कीड़े कुलबुलाते। आँगन में लकड़ी लेकर इसे सुखाना बच्चों का काम होता। जानवर का कोई हिस्सा बेकार न जाता। घर में चरबी का दीया जलता। हड्डियाँ ख़रीदनेवाला मुसलमान तालुके से आता। है न अजीब बात? अपने बर्फ़ीले टुंड्रा प्रदेश में याक प्राणी के बारे में ऐसा ही पढ़ा होगा। 'चाणी', 'तोड़का' शब्द आपके लिए नए होंगे। इन शब्दों से कुछ और याद आया। बचपन में देखे तमाशे की एक घटना याद आ रही है। कोतुल के धोंडू-बापू का 'तमाशा' उन दिनों काफ़ी प्रसिद्ध था। वह बापू भी बड़ा अजीब आदमी था। तवे की पीठ-सा काला-कलूटा। चेहरे पर चेचक के दाग़। तिरछी आँखें। तमाशा में विदूषक का काम करता। राजा जब फाँसी की सज़ा सुनाते तो कहते, 'फाँसी, तो मैं बहुत खाऊँगा!' सारे श्रोता हँसने लगते। वैसे सिर्फ़ महार-मंडली को ही यह चुटकुला समझ में आता। 'फाँसी'—यह जानवरों के एक विशेष हिस्से के मांस का नाम है। वह हिस्सा खाने में बड़ा स्वादिष्ट लगता है, यह बात सवर्णों को मालूम नहीं थी।

यह बात मालूम न होने पर भी गाँव के कुछ लोगों को इस मांस का चस्का लग गया, यह बात याद है। हमारे घर एक मराठा युवक आता। नाम नहीं बताऊँगा, क्योंकि आज भी उसका बहिष्कार हो सकता है। वह चोरी-छिपे खाता। गाँव में हम यह बात किसी को न बताएँ, इसके लिए वह बहुत मिमियाता।

ऐसे ही एक बार मैं अच्छी तरह भूनकर 'चाणी' जेब में रखकर तालुके के स्कूल गया। दोपहर की छुट्टी में खाने की योजना थी। बीच की छुट्टी में स्कूल

के पीछे छिपकर मैं इसे खा रहा था।

इतने में एक ब्राह्मण-सहपाठी पास आता है। पूछता है, "चोरी-छिपे क्या खा रहे हो?" मेरे चेहरे पर हवाइयाँ उड़ने लगती हैं। कुछ-न-कुछ उत्तर तो देना ही चाहिए, इस नीयत से कहता हूँ—"चाँदनी खा रहा हूँ।" अब उसके सामने एक नई समस्या। चाँदनी का स्वाद कैसा होता है? "एकाध चाँदनी मुझे भी दे न!" कहता हुआ वह ज़िद पर उतर आया। अपने हाथ से ब्राह्मण का लड़का अपवित्र हो जाएगा और कल यदि किसी को यह मालूम हो गया तो मेरी ख़ैर नहीं! इस डर से मैं घिर जाता हूँ। वह मिमियाने लगता है। मैं उसे चाँदनी देता हूँ। इसके चटपटे करारे स्वाद से वह ख़ुश हो जाता है। धीरे-धीरे यह ख़बर वह दूसरे मित्रों तक पहुँचाता है। ये मित्र सुनार और दर्ज़ी जाति के थे।

एक घटना तो बहुत स्पष्ट याद है। परीक्षा क़रीब आने पर हम सब लड़के स्कूल में ही सो जाते। शिक्षक रात्रिकालीन कक्षाएँ चलाते। प्रातः उठते। माँ जब लकड़ियाँ बेचने आती तो मेरा खाना साथ ले आती। वह सिल पर मांस कूटकर कीमा बनाती और रोटी के साथ लेती आती। न जाने कैसे एक बार दो मित्रों ने मेरी वह रोटी चुराकर खा ली। धीरे-धीरे उन्हें इसकी चटक लग गई। मैं भूखा न रहूँ, इसलिए वे अपने घर से रोटी-साग लाना न भूलते। स्वयं के देहात का और तालुके का अन्तर तुरन्त मालूम हो जाता। ये स्वर्ण दोस्त मुझे बराबरी के रिश्ते से रखते। उनके रसोईघर को छोड़कर मैं उनके घर में कहीं भी स्वच्छन्द घूमता रहता। म्हसे और शहाणे बड़े गहरे दोस्त थे। ये जाति के सुनार थे। परन्तु कभी भी यह नीयत न थी कि सवर्णों को अपवित्र करने के उद्देश्य से उन्हें मांस खिलाया हो। यह सब अनजाने में, लड़कपन में हो गया। और तो और, यह बात सब दोस्तों को मालूम हो जाने के बाद भी वे खाते थे। यह बात बाद में स्पष्ट हुई।

येसकर पारी[1] तो कई बार भीख लगती। परन्तु उन दिनों ग़ुलामों को ग़ुलामगिरी का अहसास नहीं था। वे उसे अधिकार समझते। हर हफ़्ते येसकर पारी बदलती। गाँव में मराठा-मंडली के दो ज़बरदस्त गुट। ठीक महारवाड़ा की तरह। एक कुल के मराठे पवारों को येसकर पारी बाँटते, तो दूसरे रूपवते को। होली पर महार पहले अंगारे किसे दे, इस समस्या को लेकर गाँव में पापल और आवारी लोगों में भयंकर संघर्ष होता।

---

1. गाँव में चौकीदार (कुटवार) के रूप में आनेवाली बारी, जिसमें हर घर उन लोगों को कुछ दान देता है।

रोटी माँगने अक्सर स्त्रियाँ जातीं। जिस घर में स्त्रियाँ न होतीं, उस घर से कोई बूढ़ा व्यक्ति झोली लेकर जाता। जाते समय वह हाथ में झुनझुने की लाठी ले जाना न भूलता।

इस लकड़ी की भी महारों में एक परम्परा है। कोई कहता, इस लकड़ी में पहले झंडा भी होता था। हम राज्यकर्ता थे। युद्ध में हार गए। 'ये लोग यदि संगठित रहेंगे तो बहुत भारी पड़ेंगे। लकड़ियों-सा फाड़ डालो इन्हें। हर गाँव के प्रवेश-द्वार पर टाँग दो। उनके झंडे, हथियार छीन लो और ग़ुलामी की निशानी स्वरूप लाठी थमा दो!' कहते हैं, तब से महारों के हाथ लाठी आ गई। बाद में मैं पढ़-लिखकर इन बातों का मर्म समझने लगा। एक दिन बाबासाहब की एक किताब पढ़ने को मिली 'शूद्र मूलरूप से कौन थे'। तब इस इतिहास की कुछ कड़ियाँ मुझे जुड़ती नज़र आईं।

पता नहीं, लाठी हाथ में लेनेवाले को इतिहास मालूम भी है या नहीं। परन्तु भौंकते हुए कुत्तों को भगाने के लिए इसका बड़ा अच्छा उपयोग होता। गाँव में महारिन आई कि पक्की कोठियों से कुत्तों के भौंकने की आवाज़ें आतीं। हमारी पारी आती तो मैं भी माँ के साथ जाता। महारों को छाछ देना मराठा लोगों के लिए प्रतिष्ठा का विषय होता। 'छाछ माँगने जाओ और बर्तन छिपाओ,' यह कहावत भी प्रचलित थी। तब भी छोटा घड़ा ले जाते समय मैं बहुत झेंपता था। स्कूल के मेरे दोस्त न देख लें, इसका मैं विशेष ख़याल रखता।

गौतम बुद्ध के बेटे राहुल के हाथ में भिक्षापात्र वाला चित्र याद आता है। उसकी माँ उसे बताती है, 'बेटे, चतुर्दिक् कीर्ति वाला तेरा बाप इस शहर में आया है। उससे अपना उत्तराधिकार माँग।' बाप यदि ज़िन्दा भी होता तो छोटे-से घड़े में क्या दान डालता? इस बात का शायद आपको आश्चर्य होगा। है न?

टोकरी में कभी भी ताज़ी रोटी न गिरती। हमेशा बासी रोटियाँ मिलतीं। कभी-कभी तो उस पर सफ़ेद झिल्लियाँ भी चढ़ी होतीं। शायद महारिन के लिए आले में रात की ही रोटी सँभालकर रख देते होंगे। एकाध उदार महिला अचार की फाँक रख देती। तब सहज ही मुँह में पानी आ जाता। माँ दूर से ही दरवाज़े से बड़ी दयनीय होकर कहती, 'रोटी दे माँऽ, येरकरनि को।' पर तीज-त्योहारों में 'पुरणपोली' अवश्य मिलती। सेवपपड़ियाँ मिलीं तो पूछना ही क्या! बहुत ख़ुशी होती। पारी आती तब महार लोगों के घर चूल्हा ही न सुलगता। एक घटना याद है। बाजरे के आटे का हलवा मिला, पर बाद में टोकरी से आँगन में ईंट-पत्थर और मुरुम बिछाना पड़ा।

'पाडवा' के त्योहार से याद आया। गाँव में घर-घर इस त्योहार में झंडे फहराए जाते, तोरण लगाए जाते। शाम को मराठा लोगों के वीर निकलते। दस-बारह साल

के लड़कों को सजा-धजाकर कन्धे पर उठाया जाता। सब हनुमान के मन्दिर के सामने मैदान में एकत्रित होते। सामने महार-मंडली का बजनियाँ समूह। इस त्योहार में महारों को मुफ़्त में बजाना चाहिए, ऐसी प्रथा थी। बैंड के सामने लेझिम की क़तार। वीर ऊँची आवाज़ में ज़ोर-ज़ोर से चिल्लाते। लेकिन महारों के लड़कों को इस खेल की अनुमति न होती। वे दूर खड़े रहकर सिर्फ़ तमाशा ही देख सकते थे।

किसी महार के लड़के के मन में लेझिम खेलने का जोश आता तो भी उसे हाथ में लेझिम देना पाप समझते। हम महारवाड़ा के लड़के उदास हो जाते। गाँव के मेले में दंगल का हंगामा रहता। माँगों की डफों की आवाज़ पर कुश्तियाँ होतीं। गाँव-गाँव के पहलवान जमा होते। छोटे बच्चों की कुश्तियाँ रेबड़ियों-मिठाइयों पर लगाई जातीं। बाद में पैसे, नोट, ज़री की पगड़ी, चाँदी का कड़ा—ऐसे बढ़ते भाव से कुश्तियाँ होतीं। महार पहलवान कितना भी बलवान होता, उसे सवर्ण पहलवानों के साथ जोड़ करने की इजाज़त नहीं थी। यदि कोई ग़लती से अखाड़े में उतर गया और बाद में बात खुल गई तो उसे मरते दम तक पीटते। इसलिए कोई भी महार इस झंझट में न पड़ता। महारों की कुश्ती सिर्फ़ उन्हीं के जातिवालों के साथ होती।

यह सब देखकर बचपन में ही मेरे भीतर की खेलने की सारी ऊर्जा कछुए के अवयव-सी आकुंचित हो जाती। मिट्टी का बर्तन जैसे रिसता है, वैसे ही मेरा व्यक्तित्व भी रिसने लगा। महारों के लड़कों के साथ खेलने में मन न लगता। किताबी कीड़ा होने लगा। पर 'तमाशा' देखने में बड़ा मज़ा आता। सुबह पटेल के सामने तमाशगीरों की बारी आती। तमाशा भी महारों का या ठाकुरों का। थोड़े समय में जो तमाशा अपनी बानगी बताता, उसे अधिक विदाई-पुरस्कार मिलता।

गाँव का एक मेला याद आता है। वहाँ महार लड़कों को भोजन का आमन्त्रण। दो मील पर पीर की दरगाह थी। वह भी गाँव के किनारे ही। खाने को मिलेगा, इसलिए महारवाड़ा झुंड बनाकर वहाँ पहुँचता। महारों को मिट्टी के बर्तन में खाना दिया जाता। रोटी की जगह बाजरे की घुघरी। सवर्णों की पंगत उठने के बाद ही महारों को भोजन के लिए आवाज़ दी जाती। ख़ूब तेज़ शोरबा। नाक-मुँह से पानी बहने लगता। सूऽ-सूऽ करते हुए हम बाजरे की घुघरी के साथ शोरबा सुड़कते। ग़लती से एकाध बोटी मिल गई तो ब्रह्म-आनन्द की प्राप्ति होती। सुबह बचा-खुचा घर लाना कोई न भूलता। गाँव की मरी-माँ और मृसोबा की पूजा करने का मान महारों को मिलता। मृसोबा महारों-सा बाहर ही रहता। गर्मी-पानी झेलता हुआ। यह मृसोबा कौन है, यह प्रश्न यक्ष-प्रश्न-सा गूँजता रहता।

गाँव के लोगों को रंज हो, इस प्रकार का एक खेल महारवाड़ा में खेला

जाता—'रायरंद' का खेल। ये रायरंद ऊँट पर सवार हो साल में एक बार आते। उनकी विशेषता थी कि वे न गाँव में ठहरते, न गाँववालों का मनोरंजन ही करते। वे केवल महारों का मनोरंजन करते। मुझे आज भी आश्चर्य होता है। जो महार गाँव के अमीरों का मनोरंजन करते, उनका भी मनोरंजन करनेवाला कोई होता है। भारतीय समाज-व्यवस्था की उलझी हुई बुनावट देखकर मेरी विचारशक्ति शून्य हो जाती है। इस तरह सबका अनजाने में एक पाला हुआ अहंकार। 'रायरंद' पंचायत में ही ठहरते। ऊँटों पर उनकी सारी दुनिया—बाल-बच्चे, खटिया, हुक्का, ढोलकी, इकतारा इत्यादि होता। ऊँट देखने गाँव के लड़कों की भीड़ जमा हो जाती। उस समय हमारा भाव सातवें आसमान पर। कभी-कभी रायरंद हमें भी ऊँट पर बैठाकर सैर कराते।

बचपन में देखा रायरंद याद है। सिर पर रंग-बिरंगी पगड़ी—उसका छोर पीठ पर झूलता हुआ। चाँदी का मंडल लटकता हुआ जाकिट। हृष्ट-पुष्ट शरीर। घुमावदार नुकीली मूँछें। बोलते समय भी उनकी आवाज़ में महारी डकार उभरती। अनेक गाँवों के नाम ज़बानी याद थे। बातों-बातों में वे सबको मोह लेते। सुबह चौपाल में उनका खेल होगा। महारों के अगुआ सामने बैठते और ये ही महारों का न्याय करते, इस कारण समाज में उनका अलग वज़न था। रायरंद के हाथों में ख़ाली नारियल। इसे वे रंगीन रूमाल में रखते। ख़ाली नारियल में कौड़ियाँ। वे सुर-ताल पर नाचते। नाचते समय बड़े तन्मय होकर कहते—"तुँबड़ी-भर दे दो न, वो बाजीराव नाना!" अगुओं के सिर पर वे नारियल पटकते। गाँव के अगुओं की वे तारीफ़ करते। उनकी भाषा में माधुर्य होता। शब्द-सम्पत्ति की वे वर्षा करते। उनके लिए घर-घर से शिधा जमा किया जाता। गाँव से विदा होते समय महार लोग नई पगड़ी देकर उन्हें ख़ुश रखते। उन्हें दावत दी जाती। बाद में महार लोगों ने बौद्धधर्म स्वीकारा। उन्होंने सारे पुराने रीति-रिवाज छोड़ दिए। मेरे सामने आज भी यह प्रश्न है कि उन दिनों महारों का मनोरंजन करनेवाले रायरंद अब कहाँ ग़ायब हो गए हैं? आज दवाई के लिए भी गाँव-देहातों में रायरंद नहीं मिल पाते।

इस प्रकार का गाँव और ऐसा वह महारवाड़ा मेरे बचपन के मानस-पटल पर चित्रों-सा अंकित है। जितना बताऊँ, कम है। गाँव में रहते हुए भी मैं बचपन से ही गाँव से हमेशा कटा-सा रहा। गाँव की मेरी शिथिलता तालुके में आकर ग़ायब हो गई। रोज सुबह-शाम स्कूल के लिए तीन मील की परेड। दो-चार मराठों के लड़के हमारे साथ तालुके में पढ़ने जाते। यह स्कूल जानेवाली हमारी पहली पीढ़ी थी। महारवाड़े से मैं अकेला। गाँव के मराठों के लड़के शारीरिक दृष्टि से मुझसे

काफ़ी बलवान। एक तो बाप बनने की उम्र जैसा बड़ा दिखता। उसे दाढ़ी-मूँछ तक निकल आई थी।

मैं उनके बीच बड़ा मरियल-सा था। इस कारण उनके साथ मैं बहुत दबकर रहता। अपने स्तर के अनुसार ही रहना चाहिए, यह बात मानो ख़ून में ही रही हो। ये लड़के कभी भी समानता के आधार पर व्यवहार न करते। उनकी नस-नस से अपनी जाति का अहंकार फूटता। जाति के आधार पर यदि मेरा अपमान किया जाता तो मेरा मन भीतर-ही-भीतर बारूद-सा फट उठता। परन्तु मुँह से एक शब्द तक कहने की हिम्मत न होती। रास्ते में मैं उनके साथ कभी न चलता। आगे-पीछे अन्तर रखकर चलता।

स्कूल पहुँचने पर मेरा मन दूर आकाश में किसी पक्षी के पहाड़ की चोटी पर उड़ान भरने-सा रोमांचित हो उठता। मुक्ति का आनन्द मिलता। गाँव के एक कमरे के स्कूल से तालुके का स्कूल बहुत अच्छा था। 'बाल-भारती' पाठ में जैसा रहता है, ठीक वैसा। छोटी-छोटी नालियों के खपरैल। सामने छोटा-सा मैदान। वट और नीम के वृक्षों की घनी छाया। मैंने पाँचवीं कक्षा में प्रवेश किया। हमारी कक्षा के लिए समुद्र नाम के एक मास्टर थे। काली टोपी। सफ़ेद-शुभ्र कपड़े। धोती और कुरता। बहुत गोरे। बहुत अच्छा हँसते। उनकी सोने की अँगूठी हमेशा मेरी आँखों में चमकती।

गाँव के स्कूल का पढ़ा होने के कारण एकदम पिछड़ा हुआ मैं तालुके के स्कूल में एक-दो महीनों में ही आगे आने लगा। मेरा नम्बर पहले पाँच के अन्दर। नम्बर कटते तो देर से आने के लिए। गाँव से कितना भी दौड़ता-भागता आता, पर एकाध दिन देर हो ही जाती। प्रार्थना हाथ न लगती। बस इस कारण से मेरा नम्बर नीचे खिसक जाता। समुद्र मास्टर मुझ पर बहुत ख़ुश। सारी कक्षा के सामने खड़ा करते और कहते, "ये देखो, महार का लड़का! कितना साफ़-सुथरा रहता है, कितना शुद्ध बोलता है। पढ़ाई में भी आगे है!" दिन-भर पंखों-सा उड़ता। स्कूल छूटने पर गाँव जाने की इच्छा न होती। गाँव नरक-सा लगने लगता। ऐसा लगता कि महारवाड़ा की दुनिया अपनी दुनिया नहीं है। गाँव में भी क़दम-क़दम पर अपमान, तुच्छता। दम घुट जाता।

तालुके के स्कूल में ही मुझे अपने सही व्यक्तित्व की पहचान हुई। मुझमें कोई कमी नहीं, गाँव के काँजीहाऊस से बाहर निकलना ही चाहिए। उसके लिए पढ़ना ज़रूरी है। शहर के ब्राह्मणों के लड़कों को भी पढ़ाई में पीछे छोड़ सकता हूँ, यह अहसास मुझे ही आश्चर्य में डाल देता। कक्षा के दूसरों लड़कों से कबड्डी भी बहुत अच्छी तरह खेलता। लड़के कहते, "शायद इसके शरीर पर सुअर की चमड़ी जड़ी हो!" लड़कों का घेरा तोड़कर मछली-सा सर्र से बाहर निकल आता।

इसी बीच नाटकों में भी काम करने का भूत सवार हो गया। "इस ख़ाली गिलास में तुम्हें क्या दिखता है?" 'एकच प्याला' नाटक का यह संवाद मुझे याद था। नशाबन्दी सप्ताह में मैं यह संवाद चौराहों पर बेझिझक बोलता रहता।

एक बार 15 अगस्त को चौक में स्वतन्त्रता दिवस के कार्यक्रम में मैंने वाद-विवाद प्रतियोगिता में भाग लिया। भीड़ में दादा जावजीबुआ थे। स्टेज से नीचे उतरते ही उन्होंने बड़े गर्व से मुझे छाती से लगा लिया। उनकी आँखों से ख़ुशी के आँसू लुढ़क पड़े। "माँ का वैधव्य सार्थक हो गया," उनके ये उद्‌गार थे। "आज तुम्हारा बाप यह सब देखने के लिए जीवित होना चाहिए था।" ऐसा भी कहा उन्होंने। उन्होंने गाँव में मेरी बहुत तारीफ़ की। अब विधवा के अनाथ बेटे की उपेक्षा धीरे-धीरे समाप्त होने लगी। महारवाड़ा के दूसरे लड़के भी आदर से देखने लगे।

उस समय मेरी पोशाक बड़ी मज़ेदार थी। सिर पर सफ़ेद टोपी, सफ़ेद नेहरू कुर्ता, पैरों में चप्पल। देहात में इस्त्री कहाँ थी? लोटे में अंगारे डालता और कपड़ों पर घुमाता। कपड़े ज़्यादा थे ही नहीं। उन्हीं को धोकर पहनता। रात में सोते समय क्रीज़ न बिगड़ जाए, इसलिए कपड़े सिरहाने रखकर सोता। उन दिनों स्कूल की ओर से बहुत अधिक प्रभात-फेरियाँ निकलतीं घोषणा करने। मैं सबसे आगे। घोषणा करते समय सारा शरीर तन जाता। रोम-रोम में चेतना का संचार होता। गाँव के मराठों के लड़के पीछे पड़ जाते। वे बहुत ईर्ष्या करते। दोपहर में हम नदी पर खाना खाने जाते। भोजन के लिए उनसे अलग दूरी पर बैठना पड़ता। उनकी दृष्टि में मैं अब भी अछूत था। कभी-कभी वे चटनी या अचार देते, पर मेरी रोटी कभी न खाते। धीरे-धीरे मैं उनका साथ टालने लगा। तालुके के सवर्ण लड़कों से दोस्ती जोड़ने लगा।

समाज में रहते हुए कई मुखौटे लगाने पड़ते हैं। पर अब तो सबकुछ उगलना है। वैसे पुरुष बनने की कल्पना बड़ी रोमांचकारी थी और मेरा बचपन पीछे छूटता जा रहा था। पर मुझे इसका कभी दुख नहीं हुआ। गाँव के नाले पर हमउम्र लड़कों के साथ नहाने जाता। सबसे पहले मैं 'पुरुष' हो गया था। यह नई जानकारी देते हुए मेरी छाती गर्व से फूल जाती। प्राकृतिक नियमानुसार मेरे शरीर से वासना की नदी बहने लगी। अब तक स्त्री-पुरुष के सम्बन्ध मैंने अनेकों बार देखे थे, परन्तु यह सब साँडों की लड़ाई की तरह देखे थे। भीतर-बाहर से निर्लिप्त, ठंडा। पर अब किशोरियों को देख मेरे भीतर कुछ-कुछ होने लगा था।

तालुके के स्कूल में सोते वक़्त एक घटना घटी। आज भी ऐसा लगता है,

ज्यों मेरे शरीर पर छिपकली रेंग रही है। गाँव का गोरा-चिट्टा मराठे का लड़का मेरे पास ही सोता था। एक रात अचानक मैं नींद से जागा। वह लड़का मेरे लिंग से कुछ हरकत कर रहा था। अलबत्ता उस दिन मेरी चड्ढी गीली हो गई। मुझे भी मज़ा आया। पर बाद में मुझे झिझक होती। कुछ ग़लत, गन्दा काम मेरे हाथों से हो रहा है—यह सोचकर बेचैन हो उठता। इसके बाद मैंने अपने सोने की जगह बदल दी।

बाद में यह घटना मैंने एक बड़े लड़के को बताई। फिर उसी लड़के ने उसका 'चार्ज' ले लिया। वह मूलतः नपुंसक है, इसका हम लड़कों को पक्का विश्वास हो गया। दिन में वह मुझसे नज़रें चुराता। मज़े की बात यह है कि कुछ दिनों बाद उसकी शादी एक सुन्दर-सुघड़ लड़की से हुई। आज उसका पारिवारिक जीवन ख़ूब फला-फूला है। उसके खाते में बच्चे जमा हैं। पर एक बात है। मैं जब भी गाँव जाता हूँ, वह आज भी नज़रें नहीं मिला पाता।

स्कूल की दुनिया से एक बात और हुई। महारवाड़ा की लड़कियों का मुझे आकर्षण नहीं रहा। एक तो वे रोज़ नहीं नहातीं। लटें उलझी हुई, गन्दे कपड़े। उनसे मैं दूर-दूर रहता।

एक घटना याद है। हमारे घर के सामने रूपवते नामक व्यक्ति का घर था। उसे मैं मामा कहता। उसकी तेरह-चौदह साल की एक गोरी-गोरी लड़की थी। वह हमेशा हमारे ही घर में रहती। माँ के घरेलू कामों में मदद करती। कुछ लोग उसे मेरी भावी पत्नी कहकर मुझे चिढ़ाते। मैं उसे झींगुर समझ झटक देता। एक तो वह बहुत ही गन्दी रहती। कभी-कभी तो उसकी नाक बहती। अपने ही हाथ से वह फुर्र से पोंछ डालती। बड़ी घिन होती। एक बार रात में ठीक मेरी बग़ल में आकर सोई। माँ-मामी हमको चिढ़ाते। उस दिन मैं माँ पर बरस पड़ा। मैंने अपना बिस्तर उठाया और दूसरी ओर जाकर सो गया।

इसका यह मतलब नहीं कि उसका मुझे कुछ भी आकर्षण नहीं था। जानवर और इंसान में अन्तर होना ही चाहिए। उसका मन किसी भी बात के लिए तैयार होना चाहिए। यों कह लीजिए कि अकाल से आए हों। पर मैं उनमें से नहीं हूँ। इसी बीच तालुके की एक लड़की के प्रति मेरा आकर्षण हो गया। क्या नाम था उसका? याद आया—बानू। आज मैं यह नहीं बता सकता कि आकर्षण उसका था या उसकी जाति का? वह मराठा थी। रंग बहुत गोरा, केतकी के पत्तों-सा। धूप में चलने पर उसके गाल लाल हो जाते। गाँव आने पर भी वह सपनों में आती रहती। उससे पहचान का एक व्यावहारिक कारण था। गाँव में एक सुनार मित्र के घर मैं जाया करता। कभी-कभी अध्ययन के निमित्त वहीं सो जाता। उसकी गैलरी में खड़े रहने पर वह दरवाज़े में कभी-कभी दीखती। देखकर ख़िद्द से हँस

देती। मैं भी उसकी ओर खिंचता चला गया। उसने पहचान बढ़ाई। उस समय मैं स्कूल में छठी कक्षा में पढ़ रहा था। वह भी कन्याशाला में इसी कक्षा में थी। सुबह हमारी परीक्षा होती। उसकी परीक्षा दोपहर में होती। हमारे और उसके स्कूल के प्रश्न-पत्र एक ही होते। स्कूल छूटने पर मैं दौड़ता-भागता नदी के किनारे आ जाता। वहाँ एक पेड़ के नीचे वह मेरी राह देखती रहती। मैं उसे सम्पूर्ण प्रश्न-पत्र हल कर देता और वह दोपहर में स्कूल जाकर मेरे बताए उत्तर लिखती। एक रोमांटिक मूड में मैं दिन-भर खोया रहता। बम्बई में कभी देखे सिनेमा के दृश्य याद आते। घोड़ा लेकर मैं रेगिस्तान लाँघता जुआ प्रेयसी से मिलने के लिए जा रहा हूँ, यह दृश्य सामने होता। वैसे हमारा 'प्लेटानिक लव' था। शारीरिक बातें मालूम होने के बाद भी वैसा साहस मुझमें न था। माँ कभी-कभी लकड़ियों का गट्ठा लेकर तालुके में आती। बानू अपने घर के सामने माँ को रोक लेती। कभी-कभी लोटा हाथ में लेकर माँ को पानी पिलाती। अपनी माँ को इधर-उधर की बातें बताकर वह गट्ठा ख़रीदवाती। मैंने उसे कभी नहीं बताया था कि मेरी माँ लकड़ियाँ बेचती है। पर उसने कहाँ से जानकारी हासिल कर ली थी, पता नहीं।

ज़िन्दगी में पहली बार मैं बानू के साथ मन्दिर गया। बाद में वह मुझे अगस्ती के मन्दिर ले गई। वहाँ जाने के लिए एक बहती नदी पार करनी पड़ती। मन्दिर के चारों ओर घनी अमराई थी। वहीं मैंने पहली बार रामफल देखा। अगस्ती के मन्दिर के सामने एक बड़ा-सा ठंडे पानी का रामकुंड। सीता की प्यास मिटाने के लिए राम ने धनुष से बाण छोड़कर इसका निर्माण किया था, ऐसी दन्तकथा चारों ओर प्रचलित थी। उस छोटी उम्र में भी इस दन्तकथा पर मुझे विश्वास न होता। मन्दिर में बानू के साथ जाते हुए मैं बहुत घबराया। ऐसा लगता रहता कि अगस्ती की लाल आँखें मेरा पीछा कर रही हैं। वह बहुत देर तक अगस्ती की पूजा करती रही। परन्तु मुझे ऐसा कुछ नहीं लगा जिससे मैं भगवान के सामने हाथ जोड़ूँ। अलबत्ता उसने मेरे मुँह में जो पेड़ा ठूँसा था, वह खाना नहीं भूला।

एक बार हम कुछ दोस्त उसके मौसंबी के बगीचे में गए। उसी ने बड़े आग्रह से बुलाया था। वहाँ हम लुका-छिपी खेलते। मैं जहाँ छिपा होता, वहीं बानू मुझे पकड़ने आती और जहाँ वह छिपी होती, वहीं मैं उसे खोजने जाता। बाक़ी दोस्त तंग आ गए। जिस प्रकार शादी में दूल्हे का नाम लिया जाता है, ठीक वैसे ही लजाकर सब मित्रों के सामने उसने मेरा नाम लिया। कुछ भी हो, दोस्त ऊँची जाति के थे। एक महार का लड़का उनकी गली की राजकन्या को मोह ले, यह उनके लिए घोर अपमानास्पद बात थी। उन्होंने झगड़ा करना शुरू कर दिया। बानू को और मुझे गन्दी और अश्लील गालियाँ देते। एक थाली में खानेवाले दोस्त

अचानक कैसे क्रुद्ध हो गए, इसी बात का अन्दाज़ न लगता। इनमें से एक दोस्त के घर मैं सोने गया। वह रात-भर एक शब्द नहीं बोला। सुबह उठकर मैंने देखा, शहर में मेरे और बानू के नामों की तख़्तियाँ टँग गई हैं। कोयले और चॉक से दीवारें रंग दी गईं। गन्ने के रसवाली बड़ी लोहे की कड़ाही पर भी लिखा था। मैं बेहद डरा हुआ था। एक तो बानू का बाप तालुका-कांग्रेस का नेता। खादी के कपड़ों में रहता। तोते की चोंच-सी उसकी नोकदार गांधी टोपी। उसके नीचे जंगली उजड्डता है, इसका अहसास उसकी नज़रें देतीं। मैं बीमारी के बहाने गाँव भाग जाता हूँ। तालुके को मुँह तक न दिखाया। सात-आठ दिन के बाद दबे क़दमों में मैं स्कूल आता हूँ। ऐसा लगता कि अब मुझे पेड़ से बाँधकर चाबुक लगाए जाएँगे। परन्तु वहाँ कुछ भी नहीं हुआ। यह सब मेरे मन की ही कल्पना थी। परन्तु वहाँ घूमते हुए दीवारों पर लिखे शब्द मेरा पीछा करते और मैं टूटता ही जा रहा था।

इस घटना ने मुझे जीवन में वास्तविकता से परिचय कराया। बानू आकाश में लगे फल-सी है और मैं वहाँ कभी नहीं पहुँच सकूँगा, सच्चाई मालूम हो जाती है। मैंने उसका पीछा छोड़ दिया। परन्तु वह काफ़ी समय तक मेरा पीछा करती रही। दो-एक बार रास्ते में बोलने की कोशिश भी करती है, पर मैं बर्फ़ के टुकड़े-सा जमा रहा।

बानू मिली थी, पर पच्चीस-तीस साल बाद। बड़ी कठिनाई से मैं पहचान गया। अभी-अभी की बात है। मैं गाँव से बस द्वारा बम्बई आ रहा था। बस में भेड़-बकरियों से यात्री ठूँसे गए थे। मैं खड़े-खड़े ही यात्रा कर रहा था। एक कोने में मेरा ध्यान गया। बानू बैठी थी। थकी-हारी। आँखों के चारों ओर झाईं थी। वह मेरी ही उम्र की थी, पर मुझसे काफ़ी अधिक उम्र की लग रही थी। मैं भीड़ से रास्ता निकालते उसकी ओर बढ़ता हूँ। मैं धीरे-से उससे पूछता हूँ, "तुम्हारा नाम बानू है न?" वह चौंक जाती है। वह मुझे नहीं पहचानती। मैं उसे कुछ पुरानी बातें याद दिलाता हूँ। भूतकाल का बोझ उसके सामने हिलता नज़र आने लगा। उसकी आँखें चमकती हैं। बानू नाम से उसे अब कोई नहीं पहचानता। उसके जीवन की दुर्गति उसी से मालूम होती है। पति ने उसे छोड़ दिया है। इस समय वह बीड़ी के कारख़ाने में बीड़ियाँ बाँधती है। यह सुनकर मैं क्षण-भर के लिए अवाक् रह जाता हूँ। वह घर चलने के लिए बहुत आग्रह करती है। विश्वास दिलाती है कि माँ आज भी पहचान लेगी। मैं नौकरी का बहाना कर उससे बच निकलता हूँ। अगले स्टॉप पर वह नीचे उतर जाती है। काफ़ी दूर निकल जाने तक वह मुझे देखती रहती है...।

बानू के साथ अगस्ती की यात्रा में भटकते समय ही चार-पाँच सौ लोगों का जुलूस देखा था। एक व्यक्ति सामने नीला झंडा लिये हुए। कुछ लोगों ने नीली टोपियाँ पहन रखी थीं। पास के ही मैदान में सभा थी। डॉ. अम्बेडकर के नाम का जयघोष जारी था। बम्बई में जब मैं एक कारख़ाने में था, तब डॉ. अम्बेडकर को देखा था। धुँधली याद मात्र बाक़ी है। पाँवों में तंग पाजामा, ऊपर लम्बी शेरवानी, हाथ में छड़ी। गोरा चेहरा, ऊँचा माथा। कुछ इसी प्रकार का उनका पोज़ था। नेबरहुड-हाउस में उनका भाषण था। बचपन में सुना भाषण याद नहीं। चेहरा भी अस्पष्ट-सा याद है। बाबासाहब के भाषण सुनने नहीं जाता बल्कि प्रेम का चक्कर चलाता हूँ, मुझे भीतर-ही-भीतर यह बात सालती रहती। सभा किस विषय पर थी, आज याद नहीं।

उस समय जुलूस का नेतृत्व करते बाबासाहब को मैंने देखा था। इकहरे बदन के गोरे, तरुण, डबल ब्रेसीयर्स का कोट—किसी नायक-से दिखते। उस दिन वाली ग़लती मैंने फिर कभी नहीं की। पार्टी की सभाओं में हाज़िर रहने लगा। अगस्ती के मेले के अवसर पर पार्टी की ख़ास सभा होती, वह भी महार-कुंड के पास। अगस्ती के पासवाले कुंड को रामकुंड कहते हैं। फिर इसी कुंड को महार-कुंड क्यों कहते हैं? कहते हैं, इस कुंड की बहुत सारी ज़मीन चारों ओर के किसानों ने क़ब्ज़े में ले ली थी। सभा में यह सवाल उठाया जाता।

बाबासाहब कोतुल से आए। वह गाँव मेरे गाँव के उस पार था। बीच में बड़ा पर्वत। बाबासाहब के प्रखर विचारों का प्रभाव गाँव-गाँव फैलने लगा। महार लोग चमड़ा फाड़ना, मरे ढोरों का मांस खाना छोड़ रहे थे। जलसागरों के क्रान्तिकारी गीत विद्रोह फैला रहे थे। जैसे किसी साँप ने केंचुली छोड़ी हो, ठीक उसी तरह महार समाज सनसनाया हुआ था।

शेवगा की फलियों के पेड़ की कथा, जो बाबासाहब ने सुनाई, महार-मंडली के घर-घर पहुँच गई थी। चार भाई थे। परन्तु मेहनत से उन्हें शर्म आती। उनके घर के पिछवाड़े शेवगे का पेड़ था। वे रात को उसकी फलियाँ तोड़ते और किसी तरह उन पर अपना गुज़ारा करते। एक सम्बन्धी कुल्हाड़ी से सपासप झाड़ काट डालता है। पेड़ कट जाने के बाद वे अपनी हलचल शुरू करते हैं। यह बाबासाहब की कथा। महारों पर यह बात तेज़ असर डालती है। गाँववालों द्वारा काम देने से इनकार करने पर गाँव-गाँव में संघर्ष उठ खड़ा हुआ।

बचपन से ही मैं आन्दोलनों में खिंचता गया। उसका मुख्य कारण जावजीबुआ—एक दृढ़ बूढ़ा। लोहे की सलाखों-सी उसकी देह। एक दूसरे रिश्ते से वह दादा लगता।

मेरे घर के पास ही उसका बड़ा मकान था। उसी की तरह महारवाड़ा का लक्ष्मण भी आन्दोलनों में आगे रहता था। उस समय लोकल बोर्ड का सदस्य चुना

गया। वे जोड़ी सारे तालुके में समाज-सुधार आन्दोलन में व्यस्त थी। महारों से गन्दा काम छुड़वाती। स्वाभिमान से जीने का सन्देश अपनी देहाती भाषा में गाँव-गाँव जाकर फैलाती। इन्होंने कुछ लड़कों की एक टोली बनाई। ये प्रत्येक गाँव जाते। पुराने काम करनेवाले लोगों को तकलीफ़ भी होती। मरे जानवरों पर रॉकेल डालते। कोई इसे न खाए, इसका बन्दोबस्त करते। लोगों ने सीधी तरह सुन लिया तो ठीक, नहीं तो उनके मुँह पर डामर पोत दिया जाता। खप्पर से पानी डालकर उसमें चेहरा देखने को मजबूर किया जाता! कभी-कभी उनके ख़िलाफ़ सामाजिक बहिष्कार का शस्त्र भी काम में लाया जाता। उसका हुक्का-पानी बन्द कर दिया जाता। यह बहुत बड़ी सज़ा समझी जाती। इसी आन्दोलन का नेतृत्व बाद में दादासाहब ने सँभाल लिया। दादासाहब बम्बई से एल-एल.बी. पास कर आए थे। बाबासाहब से इनका परिचय है, और उन्हीं ने दादासाहब को गाँव भेजा है, यह जानकर हमारे मन में दादासाहब के बारे में आदरयुक्त डर समा गया। उनके पास जाने में भी हमें डर लगता। वे सभा में बहुत अच्छा बोलते। 'तमाशा' के, गाँव के रोज़ के जीवन के, उदाहरण देते। उनके भाषण से हास्य-व्यंग्य की लहर उठती। सुनते समय हँसते-हँसते पेट में बल पड़ जाते। वकील होने पर भी उनमें बुज़ुर्गियत न थी। महारवाड़ा के लड़कों के साथ वे गिल्ली-डंडा खेलते। नदी में घंटों तैरते रहते। शाम को ढोलकी बजाते। क्रान्तिकारी गाने गाते। उनके इस कार्य-कलाप से यदि हम युवक प्रभावित न होते तो ही आश्चर्य था।

एक बार सभा में पुराने लोगों ने उन्हें बहुत मुश्किल में डाल दिया। गाँव में उन्हीं लोगों के पिता 'महारकी' करते। साप्ताहिक बाज़ार में जाकर 'शेव' माँगते। कई लोगों को 'शेव' क्या चीज़ है, मालूम नहीं होगा। दो महार दो दिशाओं में धोती तानकर रखते और प्रत्येक दुकान के सामने, दुकान में जो भी व्यक्ति होता उससे माँगते। दुकानदार या देहात से आया हुआ विक्रेता-किसान अंजुलि-भर, जो कुछ भी उनके पास होता, धोती में डाल देते। उस धोती में सब चीज़ों की मिलावट हो जाती—ठीक भारतीय समाज-व्यवस्था-सी! शाम को घर जाकर इसका बँटवारा करते। दादासाहब नेता होकर भी इस गाँव की गुलामी नहीं रोक सकते। गाँव-सुधार रहे हैं पर तालुका नहीं सुधरता, यह कार्यकर्ताओं का आरोप था। एक सभा में जब दादासाहब बोल रहे थे, बीच में ही किसी ने टोका, "खुद के भीतर अँधेरा, दूसरों को क्या ज्ञान सिखाता है! पहले अपने बाप को बता!" सभा में विवाद शुरू हो गया। दादासाहब चिढ़े नहीं। अनेक स्तरों के संघर्ष उन्होंने झेले थे। उस दिन उन्होंने सभा में गर्जना की, "यदि किसी ने मुझे पिस्तौल लाकर दिया तो मैं अपने बाप का ख़ून कर दूँगा!" उस दिन की सभा कई दिनों तक तालुके में चर्चा का विषय बनी रही। सभा ने दादासाहब के कर्तव्य पर एक और मौर रख दिया।

आन्दोलन की हवा हमारे गाँव तक भी पहुँची। महारवाड़ा में सिन्नर का 'जलसा' आया था। जलसा कैसा होता है, यह देखने के लिए गाँव से मराठा लोग भी आए थे। 'तमाशा' में गोपियाँ मथुरा के बाज़ार के लिए निकलती हैं। कृष्ण उन्हें पसन्द आ जाता है। परन्तु जलसा की गोपियाँ कालाराम-सत्याग्रह के लिए निकलती हैं। जलसा का यह नया प्लाट था। मशालों की रोशनी में यह कार्यक्रम शुरू होता है। अब गोपियाँ राम के मन्दिर में जाकर हमारे भगवान को अपवित्र कर देंगी, यह सोचकर मराठों का माथा फिर जाता है। मज़े की बात यह है कि उन्हें यथार्थ में तो यह क्रिया स्वीकार्य नहीं थी। परन्तु स्टेज पर भी यह सब देखना उनके लिए दुखदायी थी। वह इसे बन्द करने के लिए कहते हैं। विवाद बढ़ता है। "हम अपनी बस्ती में नंगे नाचेंगे, आपको देखना है तो देखिए!" इस तरह साफ़-साफ़ जब जावजी कहते हैं तब वे चुपचाप उठकर चले जाते हैं। इन छोटी-छोटी बातों से भी गाँव और महारवाड़ा के बीच तनाव उत्पन्न होता।

अब गाँव का काम महारों ने बन्द कर दिया। मराठों के दूल्हे की अब नगरद्वार पर आरती नहीं उतारी जाती। गाँव के मेले में बजाना बन्द कर दिया गया। मरी-माँ की गाड़ी एक गाँव से दूसरे गाँव ले जाना बन्द हो गई। एक बार तो होली पर महारों ने आग नहीं दी, इसलिए झगड़ा हो गया। कइयों के सिर फूट गए। गाँव में माचिस नहीं थी क्या? परम्परानुसार पूछना मना है। महारों ने होली के लिए आग नहीं दी तो गाँव भयानक दैवी संकट से घिर जाएगा—ऐसी गाँववालों की धारणा थी। ऐसे समय महार लोग भी ख़ूब तनकर रहते। इसी समय पुराने झगड़े खोद-खोदकर निकाले जाते।

सामाजिक आन्दोलन की हवा बदल रही थी। कुछ पुरानी बातें दफ़न हो रही थीं। पुरानी परम्परा से हमारे घर में खंडोबा की पूजा होती। माँ ने चाँदी के कुछ नए टाँक[1] बनवा लिये थे। पिताजी की मृत्यु के कारण माँ पर परिस्थितियों के दबाव के कारण डर पैदा हो गया था। वह रविवार को खंडोबा को स्नान करवाने के लिए कहती। घोड़े पर बैठा खंडोबा। हाथ में तलवार। उनके साथ भैरव रहते। स्नान करवाना अर्थात् थाली में पानी लेकर धोना। ईंट की बुगदी से उनका जंग साफ़ किया जाता। तब वह चमकने लगते। धोया गया पानी छप्पर पर फेंकते। शाम को आरती की थाल भर जाती। बेल-भंडार फेंकते। नारियल के टुकड़े बाँटते। माथे पर गुलाल लगाते। जिस प्रकार हफ़्ते में एक दिन इस पूजा के लिए होता, ठीक उसी तरह समाधि पर पानी चढ़ाना भी एक दिन का काम होता। गुरुवार का उपवास रखना पड़ता। बचपन में इस समाधि के बारे में मेरे मन में बड़ी जिज्ञासा थी। उस समय महारवाड़ा के पूर्व की चोटी पर साबर का घना जंगल था।

---

1. चाँदी के पत्तर पर देवताओं की उत्कीर्ण प्रतिमा।

कँटीली झाड़ियों में एक खुली समाधि थी। काला-काला एक चौकोन पत्थर। उस पर खोदकर दो पादुका बनाई गई थीं।

माँ से पूछता, "यह किसकी समाधि है? और इसकी पूजा क्यों करनी चाहिए?"

समाधि के ख़िलाफ़ बोलना माँ को पसन्द नहीं था। वह भय से काँप उठती। उसी दिशा में हाथ जोड़ती। कहती, "अरे, यह बाबा हमारा पूर्वज! कहते हैं, संन्यासी था। अनेक तीर्थ घूमा हुआ। मरते समय 'माँ पांढरी' पर आकर मरा। उसी की यह समाधि है। हमारे घर पर उसी की छत्रछाया है। यदि वह नाराज़ हो गया तो अपने घर का सत्यानाश हो जाएगा!"

फिर माँ मेरे बचपन की कथा सुनाती, "तू बहुत छोटा था, उठकर चलता था। आँगन में जाकर बड़बड़ाता। किसी को भी न समझ आती तेरी भाषा। मैं तुझे समाधि की भभूत लगाती। तब तुझे कुछ आराम मिलता।"

माँ की इस कपोल-कथा पर मुझे विश्वास न होता। परन्तु माँ के सन्तोष के लिए मैं इस पर पानी डालता। नैवेद्य दिखाता। पानी चढ़ाते समय स्पष्ट होता कि उस समाधि पर कुत्ते-कौवों ने बीट की है। लगता, इतनी बड़ी समाधि है पर इससे तो कुत्ते-कौवे भी नहीं डरते। काहे का है यह भगवान? साबर के कँटीले जंगल से जाते समय मुझे उमा दादा की 'नीलावन्ती' कथा ख़ासतौर पर याद आती। लगता, यदि इस समाधि को खोदा गया तो इसके भीतर 'नीलावन्ती' मिलेगी। पढ़ने को मिलेगी। फिर पशु-पक्षियों की भाषा समझ पड़ेगी। परन्तु उस छोटी उम्र में यह कभी भी सम्भव नहीं हुआ। बाद में जब अम्बेडकर का आन्दोलन ज़ोर पकड़ने लगा तब ये सब समाधियाँ ढोंग लगने लगीं। लगने लगा, ये क्या अपने से ज़्यादा होशियार होगा? मुझे तो कितनी नई बातें मालूम हैं। धीरे-धीरे समाधि का आकर्षण कम होता गया। मैंने जैसे ही उसका स्नान कराना बन्द किया उसी के साथ खंडोबा को भी गठरी में बाँध दिया। माँ ने भी धीरे-धीरे अपनी ज़िद मेरे सामने शिथिल कर दी। परन्तु मेरी बम्बई की चाची आज भी समाधि के सामर्थ्य से घबराती है। लड़का दारू छोड़ दे, इसलिए उसने समाधि पर छप्पर डलवा दिया है।

जैसे-जैसे मुझमें परिवर्तन हो रहे थे, महारवाड़ा में भी परिवर्तन हो रहे थे। महारवाड़ा के ऊपरी भाग में एक शंकर नाम का पागल रहता था। काला-कलूटा। सिर पर बढ़ी हुई जटाएँ। शरीर पर एक भी कपड़ा न पहनता। सिर्फ़ एक लँगोटी। नज़दीकी रिश्तेदार कोई न था। उसका घर एक बार देखा। लगा, कचरे का ढेर हो। जिस तरह कुश्ती के अखाड़े में मिट्टी होती है, उसी तरह उसके कमरे में

राख फैली हुई थी। शरीर पर कोई कपड़ा न होने के कारण राख पर लोटता। शायद राख के कारण उसे ठंड न लगती। बाहर निकलने पर निशाचर लगता। बहुत कम बोलता। किसी को तकलीफ़ न देता। लोग जो कुछ भी खाने के लिए देते, उसी पर गुज़ारा करता या फिर जंगल से कंदमूल खोदकर खाता। उसकी शक्ति से गाँववाले भी शायद घबराते थे। सुबह उठते ही गागर लेकर कुएँ पर जाता। मुँह से थू-थू करता। ख़ूब देर तक जी भरकर नहाता। गागर कन्धे पर लेकर आता। क्षण-भर हनुमान मन्दिर के सामने रुकता। गिन-गिनकर वह रोज़ मन्दिर की सीढ़ियों को लात मारता। इसका तात्पर्य क्या था, उसे ही मालूम होगा। पर मरते दम तक उसका क्रम जारी था। गाँववाले पागल कहकर छोड़ देते। 'नंगे से खुदा डरे' वाली कहावत उसके बारे में चरितार्थ होती। महारवाड़ा में इसी तरह एक शेंदर का देवस्थान था। वहाँ तो किसी को भी समझ में न आनेवाली भाषा में वह भगवान से झगड़ता। टूटे जूतों से उसका मुँह ठेंचता। यह पागल क्यों हुआ? उसकी शादी हुई या नहीं? ये बातें हम लड़कों को मालूम न थीं।

इस पगले से एक दूसरा पागल याद आ गया। वह पढ़ा-लिखा था। उसे पागल कैसे कहा जाए? शिरसाट मास्टर कभी-कभी हमारे गाँव आता। बहुत बातूनी था। सभा को शोभायमान उसका वक़्तृत्व। तालुके में गणोरे में उसकी ससुराल थी। गणोरा में साल में एक बार देवी की बहुत बड़ी यात्रा लगती है। शिरसाट का ससुर इस मन्दिर का पुजारी। ससुर देवी की पूजा बन्द कर दे, इसके लिए उसने एड़ी-चोटी का ज़ोर लगा दिया। पर देवी की यात्रा की बड़ी कमाई थी। साल-भर के लिए अनाज, मुर्ग़ी, बकरे, कपड़े, नारियल—यह सब देवी का चढ़ावा उसके ससुर को मिलता। देवी का पुजारी एक महार कैसे हुआ, यह सवाल कइयों के मन में उठ सकता है। महारवाड़ा में एक ग़रीब बहू घरवालों की तकलीफ़ों से तंग आ गई। कच्ची गगरी से पानी लाती। एक दिन जान दे दी। यह घटना कब घटी, कोई नहीं बता सकता। पर यही बहू अब जागृत ज्योति-देवी बन गई। सारा बहू-समाज उसके चरणों में लीन हो गया। ऐसा जागृत देवस्थान छोड़ना ससुरजी को मूर्खता लगता। ससुर बात नहीं मान रहा, यह जानकर शिरसाट ने अपनी पत्नी ही छोड़ दी। तभी वह बेवकूफ़ों-सा बड़बड़ाता है। उसने तालुके में एक मुहिम शुरू की। साइकिल में एक लम्बी थैली टाँग ली। प्रत्येक महारवाड़ा में जाकर शेंदर के भगवान के पत्थर जमा करना और तालुके की नदी में गहरे छोड़ देना, यह उसका नियमित काम हो गया। फिर स्कूल से सस्पेंड। कहते हैं, सुपरवाइज़र ने सब शिक्षकों के सामने उसका घोर अपमान किया। स्कूल छूटने के बाद वह नाके पर पान खाता खड़ा था। सामने से शुभ्र-स्वच्छ कपड़े पहने सुपरवाइज़र आता दिखाई पड़ता है। पल-भर भी सोचे बिना वह पिच्चू-से सुपरवाइज़र पर पान की पीक

डालता है। शिक्षा विभाग में चर्चा का विषय। ऐसा यह मास्टर! पर उसके साथ गाँव-गाँव के शेंदर के पत्थर जमा करने में हमें बड़ा 'थ्रिल' महसूस होता।

हमारे इस आन्दोलन का बहू-समाज पर किसी प्रकार का कोई परिणाम हुआ होगा, ऐसा नहीं लगता। उलटे उनकी भौतिक बातों में बढ़ोत्तरी हो रही थी। घर पर मंगलोरी खपरैल, गन्ना, अंगूर, ऐसी नकदी फ़सलें। मोटरसाइकिल। जनपद की राजनीति। परन्तु उनकी खोपड़ी में कुछ बदल रहा है, ऐसा कभी न लगता। उनके पास महार आदमी पहचानने का एक अजीब शस्त्र था। जो बहुत साफ़-सुथरा रहता होगा, वह महार। मैं गाँव के मन्दिर में जाता तो कोई मराठा टोकता, "तेरी तो...! किसका है रे तू? सीधे सटकर निकलता है?" एक बार तंग आकर मैंने कहा, "तेरी माँ की..., मैं मारुति का!" निश्चित ही उसके द्वारा दी गई गाली मुझे झेल लेनी चाहिए और मेरी गाली पर मराठा न भड़के तो इसे आश्चर्य ही कहेंगे। लगता, साले इतना पढ़-लिख गए, फिर भी मारुति आने पर पूछते हैं–'क्यों रे, मारुति महार का है न तू?' महारपन जोंक-सा चिपक गया था। वैसे अपने को मारुति का बेटा कहने से मैं कुछ खिन्न हो गया। मैं झट यह भी कह देता–"मैं टेकड़ी के मारुति का बेटा नहीं, नीचे की बस्ती के मारुति का बेटा हूँ।" ऊपर टेकड़ी पर रहनेवाले मारुति को महारोग फूट गया था। लगता कि मैं कहीं महारोगी के बेटे के रूप में तो नहीं पहचाना जाता। इस शंका मात्र से मैं चिन्तित हो जाता और स्पष्टीकरण देने के लिए भाग-दौड़ करता रहता। आज मुझे अपने-आप पर हँसी आती है। पर हरि को क्या लगता होगा?

हरि, ऊपर टेकड़ी पर रहनेवाले मारुति का बेटा। मेरी ही उम्र का। स्कूल न जाता। गाँववालों के बैल-ढोर चराता। छुट्टियों में मैं कभी-कभी इसके साथ जंगल जाता। वह केकड़ा बहुत सहजता से पकड़ता। लेकिन मैं केकड़ों के त्रिशूल से, उनके नोकदार डंकों से बहुत घबराता। वह कभी-कभी जीवित बिच्छुओं की माला तैयार करता। बिच्छू पकड़ना उसके बाएँ हाथ का खेल। छुट्टियों में घर आने पर यह मेरा ख़ास दोस्त हुआ करता। लेकिन माँ मुझे उसके साथ खेलने न देती और मुझे हरि के बिना चैन न पड़ता।

कभी-कभी जब मैं हरि के घर जाता तो उसका बाप धूप सेंकता बाहर बैठा दिखता। उसके हाथ-पैरों की अँगुलियाँ बेढब हो गई थीं। नाक चपटी हो गई थी। रंग गोरा था, परन्तु सारे शरीर पर लकीरों का जाल बिछ गया था। कटे तरबूज़-सी उसके सारे शरीर पर दरारें पड़ गई थीं। हरि के बाप का यह रोग बाद में बहुत बिगड़ गया। घर में भी सब लोग उससे घृणा करते। महारवाड़ा के लोग भी उसे बस्ती से भगाने की कोशिश करने लगे। अन्त में हरि के बाप को बस्ती से हटा दिया गया।

पर हरि ने उसकी अन्त तक सेवा की। दूर खेतों में उसके लिए पुआल की एक झोंपड़ी बना दी। हरि उसे वहाँ रोटियाँ पहुँचाता। कभी-कभी हरि के साथ मैं भी जाता। लेकिन हरि मुझे पास न जाने देता। दूरी पर ही खड़ा रहने को कहता। हरि के बाप का दुख देखा न जाता। वह किसी से बात न करता। ऐसा कहते हैं कि उसने एक बार साँप के बिल में हाथ डाल दिया था, परन्तु साँप ने उसे नहीं काटा। दिनोंदिन उसके हाथ-पैर सड़ते जा रहे थे। कभी-कभी अपने पैरों से निकलते काले कीड़े वह बीनता हुआ दिखता। वहीं खेतों की झुग्गी में वह मर गया। उसका शव महारवाड़ा नहीं लाया गया। ऐसा कहते हैं कि वहाँ गड्ढा खोदकर और एक बोरे में लपेटकर उसे वहीं दफ़ना दिया गया। आज वहाँ कोई निशान नहीं--न कोई पत्थर, न ही कोई मिट्टी का दीया।

अभी-अभी की बात है। हरि बम्बई में है, इतना ही मालूम था। बम्बई में कभी मुलाक़ात नहीं हुई। भायखला से व्ही.टी. की यात्रा कर रहा था। बीच के पैसेज में बहुत-से लोग नीचे बैठे हुए थे। उनमें से एक चेहरे पर मेरी नज़र ठहर जाती है। मैं हरि को पहचान जाता हूँ। उसके हाथ-पैर भी अपने बाप की तरह फटे हुए थे। चेहरे पर सूजन थी, चमड़ी लाल होती हुई। हरि को भी कोढ़ फूट निकला। लगा...मेरे ही हाथ-पैरों में कोढ़ निकल आई हो। **कोंडवाडा** [काँजीहाऊस] की 'झाड़' कविता याद हो आई। "यह पत्ते किसके? कोढ़ी की अँगुलियों, से झड़े पत्ते!" सच, हरि को मुँह दिखाना अच्छा नहीं लग रहा था। उसके साथ की गप्पें, जंगलों में वट-वृक्षों की झूलती जड़ों से झूलना, नदी पर पकड़ी मछलियाँ—पूरा बचपन आँखों के सामने घूम गया। नहीं रहा गया। आवाज़ देता हूँ। उसे झटका लगता है। मुझे देखकर वह उदास हो जाता है। मुझे अब वह साहब समझता है। अधिक कुछ बोलता ही नहीं। लगा कि उसका सारा चैतन्य किसी ने चूस लिया हो। मेरी ओर एकटक देखता रहा। अगले स्टेशन पर जब गाड़ी रुकी तो वह अचानक उतरकर चलता बना। एक बात और स्पष्ट हो गई। पैरों के ज़ख़्मों के कारण वह ठीक से चल न पा रहा था। क़रीब-क़रीब घिसटता हुआ चल रहा था। ट्रेन निकल जाने तक मैं दूर-दूर तक उसके छोटा और छोटा होते धब्बे-से आकार को देखता रहा। उस रात नींद नहीं आई। हरि का दयनीय चेहरा रात-भर आँखों के सामने घूमता रहा।

हरि के दो भाई थे। बड़ा दामू और छोटा भावक्या। वैसे मैं बहुत दिनों तक इस बात को लेकर परेशान था कि इन तीनों भाइयों में से सिर्फ़ हरि को ही यह रोग कैसे लगा! दाम कुछ दूसरे कारणों से याद रहा। कोढ़ी के लड़कों के रूप में वे जाने जाते। इसलिए इनकी शादी का सवाल बड़ा जटिल हो गया। इस घर में कोई भी बिरादरीवाला अपनी लड़की ब्याहने को तैयार नहीं था। दामू को किसी

ने भी उसे दामू नाम से नहीं पुकारा। सब उसे दाम्या कहते। वैसे यह दाम्या था मोटा-ताज़ा। जवान हो चला। शरीर के भीतर रिसती हुई वासना शायद उसे कचोट रही थी। बहुत गन्दा रहता वह। उसकी एक अजीब आदत थी। हाथों पर थूककर वह अपनी दोनों हथेलियाँ आपस में घिसता। देखनेवाले को यह दृश्य बड़ा वीभत्स लगता। हरि गाँव के ढोर चराता तो दाम्या घोड़ों की देखभाल करता। धनवान लोग बड़े शौक़ से घोड़े पालते। उसमें घोड़ी ज़्यादा पसन्द की जाती। हमारे बचपन के दिनों में पंडित की घोड़ी बड़ी प्रसिद्ध। कहते हैं, पंडित उसे अंधारी देता। घोड़ी गहरे काले रंग की, चिकनी। एक मक्खी भी न बैठने देती। यह अफ़वाह भी थी कि पंडित उसे दारू, अंडा पिलाता है। एक बार बाहर निकलने पर रास्ते-भर थिरकती रहती। गोरा-चिट्टा पंडित उस पर छड़ी लेकर बैठता और हवा से बातें करता होता। पंडित की घोड़ी से स्पर्धा करने के लिए पाटिल भी घोड़ी पालते। यही दो-चार घोड़ियाँ लेकर दाम्या मैदान में उन्हें चराने आता। उनमें से एक घोड़ी पर बैठने की मैंने बचपन में कोशिश की। पिछाड़ी खोलकर उसका लगाम-सा उपयोग करना मुझे हरि ने सिखाया था। परन्तु जब घोड़ी के पीछे खड़ा हुआ तो घोड़ी ने पिछली लात कुछ इस तरह मारी कि मुझे छठी का दूध याद आ गया। मैं दूर जा गिरा था।

एक दिन दाम्या के बारे में एक बात चिनगारी-सी सारे गाँव में फैल गई। जैसे घोड़ी को नाल ठोंकते हैं, दाम्या वैसे घोड़ी को नीचे गिराता है। उसके चारों पैर कसकर बाँधता है, और सम्भोग करता है, यह ख़बर थी। हम लड़कों को इसी बात का आश्चर्य होता कि यह दाम्या इतनी बड़ी घोड़ी को औरत की जगह कैसे इस्तेमाल करता होगा! कुछ लड़के कहते, "अरे, यह घर में भी घोड़ी लाता है। अपनी बूढ़ी माँ को घर से बाहर भगाकर, यह घिनौना कुकर्म करता है। मैदान में ऊँचे पत्थर पर खड़ा रहता है और घोड़ी को नीचे गड्ढे में खड़ा करता है।" यह भी एक सनसनीखेज ख़बर थी। पर तब से गाँव से आने-जानेवाला उसे 'घोड़ीचोद' कहकर चिढ़ाता और यह बात कहनेवाले की ओर बेशर्मी से देखकर वह हँस देता। उसकी हँसी के पीछे भी मुझे उसकी वेदना दिखती। पाटिल लोगों ने एक काम किया। घोड़ी की योनि में एक बाली टाँक दी!

दामू की यौन-विकृति की यह घटना और दूसरी ओर सीता की घटना। वासना भीतर-ही-भीतर घुटते रहने के कारण वह हिस्टीरिया की शिकार हो गई। वैसे लोग हिस्टीरिया नाम से इस बीमारी को न पहचानते थे। परन्तु सीता को उसके पति ने छोड़ दिया था और उसे पागलपन के झटके आते। युवकों को देखने के बाद वह पागल हो उठती। यौन हावभाव। इशारे करने लगती। अपनी साड़ी खोलकर भागने-दौड़ने लगती। उसके रिश्तेदार उसे एक कोठरी में बन्द कर देते।

जब उसे मालूम हुआ कि उसके पति ने बम्बई में एक दूसरी बाई रख ली है और अब वह सीता को साथ नहीं ले जाएगा, तब उसका पागलपन उफान मारने लगा। गाँव क्या कर सकता था? उसे दागने के लिए जंज़ीरों से बाँधकर हनुमान के मन्दिर के सामने लाया गया। स्त्रियाँ यदि नंगी घूमती हैं तो यह इज़्ज़त दागने जैसा था। पागलपन का दौरा पड़ने पर वह दो व्यक्तियों को सहज ही झटक देती। दागने की प्रक्रिया बहुत ही अमानुषिक थी। मात्र याद आने से शरीर के रोंगटे खड़े हो जाते हैं। गाँव का एक बूढ़ा आदमी दागने में बड़ा प्रसिद्ध था। दूर-दूर से लोग उसे दागने के लिए निमन्त्रित करते। फाँसी की रस्सी खींचनेवाले जल्लाद-सा वह दिखता। दागते समय पागल व्यक्ति के पास ही खैर लकड़ी की धूनी सुलगाई जाती। उसमें लोहे की सलाखें लाल की जातीं। दागनेवाला हाथ में सुलगती सलाख लेकर बड़े उत्साह से आगे आता। चारों ओर दागने की प्रक्रिया देखनेवाले तमाशबीन। इसी भीड़ में मैं भी स्तब्ध खड़ा था। जब सीता को माथे पर, दोनों कनपटियों पर और पैरों के टखनों के पास दागा गया, तब उसकी चीत्कार आकाश फाड़ गई—यह आज भी याद है। ताँबे के सिक्कों जितने बड़े ज़ख़्मों के निशान होते। दागने के बाद वे अरंडी के पत्तों पर घी लगाकर ज़ख़्म पर रखना न भूलते—ठंडक के लिए। इतना करने पर भी सीता का पागलपन दूर न हुआ। उलटे और बढ़ गया। सीता की तरह शंकर को भी क्यों नहीं दागा जाता, यह प्रश्न प्रश्न ही बना रहा।

मैंने गाँव में जो नीतिशास्त्र देखा, वह एकदम अलग था। महारवाड़ा के कुछ युवक धनवान किसानों के पास सालाना मज़दूरी पर काम करते। ऐसे समय उनका सम्पर्क मराठा स्त्रियों से होता। ये स्त्रियाँ उनका उपभोग करतीं परन्तु पानी या रोटी देते समय ऊपर से देतीं! उन्हें वे स्त्रियाँ अछूत समझतीं! इस बात का मुझे बड़ा आश्चर्य होता।

उधर ठाकर लोगों का नीतिशास्त्र और भी अलग था। उनकी अधिकांश बातें खुल्लमखुल्ला थीं। यदि किसी लड़की को पर-पुरुष से दिन ठहर जाते, तब ठाकर लोगों को मालूम होने पर वे उस लड़की को पंचों में बुलाते। उस समय का एक फ़ैसला आज भी याद है। लड़की ने साफ़-साफ़ कह दिया, "टट्टे के पार मुझे ले गया। मुझे क्या मालूम, उसमें कीड़ा गया या तिनका?" पंचों का मुँह सिल जाता। इस तरह लड़की को निर्दोष समझ छोड़ दिया जाता। कभी-कभी बच्चे गोद में होते, और उसकी शादी होती। बच्चों का बाप कौन है, ऐसे फ़ालतू प्रश्न पति न पूछता।

न्याय वाली बात से याद आया। उस घटना का मैं भी गवाह था। परन्तु जो देखा-सुना, उसका मेरे मन पर आज भी गहरा असर है। सफ़ेदपोश समाज की नीतियों की कल्पना अर्थात् बात बाहर नहीं जानी चाहिए। यदि चारदीवारी के भीतर कुछ हो गया तो उसे भीतर ही बुझा दिया जाता। उसका समाज में बाहर हो-हल्ला न होने देते। परन्तु महार समाज में यदि ऐसा कुछ हो जाता तो सबसे पहले घर की सास ही आँगन में खड़ी हो जाती और सारे महारवाड़ा को सुनाई दे सके, इतनी ऊँची आवाज़ में गर्जना करती, "क्यों री बदमाश! कहाँ गोबर खाने गई थी?"

उस समय भी महारवाड़ा में ऐसी ही एक चमत्कारपूर्ण घटना घटी। परन्तु बहू ने कोई कुकर्म किया हो, ऐसी बात नहीं थी। इस घटना में ससुर ही बहू के बिस्तर की ओर बढ़ा था। बहू बहुत नेकदिल थी। पति नौकरी के लिए बम्बई था। बम्बई में रहने के लिए मकान नहीं मिलता। इसलिए नई-नवेली दुल्हन को बम्बई नहीं ले जा सकता। ससुरजी विधुर। चार लोगों के बीच उठने-बैठनेवाला। जिस रात ससुर उसके बिस्तर की ओर बढ़ता है, उसी समय वह चीख़कर उठ खड़ी हुई। सुबह अपने मायके सन्देश भेजती है। पति को तार देकर बुलाया जाता है। सारे लोग न्याय सुनाने चौपाल पर बैठे थे। लड़का बम्बई से जल्दी आ गया। खिन्न होकर उसका बाप कोने में बैठा था। महारवाड़ा के कर्ताधर्ता जावजीबुआ ने विषय की शुरुआत की। इस बात का निर्णय सुनने आसपास के रिश्तेदार भी एकत्र हो गए। जावजीबुआ की कही कथा आज भी याद है—"एक राजा था। वह रूमाल में चकमक बाँधकर दरबार में लाता है। दरबार में सब सरदार-पंडित उपस्थित थे। वह बताता है, 'देखिए, यह चकमक कितनी पिलपिली है।' सब ठंडे पड़ जाते हैं। टटोलकर सिर हिलाते हैं। एक चतुर आदमी निर्भयता से कहता है, 'महाराज, यह चकमक पिलपिली नहीं है, संकोच पिलपिला है।' "

इस पर जावजीबुआ सबके चेहरे देखते हैं। जावजी को लगता है, मैंने समस्या सुलझा ली।

परन्तु उसका पति यह प्रश्न कुछ अलग ढंग से पेश करता है। वह कहता है, "मैंने इसे अपनी औरत के रूप में अपनाया है। यह मेरे और बाप के साझे की है। मैं अपने बाप का दिल नहीं दुखा सकता। मेरा ससुर चाहे तो अपनी लड़की को ले जा सकता है।"

इस उत्तर से सब चकरा जाते हैं। अब क्या कहा जाए, किसी को कुछ नहीं सूझता। हम न्याय-निपटारा करेंगे—जो पंच इस तरह से सोच रहे थे, वे भी उस दिन निराश हो जाते हैं। ससुर को जो सोचना-समझना था, वह उसने किया। परन्तु मैं इस निर्णय से अन्तर्मुखी हो जाता हूँ। सोचता हूँ, ऐसे प्रश्नों की ओर

देखने का यह भी एक दृष्टिकोण हो सकता है। उस दिन इस आदमी ने सबसे अलग यह निर्णय क्यों दिया होगा? यह साहस उसने कैसे सँजोया, यह प्रश्न मेरे दिमाग़ में काफ़ी दिनों तक घूमता रहा।

इन अगुआ लोगों पर लज्जित होने के ऐसे कई अवसर आते। अब सुदामबुवा का ही देखो न। 'येसकर पारी' बन्द। बलुत बन्द। यह सब तय होने के बाद भी सुदामबुवा गाँव में जाकर आटा माँगता। किसी की भी डाँट न सुनता! वह कहता, "मुझे और मेरी औरत को पालो।" सुदामबुवा अर्थात् महारवाड़ा का बड़ा नमूना आदमी। उसके एक हाथ में खड़ताल और दूसरे हाथ में तानपूरा होता। वह गाँव में जाकर इकतारे के साथ भजन गाता और सुदामबुवा को मुट्ठी-मुट्ठी आटा मिल जाता। उसकी पोशाक भी मज़ेदार। सिर पर लाल पगड़ी, माथे पर सिन्दूर का टीका, गले में बिठोवा की माला। मांस खाते समय वह माला खूँटी पर टाँग देता। बाँहों पर से फटा हुआ कोट उसके शरीर पर लटकता रहता। कोट की भीतरी जेब में 'मौसी' होती। मौसी अर्थात् चिंदियों की गुड़िया। उसके पैरों में घुँघरू बँधे थे। सिर पर बालों का बुचड़ा। यह मौसी उसे किसी बात की कमी न होने देती। सुदामबुवा को बुढ़ापे तक कोई बाल-बच्चा नहीं हुआ। लोग कहते, 'इसका वंश डूब जाएगा।' परन्तु उसके चेहरे पर कोई दुख की रेखा न होती। चेहरे पर हमेशा चैतन्य खेलता रहता। खुद का वंश डूब रहा है पर बाँझ औरतों को बच्चे देता है, उसके लिए यह बात प्रसिद्ध थी। इसलिए वह हमेशा औरतों के बीच घिरा रहता। आज सत्य-साईं बाबा हाथ से भभूति निकालता है तो कौन कमाल करता है! सुदामबुवा हाथ से सिन्दूर निकालता। पहले हवा में अपना ख़ाली हाथ उठाता और दूसरों को अपने हाथ आगे बढ़ाने के लिए कहता। दोनों हाथ आपस में घिसने से हथेलियों से सिन्दूर निकलता। ख़ुश रहने पर हम लड़कों-बच्चों के हाथ पर भी सिन्दूर गिराता।

'मौसी' से एक बात याद आई। इस मौसी का प्रताप मैं बचपन में देख चुका था। इस मौसी के साथ वह संवाद करता। संकटों में दुहाई माँगता। पिताजी के बजनियाँ दल में यह सुर बजाता। एक बार उसे ठाकर के यहाँ शादी में आने की निमन्त्रण-सुपारी मिली। उस दल में मैं भी शामिल था। मुझे बहुत भूख लगी थी। शादी का कार्यक्रम पूरा होने के बाद सभी बजनियों को लपसी या भात मिलना था। तब तक मैं रुआँसा हो गया। इसी बीच एक स्त्री सुदामबुवा के पास ताबीज़ माँगने आती है। यदि बच्चा नहीं हुआ तो उसका पति सौत लानेवाला था। सुदामबुवा ने अक़्ल लड़ाई। "सामने के आम के पेड़ के नीचे बारह अंडों की चानकी, घी के बने बारह पराँठे लेकर आओ। मौसी का उतारा है।" महिला जाती है और कुछ देर बार 'उतारा' लेकर वापस आती है। इस बीच हम वहीं पास में

छिप गए थे। वह महिला उतारा रखकर चली जाती है और हम उस पर टूट पड़ते हैं।

पर एक बार मौसी का प्रताप काम नहीं आया। गाँव के बिठोवा मन्दिर के सामने सावन का अखंड-सप्ताह चल रहा था। इस बीच सुदामबुवा बहाना बनाकर मंडप से जाने को हुआ। बस, गाँववालों की खोपड़ी घूम गई। उसे गाँववालों ने लातों-मुक्कों से ख़ूब धुनका। गाँव से आटा मिलना बन्द हो गया। परन्तु सुदामबुवा डगमगानेवाला नहीं था। आसपास के गाँवों में वह आटा माँगता फिरता।

खुल्लमखुल्ला तो नहीं, पर चोरी-छिपे हम भी सुदामबुवा से आटा लेते। पिताजी की याद-निमित्त कहिए या हमें अनाथ समझकर—सुदामबुवा हमें मुफ़्त आटा देता। जब वह घर आता तो बहुत हँसी-मज़ाक करता। उन दिनों गाँव में एक तमाशा आया था। उसमें 'पाथर्डी का राजा'—यह लोकनाट्य था। पाथर्डी गाँव के लिए नपुंसक या हिजड़ों का नामकरण कैसे हुआ, पता नहीं। परन्तु लोकनाटक का राजा हिजड़ों-सा हावभाव करता—'हिलाओ!' और सारा राजदरबार कहता, 'हिलाते हैं न, बाय!' सारी प्रजा भी राजा के अनुसार ही हावभाव करती। यह नक़ल वह बार-बार करता। हम बच्चे उसके सान्निध्य में सतत हँसते रहते। सुदामबुवा के आटे पर ही हम आषाढ़-सावन निकालते। बलुत, येसकर-पारी बन्द हो जाने के कारण सबसे अधिक हमारा घर प्रभावित हुआ। आजीविका का दूसरा कोई साधन न था। माँ मेहनत के लिए सदैव तत्पर। पहाड़ों पर लकड़ी बीनने जाती तो फ़ॉरेस्ट-सिपाही कुछ रिश्वत माँगता। कटनी के दिनों में माँ सिला बीनती। फ़सल काटकर ले जाते समय ठेलों और रास्तों से जो भुट्टे गिर जाते, उन्हें वह बीनती। इस पर हमारा ठंडा चूल्हा किसी तरह सुलगता।

वैसे प्रकृति का आकर्षण मुझे कभी नहीं रहा। किसी डील-डौल वाले धनवान व्यक्ति से जैसे अनायास नफ़रत हो, ठीक उसी तरह कुछ लगता। प्रश्न इतने छलते कि प्रसन्न होकर प्रकृति को निहारने का समय किसके पास था? मुझे लगता है, यह सब आदमी के भरे-पेट के चोंचले हैं! चारों ओर से प्रकृति काँटे-सी डसती।

वैसे कई बार मैं माँ के साथ ऊँचे पर्वतों पर गया था। उसकी ठिगनी सीढ़ियाँ चढ़ना कुछ और ही बात होती। ऊँचे पर्वतों से दूर-दूर तक आसमान आँखों के सामने होता। दूर कलसूबाई दिखाई देती। और झरने की धार चाँदी के रस-सी झलकती। पर इस सृष्टि-सौन्दर्य की ओर देखने की अपेक्षा करौंदे तोड़कर खाने में मुझे अधिक रुचि थी।

रात को घर से ही पर्वत दावाग्नि दिखाई देती। अँधेरे में सरकती हुई जलती

रेखा। इसके सौन्दर्य से दूसरे सवाल ही मुझे सताते। अब बड़ी सुबह फ़ॉरेस्ट-सिपाही ठाकरों को आड़े हाथों लेंगे—'जंगल में आग तुम लोगों ने लगाई है।' और फिर रपट लिखी जाएगी। पेड़ से तोड़ने में अपराध था लेकिन जली लकड़ियाँ उठाना अपराध न था। ठाकर लोग जंगल में आग लगाते हैं। जलती लकड़ियाँ मिल जाएँ, इसलिए उनकी यह युक्ति होगी, इस तरह का पूर्वाग्रह सिपाहियों का होता। पर वैसे ठाकर बहुत भोले थे। वे सिर्फ़ चवन्नी का सिक्का ही पहचान पाते। यदि लकड़ी के गट्ठे का किसी ने एक रुपया भी दिया तो वे न लेते, 'चार आने बनते हैं।' बस यही रट लगाते। इतने भोले ठाकर आग लगाएँगे, इस बात पर विश्वास न होता।

मैं कभी-कभी ठाकरवाड़ी जाता था। घर के पास ही हमारी थोड़ी ज़मीन थी। माँ ने उसे जान से भी ज़्यादा सँभालकर रखा था। विधवा की ज़मीन निगल जाना—यह भाई-बन्दों का खेल। परन्तु माँ ने आँखों में तेल डालकर इस टुकड़े को सँभालकर रखा। माँ गाँव के मराठों को भी ज़मीन बटाई पर न देती। एक तो मराठा किसान बड़ा लोभी। 'यहाँ तेरा बाप मरा, यहाँ तेरी माँ मरी,' कहकर सारा अनाज हड़प लेते। एक-दो पायली देकर उपकार करते। बुआई के समय का बीज फ़सल आने पर पहले ही अनाज में से काट लेते। इसलिए माँ हमेशा ठाकर को ही बटाई पर ज़मीन उठाती। हमारा सरकती ठाकर बहुत ही ईमानदार आदमी था। अच्छी फ़सल होने पर महारवाड़ा में सारा बोझा सिर पर लेकर आता। अनाज के अलावा दाल-दाना भी लाना न भूलता।

किसी काम से मैं इस खलिहान में जाता। घर के पास ही ठाकरवाड़ी में उनका खलिहान था। ठाकरवाड़ी याद रही है तो वहाँ की अत्यधिक स्वच्छता के कारण। वैसे उनके घर छोटे-छोटे, ऊपर घास-फूस के गट्ठे डाले होते। पर होते बड़े सुघढ़। दीवारें लाल मिट्टी से पुती होतीं। उस पर चूने से रंग-बिरंगी चित्रकारी की हुई। आँगन भी साफ़-स्वच्छ, लिपा-पुता। पानी का लोटा भी माँज-पोंछकर चमकता हुआ। महारवाड़ा में ऐसी स्वच्छता कभी न दिखती।

उनके व्यक्तित्व में से स्वच्छता और सुव्यवस्था घटा दी जाए तो उनमें अत्यधिक अज्ञान था। बच्चों को स्कूल पढ़ने न भेजते। भेड़-बकरियाँ चराने भेज देते। गाँव में यदि डॉक्टर देवा का टीका लगाने आता और किसी के घर बच्चा जन्मा होता तो वे डर से जंगल में भगा देते। वैसे बड़े ग़रीब स्वभाव के लोग। खुद अपनी ओर से किसी को तकलीफ़ न देते।

परन्तु ठाकरों की एक बात से मैं बेहद चिढ़ता। वैसे ठाकर थे आदिवासी ही। स्वयं को महादेव का वंशज समझते। हमसे छुआछूत मानते। पानी तक ऊपर से पिलाते। चटनी-रोटी देनी हो तो वह भी ऊपर से—बिना छुए। ठाकरों के

व्यवहार में जातीयता आई कहाँ से? यह भी एक सवाल है। उन्होंने गाँव के मराठों का अनुकरण तो नहीं किया?

गाँव की जातीयता का डंक जिसे लगा हो, वह भी छुआछूत माने यह अपने-आपमें व्यंग्य था। शहरों में तकलीफ़ नहीं थी, ऐसा लगता है।

परन्तु यह भी उतना सही नहीं है। स्कूल के दोस्त बदल चुके थे। इसका यह मतलब कदापि नहीं था कि तालुके के गाँव में परिवर्तन आ रहा था। सबसे पहले तालुके में ही होटल के बाहर अछूतों के लिए अलग कप देखा। वह कप किस वर्ष ग़ायब हुआ, याद नहीं। परन्तु इतना अवश्य याद है कि स्वतन्त्रता के बाद कुछ वर्षों तक वह रहा। क़ानून बन गए थे, पर साहस किसी में न था। तालुके में ही एक माँग ने पहली बार ढाढ़स किया और दूसरे अछूतों ने साथ दिया। मालिक ने या गाँव के दूसरे लोगों ने कोई ख़ास रुचि नहीं दिखाई। जैसे यह कप की बात हुई, ठीक इसी तरह हम लड़कों को नाई की दुकान में आकर बाल कटवाना बहुत बड़ी बात लगती। मन से लगता कि सवर्णों के लड़कों से अच्छी कटिंग बनवाकर जाना चाहिए। एक बार दुकान में बाल कटवाने की हिम्मत की। दुकानदार ने कैसे पहचान लिया, पता नहीं। मैं तो इस चिन्ता से हैरान हो गया कि मेरे चेहरे की जाति तो नहीं पढ़ लेता? कान नीचे किए गधी-सा वापस आ गया।

हम स्कूल जानेवाले कुछ लड़के सुदामबुवा से बाल कटवाते। परन्तु तालुके के स्कूल में जाने के बाद ये बाल बड़े बाँगरू छाप दिखते। बाद में हम तालुके में रामजी नाम के व्यक्ति के पास अपने बाल कटवा लेते। दूध की प्यास छाछ से निबटाने-सा क़िस्सा था। दुकान में जैसे बाल कटाते हैं, वैसा स्किल्ड वर्क यहाँ नहीं था। बाद में दुकानों में भी हमारे बाल काटे जाने लगे। परन्तु भीतर घुसते ही काफ़ी देर तक छाती धड़कती रहती। शहरों में जब सभी तरफ़ बाल काटे जाने लगे, फिर भी गाँव का नाई काफ़ी दिनों तक महार-चमारों के बाल न काटता। लगता, साले को भैंस छीलने में कोई तकलीफ़ नहीं होती तो क्या हम भैंस से भी गए-गुज़रे हैं? अपने गाँव का ग्राहक हाथ से निकल जाने के डर से वह हमारी बस्ती में किसी को भी स्पर्श न करता।

इसी बीच मेरे जीवन में एक महत्त्वपूर्ण परिवर्तन आया। पाँचवीं की परीक्षा में अच्छे नम्बरों से पास हो गया और आगे पढ़ने की प्रबल इच्छा थी ही। स्कूल में सोनवणे नाम के अपनी ही जाति के एक मास्टर थे। मेरी प्रगति पर उनका पूरा ध्यान था। उन्होंने एक बार मुझसे तालुके के छात्रावास में प्रवेश पाने हेतु आवेदन लिखवा दिया था। वैसे मैं वह आवेदन पूरी तरह भूल चुका था। मैं परीक्षा पास करता हूँ और छात्रावास में प्रवेश देने सम्बन्धी पत्र अहमदनगर से लोकल

बोर्ड के ऑफ़िस से आ धमकता है। मुझे बेहद ख़ुशी होती है। एक तो इससे माँ का कुछ बोझ कम होनेवाला था। ऐसा लगा कि रुके हुए पानी की दिशा अचानक किसी ने मोड़ दी हो।

तालुके में जिस मैदान में साप्ताहिक बाज़ार लगता, वहाँ लड़कों का यह छात्रावास था। लम्बी, सफ़ेद रंग की इमारत। ऊपर खपरैलों का छप्पर। चारों ओर तारों का कम्पाउंड। इमारत के पास ही लड़कों का खाने का हॉल। लड़कों को नहाने के लिए प्रशस्त कुआँ। गाँव के स्कूल में जाना और छात्रावास में रुकना। वहाँ मुफ़्त खाने की सुविधा। मुझे और क्या चाहिए था? शायद स्वर्ग की कल्पना भी ऐसी ही कुछ होगी।

परन्तु यह आनन्द भी बहुत दिनों तक न टिक पाया। छात्रावास में मेरे हिस्से क्या परोसा गया, इसका कोई अन्दाज़ नहीं था। वैसे छात्रावास मछुआरों के लड़कों नाम से प्रसिद्ध था। डाँग विभाग के सभी महादेव-मछुआरे लड़के। इनके अलावा मैं ही अकेला महार इस छात्रावास का विद्यार्थी। जाति का अहंकार कितना ही निचले स्तर पर क्यों न हो, लेकिन कितना बीहड़ हो सकता है और इसके कारण ज़िन्दगी-भर वहाँ कैसे डंक मिले, इसकी याद-मात्र से आज भी मेरा शरीर सिहर उठता है।

पहले ही दिन लड़के टोली बनाकर मुझे देखते हुए कुछ कानाफूसी करने लगे। जिस कमरे में मेरा नम्बर लगा, वहाँ ऊँची कक्षा का एक हट्टा-कट्टा लँगड़ा लड़का रहता था। उसे दाढ़ी-मूँछ भी आ चुकी थी। उसने मुझे अपने दबाव में धर दबोचा, "तू हमारी पंगत में नहीं बैठ सकता। हॉल के दरवाज़े के पास ही बैठना पड़ेगा!" बाक़ी लड़कों ने भी उसकी हाँ में हाँ मिलाई।

शायद वह सबका नेता रहा हो। मुझे तो यह तैमूरलंग ही लगा। वैसे आज तक मैंने बहुत-से भले-बुरे अनुभव पचाए हैं, परन्तु उस दिन का डंक आज भी नहीं भूल पाया हूँ। पुस्तकों की संगत में मेरा मूलतः संवेदनशील मन और अधिक संवेदनशील हो गया। शिकायत का सवाल ही न उठता। बोर्डिंग का सुपरिंटेंडेंट भी उन्हीं की जाति का था। अपना लोटा-बर्तन माँज-चमकाकर भोजन-हॉल की ओर गया। वहाँ उन्होंने ताक़ीद की, "देखो, तुम महार हो। आगे हॉल में घुसे तो तेरा क़ीमा बना देंगे।" मैं गुमसुम हॉल के दरवाज़े के पास बैठ जाता हूँ। थोड़ा अन्तर छोड़ना नहीं भूलता। मैं पंगत के लड़कों को देखता हूँ। मेरी ओर सभी आँखें तरेरते हैं। "मुँह में कौर रखते ही नाम लीजिए श्री हरि का।" लड़कों के मुँह से सुनी यह प्रार्थना मुझे और अधिक डंक मारने लगी है।

वैसे यह अपमान मुझे चुपचाप नहीं सहना चाहिए था। यदि मैं एक बार भी हिम्मत दिखा देता तो सबका विरोध अपने-आप ढह जाता।

आक्रोश और विद्रोह की कविताएँ लिखना आसान है। स्वयं पर बीतने पर असली दुख मालूम होता है। पर एक बात है--मैंने स्वाभिमानशून्य जीवन जिया, इस बात का मुझे आज भी दुख है। परन्तु उस समय लगता कि अपनी रीढ़ ही सीधी नहीं है। साला इतना डरपोक कैसे हो गया? यह डर मुझे किसने दिया? रास्ते में रेंगनेवाला जैसे कोई जीव हो और लड़के आते-जाते उसे लकड़ी से कोंचें, मेरे एक कौर के लिए कितनी लाचारी! अपने बल पर मैं क्यों नहीं पढ़ पाया? हाथों में थाली और लोटा लेकर जब मैं बाहर आता हूँ तो अपने-आपको आजीवन सज़ायाफ़्ता क़ैदी-सा पाता हूँ। पैरों में लोहे की बेड़ियाँ। जंज़ीर खुड्म-खुड्म बजती है। दूर तक देखता हूँ, गहरा नीला फैला आकाश दिखता। क्या कभी इस आकाश में मनचाही उड़ान भर सकूँगा? यह बात दिमाग़ में घोंसला बना लेती।

छात्रावास में हर शनिवार को मारुति के श्लोक पढ़े जाते। साथ ही भजन भी, 'वैष्णव जन तो तेणे कहिए, जो पीर पराई जाणे रे!' गांधीजी का यह प्रिय भजन वहीं सुन पाया। वैसे मेरी आवाज़ अच्छी ही थी। एकान्त में जब कभी होता, बहुत देर तक गाता। छात्रावास में भजन गाने में मैं सबसे आगे होता, मछुआरे के लड़के मेरे बाद साथ देते हुए गाते। परन्तु प्रसाद बाँटते समय नारियल की थाली मेरे हाथों में कभी नहीं दी जाती। मैं यह अपमान अपने गले के नीचे उतारता। ऐसे समय गाँव के हरि का कुष्ठ-रोगी बाप विशेष रूप से याद आ जाता। मैं अपने हाथों को निहारता। मेरे हाथों में कोढ़ तो नहीं फूट निकला? ख़ूब ज़ोर से चीखने की इच्छा होती। 'मुँह दबाकर मुक्कों की मार' क्या इसी को कहते हैं? यदि गाँव के ढोर चराता, ऐसे डंक तो न चुभते। सच, क्योंकर हुई पुस्तकों से पहचान? अच्छी थी नदी किनारे की गोशाला। उन दिनों इसी तरह कुछ लगता।

इस चिनगारी को ख़रात[1] पालक के कारण और हवा लगी। ये ईसाई धर्म के प्रचारक थे। गोरे-चिट्टे। उनके चेहरे पर सदैव मुस्कान छाई रहती। बहुत प्रसन्न व्यक्तित्व था। शायद किसी समय महार ही रहे हों, क्योंकि उनकी बातचीत से कई महारी शब्द झाँकते रहते। प्रोटेस्टेंट होने के कारण उन्हें फ़ादर-सा झब्बा न पहनना पड़ता। घर-बार सँभालकर ही वे धर्मकार्य करते। नदी के किनारे एक टेकड़ी पर उनके घर के पास ही एक छोटा-सा चर्च था। वहाँ बड़ी सुन्दर आवाज़ में वे भगवान के भजन गाते। हारमोनियम बजाते। पता नहीं क्यों, वे काफ़ी दूर चलकर मुझसे मिलने छात्रावास में आते। बहुत अपनापन जताते। मेरे लिए यह नया अनुभव था। उनके साथ दो-एक बार मैं चर्च भी गया था। फिर जब मैं

1. एक ईसाई पादरी का नाम।

संगमनेर पढ़ने गया, तब भी उनसे मुलाक़ात होती रहती। अच्छी तरह याद है, मुझे हिन्दू धर्म के बारे में कभी श्रद्धा नहीं रही। इस धर्म में भगवान के चरण छूने की भी मनाही है। दूर से ही दर्शन। ख़रात के धर्म में ये भेदभाव दिखाई न देते। एक बात है, ख़रात ने मुझे 'धर्म छोड़ो' ऐसा कभी नहीं कहा। शायद यह भी कोई कारण रहा हो, उनके धर्म के बारे में एक आकर्षण मुझमें बना रहा। आज कभी-कभी लगता है, मैं ईसाई क्यों नहीं बन गया? जिस ज़िले में मैं था, वहाँ असंख्य अस्पृश्य लोग ईसाई बन चुके थे। लेकिन मेरे तालुके में कोई भी ईसाई नहीं बना था।

इस सन्दर्भ में अपने ही गाँव के महारवाड़ा की एक घटना याद आती है। उमाआजा के बारे में बताया था न मैंने। उसके बाप का नाम कडू था। मैंने उसे नहीं देखा। परन्तु कडू के बारे में महारवाड़ा में लोग कई मज़ेदार बातें बताते हैं। यह कडू सिर्फ़ तीन फ़ुट का था। पगड़ी बाँधता। मूँछें तावदार। बजनियों की टोली में वह सम्बल बहुत अच्छा बजाता। उसका सम्बल सुनने लोग दूर-दूर से आते। एक गाँव से दूसरे गाँव जाते समय कोई भी उसे आसानी से कन्धे पर उठाकर ले जाता। उसी का लड़का उमा। पर कडू की औरत बहुत हृष्ट-पुष्ट, किसी पठान-सी। मैंने इस बुढ़िया को देखा था। इन दोनों की गृहस्थी कैसे चलती होगी, यह प्रश्न सबको सताता। यह कडू एक बार रिश्तेदारों से मिलने बम्बई गया। वहाँ चर्च में जाकर उसने ईसाई धर्म की दीक्षा ली है, यह बात सारे गाँव तक पहुँच गई। उसका कहना था कि 'मैंने सिर्फ़ पाव खाया।' बस आसपास के चालीस गाँवों के महार लोगों ने कडू को सज़ा देने के बजाय हमारे सारे गाँव याने महारवाड़ा का ही बहिष्कार किया। उन दिनों यही रिवाज़ था। हुक्का-पानी बन्द। बेटी-रोटी बन्द। समाज के हाथों में यह बहुत बड़ा हथियार था।

कडू के कारण हमारे गाँव का बहुत अपमान हुआ। हमारे गाँव की महार-मंडली ने एक समारोह में चालीस गाँव के पंचों को एकत्रित देखकर उनके सामने पगड़ी रखी दी। प्रायश्चित के रूप में नीम की पत्तियाँ चबानी पड़ीं। कड़वाहट का गुनाह जैसे सभी महारों ने किया था। दंडस्वरूप चालीस गाँवों के महारों को भंडारा देने की शर्त मंजूर की। गाँव का भंडारा अर्थात् सभी लोगों का पक्का भोजन। यह भंडारा सम्पूर्ण इलाक़े में चर्चा का विषय था। इलाक़े के किस्से जावजीबुआ तन्मय होकर सुनाते।

मुझे लगता है कि इस बात का मुझ पर बचपन में ही बहुत गहरा प्रभाव रहा होगा और शायद इसीलिए मैं ख़रात को टालता रहा।

छात्रावास में खाने की मौज थी। इतना अच्छा भोजन ज़िन्दगी में पहली बार मिल रहा था। इसलिए मौज ही कह लीजिए। आठ-पन्द्रह दिन में फ़ीस्ट होती। फ़ीस्ट बड़े मज़े की बात थी। लड्डू या जलेबी का भोजन। परन्तु छात्रावास में मटन न मिलता। मैं यहाँ मिठाइयाँ खा रहा हूँ और माँ-बहन घर पर बासी-सूखी रोटियों के टुकड़े तोड़ रहे होंगे...दिमाग़ में उथल-पुथल मच जाती। कई बार लगता कि बहन के लिए लोटे में एकाध लड्डू छिपा लूँ। परन्तु साहस न होता। झट चोरी का आरोप लग सकता था। पेटी-बस्ता लेकर घर जाने की छुट्टी हो जाती। माँ कभी-कभी लकड़ियों का गट्ठा बेचने छात्रावास में आती। सब लड़कों के सामने मैं माँ से बात न करता। माँ के गट्ठा बेच लेने के बाद मैं दूर तक उसके पीछे भागता। उससे चोरी-छिपे बातें करता। यह सब बताते हुए आज मुझे खुद से ही शर्म आ रही है। शिक्षा से ऐसे सम्बन्ध भी क्या टूट सकते हैं?

छात्रावास की व्यवस्था बहुत अच्छी थी। लोकल बोर्ड की ओर से प्रत्येक लड़के के लिए बारह रुपए अनुदान मिलता। बाज़ार-हाट हम भी करते। रसीद सुपरिंटेंडेंट को सौंपते। वर्ष के अन्त में हमारे अनुदान में से कुछ बचता तो वह हमें वापस कर दिया जाता। आज क़रीब-क़रीब सभी छात्रावासों में यह पद्धति समाप्त हो गई है। सरकारी पैसे को कितनी जगह हड़प लिया जाता है, इसे तो आज के संचालक ही जानें।

उन दिनों छात्रावास में हमें अनिवार्य रूप में खादी बुननी पड़ती। तकली पर सुबह-शाम सूत कातना पड़ता। दी गई पूनी यदि कातकर वापस नहीं की तो भोजन बन्द। इसी कपड़े से हमें खादी का पाजामा और कुरता भी मिलता। छात्रावास में सूत-कताई, तो स्कूल में कृषि-कार्य।

वार्षिक परीक्षा में कृषि-कार्य के लिए अंक दिए जाते। स्कूल के कार्य के बजाय इन्हीं कार्यों में अधिक समय जाता। कृषि-कार्य का अर्थ यह नहीं था कि हम खेतों में जाकर काम करते। खेतों में मज़दूर काम करते। हम सिर्फ़ निरीक्षण करने जाते। फूल कितने, पौधे कितने? प्रयोग-पुस्तिका में उनके चित्र बनाते। कृषि-सम्बन्धी थियोरी के चार-पाँच सौ पन्ने भर जाते। फ़ाइनल में मैं कृषि-विषय लेकर पास हुआ था। परन्तु बाद के जीवन में सूत-कताई, कृषि-कार्य का तिल-मात्र भी कोई उपयोग न था। सारा ज्ञान अधूरा।

साइकिल चलाना मैं बड़ी ज़िद से सीख पाया। साइकिल किराये पर लेने के लिए पास में पैसे न होते। साप्ताहिक बाज़ार में रसीदें फाड़ने का काम करता। कमीशन मिलता। आश्चर्य होता। अपने पूर्वज चमड़ा फाड़ते थे और मैं रसीदें। तैरने का मामला भी कुछ इसी तरह का था। बोर्डिंग के पीछे नदी प्रवरा काफ़ी गहरी थी। वहाँ पानी का रंग काला होता। दोपहर में वहाँ तैरने जाते। गाँव के

ऊपरी हिस्से की यह जगह थी। तैरते समय लगता, वहाँ मेरा स्नान करना चलता है पर महारवाड़ा का पनघट सबसे नीचे। मेरे यहाँ नहाने के कारण नीचे के सारे सवर्ण अपवित्र हो जाएँगे? मछुआरों के लड़के मज़े से नदी पार कर जाते। मुझसे इस तरह कभी सम्भव नहीं हुआ। किनारे पर ही डुबक-डुबक करता। काफ़ी दिनों तक विशाल भँवर-जाल को जबड़ा फैलाए देखता तो रोंगटे खड़े हो जाते। तंग आकर मैंने यह सब छोड़ दिया।

नदी के साथ एक बात और याद हो आई। नदी के बहाव में एक गठरी बह रही थी। उसे सुपा[1] में रखा गया था। एक लड़का सपासप पानी चीरता हुआ वहाँ पहुँचता है। और वह गठरी खींचकर किनारे लाता है। खोलते ही एक नन्हीं चीख उभरती है। हम सब घेरकर उसे खड़े हो जाते हैं। गठरी में एक नवजात शिशु था। दरअसल वह आधुनिक कर्ण ही था। ख़बर गाँव पहुँचती है। घटना-स्थल पर पुलिस पहुँचती है। पंचनामा होता है। नदी के ऊपरी हिस्से में जितने घर थे, वहाँ 'कुन्ती' की तलाश की जाती है। अन्त में पीली पड़ी गोरी कुमारिका पकड़ी जाती है। उसकी डॉक्टरी जाँच होती है। बाज़ार-रास्ते से कचहरी तक भीड़ उसके साथ... पीछे से पब्लिक हुर्रे करती हुई। बाद में उसे सज़ा हुई बताते हैं।

ऐसी दैनिक घटनाओं का परिणाम भी मन पर बहुत गहरा होता। बाक़ी लड़कों की तुलना में उस उम्र में भी मैं काफ़ी गम्भीर होता जा रहा था। चारों ओर की घटनाओं का आकलन न होता। परन्तु भीतर बड़ी घुटन महसूस होती। मराठी की कक्षा में बहुत तन्मय होकर कविता सुनता।

खांडगे नाम के मराठी शिक्षक थे। वे कविता पढ़ाते समय सबकुछ भूलकर तन्मय हो जाते। कविता वे अपने मधुर कंठ से गाते भी। कभी-कभी मैं भाव-विभोर हो जाता। भीतर-ही-भीतर सिसकता रहता। तिलक की 'कितनी यह क्रूरता' (केवढ़े हे कौर्य), कुसुमाग्रज की 'अहि-नकुल' या 'ज़मीन-रेलगाड़ी'—ये कविताएँ विशेषकर अच्छी लगतीं। एकान्त में इन्हें तार-सप्तक में गाता। विद्रोह और वेदना एक साथ उफान मारकर मन में उठते। बोर्डिंग की भीषण सच्चाई में शायद ये कविताएँ कुछ राहत पहुँचाती थीं।

बोर्डिंग के लड़कों को असली हाथ दिखाया तुकाराम शिरकांडे ने। उसकी स्कूल की पहली एंट्री याद आती है। धोती, सिर पर ज़री का साफ़ा। नया, कोरा कोट। उस पर हल्दी के दाग़। उसी साल उसकी शादी हुई थी। उसकी पोशाक देखकर कक्षा में हँसी का फ़व्वारा फूट पड़ा। बोर्डिंग में यह दूसरा महार विद्यार्थी था। मुझे

---

1. छाज।

उस पर दया आई। मैं उसे बोर्डिंग में होनेवाली फ़जीहत के बारे में बताता हूँ। पहले ही दिन जब वह भोजन के लिए हॉल में जाता है, तब मछुआरों के लड़कों के साथ सटकर बड़े आराम से बैठता है। बोर्डिंग में तहलका मच जाता है। वैसे वह काफ़ी हृष्ट-पुष्ट था। उसकी नज़रें ललकारतीं। इस घटना को मैं बड़े कौतूहल से देखता हूँ। वह मुझे देखकर अलमस्त हँसी हँस देता है। उस दिन तुकाराम बाज़ी मार ले जाता है। मैं सोचता हूँ, तुकाराम-सा साहस मुझमें क्यों नहीं आया? अपनी बुज़दिली पर शर्म आती है। तुकाराम के साहस से मैं आज सामना कर सकूँगा। उसके पिता बम्बई की टकसाल में काम करते थे। उन्होंने गाँव में अच्छी-ख़ासी खेती-बाड़ी जमा रखी थी। तुकाराम के लिए बोर्डिंग के मुट्ठी-भर खाने का क्या महत्त्व था! तुकाराम अपना उपनाम श्रीखंडे बताता। शिरकांडे उपनाम उसे पसन्द नहीं था। इस नाम के कारण उसकी जाति स्पष्ट हो जाती है, यह उसका तर्क था।

तुकाराम की बात ही कुछ अलग थी। स्कूल की साप्ताहिक छुट्टी हुई कि वह घर भागता। वहाँ अभी-अभी सयानी हो रही उसकी पत्नी उसकी राह देखती होती। वापस आने पर अपनी पत्नी की सारी कथा का बखान करता। कभी-कभार उसका बाप बम्बई से आता। उसे नए कपड़े, मिठाई देता। बीच में तुकाराम फ़ेल हो जाता है। उसका बाप मेरे पास शिकायत करता, ''अरे, यह एक भी परीक्षा में पास नहीं हुआ। कम-से-कम घर में तो कुछ कुत्ते-बिल्ली पैदा करता।'' बेटे के परीक्षा में फ़ेल होने के बजाय उसे पोता नहीं हुआ, इसी दुख से उसका चेहरा झुलसा हुआ था। बाप-बेटों पर बड़ी हँसी आती।

तीज-त्योहारों में मामा के गाँव औरंगपुर जाता। वह गाँव तालुके से दो मील पर था। रास्ते के दोनों ओर वट-वृक्ष की घनी छाया। घूमते-घूमते जाता। रास्ता छोड़कर पगडंडी से चलने लगता तो चारों ओर किसानों की बाड़ी लगती। मोट[1] के चक्कों से आती हुई, कुई-कुई आवाज़। बीच राह में यदि प्यास लग जाती तो बाड़ी में जाकर पानी पीने की हिम्मत न होती। मुझे अपने गाँव से औरंगपुर बड़ा अच्छा लगता। सारे घर कतारों में। महारवाड़ी भी साफ़-सुथरी। यह गाँव औरंगज़ेब बादशाह ने पटेल की विधवा बहू को बहन मानकर दान में दे दिया था, इसी तरह की कुछ कथा प्रचलित थी। वैसे मामा का घर बहुत छोटा। भीतर घुसते समय चौखट सिर से टकराती। खपरैल के नीचे बहुत पहले रखा बीम। उससे काले-काले गुच्छे नीचे गिरते। मामा के घर के सामने उनके बहुत पुराने घर के अवशेष दिखाई

1. रहट।

पड़ते। यह अभिशप्त घर है, यह मानकर उसे वे नया नहीं बनाते। उलटे यह घोंसले-सा घर उन्हें पसन्द था। उस खँडहर के बारे में उनके घर में कई तरह की बातें प्रचलित थीं। वहाँ एक काला नाग घूमता है, यह भी एक बात होती। 'उस खँडहर के नीचे बहुत बड़ा गुप्तधन है, तुम्हारे नाना ने रखा है,' ऐसा मुझे हमेशा बताया जाता। माँ जब छोटी थी, तभी नाना मर चुके थे। नाना डाकुओं और भीलों की टोली में थे। उन्होंने अपने अन्तिम दिनों में काफ़ी माया जोड़ ली थी और वह सब उन्होंने उस खँडहर के नीचे गाड़ दी है, ऐसा मामा और नानी बताते। रात में जब सोता तो नाग सपनों में आता। ऐसा समय नाना के गाड़े गए धन के बजाय उनकी छिपाई बन्दूक और तलवारों का आकर्षण मन में जागता। नींद में ये सारी चीज़ें मेरे हाथों में आ जातीं। बोर्डिंग के मछुआरे लड़कों के साथ घमासान युद्ध करता रहता हूँ। उसमें मैं जीतता हूँ—सपने में यही सब होता।

नानाजी यानी माँ के पिता तानाजी बम्बई की एक गोदी में काम करते थे। जब हम बम्बई में थे, तब माँ से कई बार मिलने आए। पिताजी उन दिनों गोदी में ही काम पर थे। उस समय नई भरती हेतु बिल्ले मिलते। ऐसा ही एक बिल्ला पिताजी ने अपने ससुर को दिया। इसी बिल्ले के कारण नानाजी की नौकरी लगी। उनके नौकरी के समय बम्बई में उन्हीं के सन्दर्भ में एक हादसा हुआ। कामगारों को जल्दी 'जातू' न करते। उनकी रिट्रेंचमेंट होती। उसी समय नानाजी की बारी आई। पिताजी क्या करें? उन्होंने उनके अँगूठे पर जानबूझकर एक लोहे की सलाख दे मारी। नाना के अँगूठे से ख़ून की धार फूट पड़ी। इस कारण नाना मेडिकल छुट्टी पर जाते हैं। वे बहाना बनाते हैं कि काम करते समय चोट लग गई। पिताजी की चालाकी के कारण नानाजी की नौकरी बच गई, इस बात का नानाजी हमेशा बड़े गर्व से उल्लेख करते। वैसे एक बार उन्होंने पिताजी को जेल जाने से बचाकर अपने ऊपर किए अहसानों का बदला चुका दिया।

नाना कभी-कभी बम्बई से आते। उनका सारा ध्यान गाँव के लोगों की ओर। ज़मीन पर उन्होंने बम्बई की सारी आय लगा दी। काली मिट्टी वाली ज़मीन ख़रीदी गई। नियमित मनीऑर्डर भेजते। बम्बई में बड़ी तकलीफ़ में दिन काटते। उनका रंग गहरा काला था। उनकी पोशाक भी बड़ी मज़ेदार थी। घुटनों तक धोती। सिर पर काली टोपी। गाँव में एक-दो दिन के लिए आते तो सब उन्हें थोड़ा-थोड़ा काटते। बुढ़ापे में भी पत्नी सामने न आती। ऐसा कुछ चलन ही बन गया था। पर मैं उनकी ख़ूब हँसी उड़ाता। मुझ पर वे कभी नाराज़ न होते। मैं उन्हें कहता, "बाबा, इतना कमाते हो एकाध वुलन का कोट क्यों नहीं ख़रीद लेते?" बुढ़ऊ

हँसते रहते। तम्बाकू का शौक़ छोड़कर उन्हें किसी प्रकार का कोई शौक़ न था। बम्बई जाते समय बेटे के हाथ पर एक आना रख देते। यही हिसाब उनकी शादी-शुदा बेटी के बारे में भी। उनके पीछे उनकी कंजूसी की हँसी उड़ाई जाती।

उनका अन्त बहुत दुखद था। दस-बारह साल पहले की बात होगी। उन दिनों मैं सायन में रेलवे क्वाटर्स में रहता था। उपकिरायेदार था। बुढ़ऊ हमारे घर भोजन के लिए आया। सायन में बिल्डिंग के नीचे से ही रेलवे लाइन गई है। फेंसिंग लाँघकर पैदल जानेवालों की दुर्घटना में मौत हो जाती। बुढ़ऊ हमेशा सलाह देता—"रास्ता लम्बा रहा तो चलेगा, पर पटरियाँ लाँघकर कभी मत जाना।" मैं नन्दी बैल-सा सिर हिलाता। बुढ़ऊ को भोजन के बाद चाय की तलब लगती। वह स्टेशन पर चाय पीने जाता। एक रात चाय पीने के लिए जाते समय रेलवे के बफ़र ने उसे उड़ा दिया। दुर्घटना-स्थल पर जब मैं गया तो ख़ून की एक बूँद भी नहीं दिखी। सिर्फ़ धक्का लगने मात्र से उनका काम तमाम हो गया था। मुझे नियमित 'पटरी लाँघकर मत जाना' कहनेवाला नाना स्वयं पटरियाँ लाँघकर निकल गया...!

नाना की मृत-देह कॉरानेर से लाने मुझे ही जाना पड़ता है। मैं ही बम्बई में उसका वारिस था। पंचनामे में बुढ़ऊ के कपड़ा, तम्बाकू की थैली का ज़िक्र रहता है। बुढ़ऊ के पास पैसे भी होंगे, इसका अन्दाज़ पुलिस को न था। मैं रेलवे पुलिस-स्टेशन में उस थैले की चोर जेब से कुछ नोट निकालकर दिखाता हूँ। तब पुलिस भी चकरा जाती है। गाँव के मामा-नानी के आने तक बॉडी रखना तकलीफ़देह था। बुढ़ऊ की पहचान के लिए मुझे कोल्डरूम में जाना पड़ता है। वहाँ नंग-धड़ंग लाशों का अम्बार लगा था। उस कोल्डरूम की दमघोंटू दुर्गन्ध। पल-भर रुकना असम्भव था। बुढ़ऊ की लाश पहचानना कठिन न था। मैं ही उस रात उसे अग्नि देता हूँ।

दूसरे दिन मामा और नानी आते हैं। तब तक सबकुछ समाप्त हो चुका होता है। पिताजी के फंड और सर्विस के पैसों के लिए वे गोदी में जाते हैं। शाम को वे ढेर सारा बाज़ार-हाट कर घर लौटते हैं। मामा के शरीर पर नया कोरा शर्ट झलकता है। नानी-मामी के लिए नई साड़ियाँ लाई जाती हैं। मामा खुलासा करता है। गोदी के कामगारों ने चन्दा कर कुछ पैसे दिए थे। मैं यह सुनकर अवाक् रह गया। सारी ज़िन्दगी मज़दूरी करनेवाले बाप के कल मरते ही मामा को यह बाज़ार-हाट क्या सूझ गया? मेरे गले यह बात नहीं उतर रही थी। आदमी कितना रहस्यमय है, यह बात उस रात मेरे मन में बड़ी गहराई तक छाप डालती रही। व्यक्ति के इस प्रकार के व्यवहार के लिए कुछ कारण तो होने ही चाहिए, यह सोचते-सोचते मेरा दिमाग़ थक गया। बुढ़ऊ की बड़ी मेहनत से जमा-पूँजी मामा

ने एक-दो साल में ही फूँक दी। मामा को मेहनत की आदत न थी। बम्बई के मनीऑर्डर पर मज़े से दिन काटने की उनकी आदत थी। दो-तीन सालों में मामा ज़मीन का एक-एक टुकड़ा बेचने लगे। स्थितियों ने उन्हें दयनीय बना दिया। आज मामा बम्बई में पेट-पानी तक ही मज़दूरी पाते हैं। सारे परिवार को लेकर वे बम्बई आ गए हैं। उसमें बाल-बच्चों की फ़ौज। किसी समय हाथी-से दिखनेवाले मामा आज गन्ने की सीठी-से निचुड़ गए हैं। उनका दुःख देखा नहीं जाता।

हाँ, तो मैं औरंगपुर की बात बता रहा था। मामा के घर के सामने राणूजी का घर था। इसी घर की मेरी दादी अर्थात् पिताजी की माँ। इसी घर में दादी जन्मी थी। माँ और दादी एक ही गाँव की। उनके ननिहाल का उपनाम भी एक ही—कसबे। इस बात का मुझे आश्चर्य होता। राणूजी बड़ा करारा बूढ़ा था। गठिया की पीड़ा से बेज़ार। परन्तु ज़ुबान उस तकलीफ़ में भी बड़ी तेज़। हम पर उनका बड़ा स्नेह था। उस घर जाने की तीव्र इच्छा होती। वैसे राणू बहुत ग़रीब था। मकान बनाने का काम करता और बाल-बच्चों का पोषण करता। परन्तु मामा और राणू दादा का आपस में बड़ा बैर था। वैसे तो भाई-चारे की बात थी। एक ही वंश-बेल से बढ़े। परन्तु अब शाखाएँ अलग-अलग थीं। उनकी दुश्मनी चरम सीमा तक पहुँच चुकी थी।

राणू दादा का एक रिश्तेदार विढ़ा में रहता था। वह जागती जोत का भगत है। टोना कर आदमी मारता है। वह हमारे घर पर टोना करता है—इस डर से मामा के घर के सभी लोग सहमे हुए थे। मामा की सास वाशेरे गाँव की थी। उसके कोई बाल-बच्चा न था। बाद में मामी को काफ़ी लड़के हुए। परन्तु उसका गर्भ गिर जाता है; इसके लिए विढ़ा का 'भगत' ही कारणी भूत है—यह ग़लतफ़हमी मामा की सास ने चारों तरफ़ फैला दी। मामा की सास में देवी प्रवेश करती। रात हुई, भोजन-पानी हुआ कि मामा की सास में देवी का संचार होता। माथे पर चाँदी के रुपए बराबर लाल-भड़क सिन्दूर। खुले बालवाली यह औरत जब रात में घूमती, तब मेरे भी प्राण थर्राने लगते। उसके सामने रिंगण भरना, मुर्ग़ी का उतारा तीन मार्गों में जाकर डालना पड़ता। वह कार्यक्रम सतत चलता रहता।

ऐसी ही एक बरसाती रात याद है। बाहर धुआँधार बारिश। बिजली की गड़गड़ाहट। आँखों में अँगुली ठूँसने पर भी बाहर का कुछ न सूझता। उस रात विढ़ा के भगत की ओर से मूठ आनेवाली है, ऐसा देवी ज़ाहिर कर देती है। सारे घर में चिन्ता।

मूठ कैसी होती है, इस उत्सुकता से मैं भी जाग रहा था। अपने प्राण मुट्ठियों में कसकर! अब मूठ आएगी और घर के किसी भी व्यक्ति को ख़ून की उलटी होगी, इस डर से सारे ठंडे पड़ गए। कब नींद लगी, पता नहीं। सुबह उठकर देखता हूँ तो सामने की दीवार ढह चुकी थी। देवी के ही कारण मूठ किसी व्यक्ति को नहीं लगी। सारी बला दीवार से टकराकर निकल गई, यह समझकर सब चैन की साँस लेने लगे। परन्तु मेरे बाल-मन में एक सवाल उठता रहा कि यह दीवार मूठ के कारण ढही या धुआँधार बारिश के कारण? नींबुओं में पिन चुभाई गई। ऐसे पिन-चुभोए नींबू हवा में भर्राते हुए आते हैं और आदमी के प्राण उड़ा ले जाते हैं, यह बात धीरे-धीरे मुझे हास्यास्पद लगने लगी।

मामा के घर की मानसिकता से एकदम विपरीत मानसिकता राणू दादा के घर की। राणूजी तालुके की आवाज़ उठानेवाला आदमी। आम सभाओं में उठता और अच्छे-अच्छों की बोलती बन्द कर देता। अम्बेडकर आन्दोलन में खुलकर भाग लेता। परन्तु अपने बच्चों को वह पढ़ाना चाहता था। उसने अपने बेटे का नाम रावसाहब रखा। यही रावसाहब कसबे के नाम से जाना जाता—चिन्तक। अनजाने ही उसने अपने पिता का यह गुण धारण कर लिया। फिलहाल वह संगमनेर कॉलेज में प्राध्यापक है।

राणूजी के घर में ख़ानदानी देवी का एक स्थान है। घर में देवी की पूजा कोई न करता, पर तीज-त्योहार में मराठा स्त्रियाँ देवी की पूजा के लिए आतीं। देवी के सामने परात-भर नैवेद्य जमा होता। रावसाहब के बचपन का एक मज़ेदार क़िस्सा याद आ रहा है। वह उस समय तालुके में पढ़ने जाता। इस समय उसके सारे शरीर में खुजली थी। 'घर की देवी का कोप है, इसलिए तुम्हें खुजली हुई,' गाँववाले उसे चिढ़ाते। बित्ते-भर का लड़का। मन में क्या आया, पता नहीं। गँडासा लिया और देवी खोद डाली। सिन्दूर-लगा पत्थर ज़मीन में गहरा गड़ा था। आक्रोश में उसे खोदकर कचरे के ढेर में फेंक आया। सारा गाँव मुँह में अँगुली दबाए यह सब देख रहा था। अलबत्ता राणूजी भीतर-ही-भीतर मुसकरा रहा था। अब देवी इनके घर के बारह बजाएगी, इस तरह की फुसफुसाहट गाँववाले करते। परन्तु इतने सालों से मैं देख रहा हूँ, उस घर की समृद्धि बढ़ रही है। भौतिक तो कम, पर ज्ञान-वृक्ष की शाखाएँ ख़ूब फैल रही हैं।

औरंगपुर में मुझ पर बहुत बुरा समय आया था। छठी का दूध याद आ गया था। बात ऐसी हुई कि मैं छुट्टियों में मामा के घर आया। मारुति के मन्दिर के पास बहुत भीड़ थी, इसलिए मन्दिर की ओर गया। वहाँ देखता हूँ कि एक आदमी जूता

लेकर मारुति की ओर दौड़ रहा है। उसे माँ-बहन की गालियाँ बकता है। 'तू यदि जागृत देवता होगा तो अपना अस्तित्व बताएगा।' इस तरह भगवान से ऊँची आवाज़ में लड़ रहा है। सारे लोग उसे पागल क़रार देते हैं। उसके दिमाग़ का सन्तुलन कुछ बिगड़ गया था। परन्तु वह जो कुछ भी कह रहा था, मुझे सही लग रहा था। क्षण-भर मैं सोचता हूँ। गाँववाले जब इतना सह लेते हैं तो मेरे मन्दिर-प्रवेश से कौन आकाश टूटकर गिर पड़ेगा? मैं मन्दिर की भीड़ में घुस जाता हूँ। वैसे अब तक मैं वहाँ नहीं गया था। कुछ सीढ़ियाँ चढ़कर ऊपर बैठ जाता हूँ। एक व्यक्ति को मुझ पर शक होता है। पूछता है, "तू किसका है रे?" मैं जवाब देता हूँ, "कसबे के यहाँ आया हूँ, वे मेरे मामा लगते हैं।" मराठा सीधे गाली पर उतर आता है, "तेरी माँ की...भगवान अपवित्र कर डाला न!" मेरी ओर सबका ध्यान आकर्षित होता है। भगवान को जूते मारनेवाले को छोड़ दिया जाता है और सब मुझे चारों ओर से पीटने लगते हैं। मेरी अक़्ल ठिकाने लग जाती है। मैं उस आदमी को खोजने लगता हूँ, जो थोड़ी देर पहले भगवान को गाली दे रहा था। ऐसा लग रहा था कि कम-से-कम वह इस संकट से मुझे बचा सकेगा। पर नानी आती है और तब कहीं मेरी मुक्ति होती है।

कई दिनों बाद मालूम होता है कि भगवान को गाली देनेवाला सत्यशोधक समाज का कार्यकर्ता था। वैसे मारुति के मन्दिर के लिए ज़मीन महारवाड़ा के ही खंडू मुकादम ने दी थी। महारवाड़ा के लोगों ने भी मेहनत की थी। पर जिस दिन मूर्ति की स्थापना हुई, उसी दिन से महार-माँगों को भगवान से वंचित कर दिया जाता है।

औरंगपुर की कहार-मंडली द्वारा पानी के लिए किया गया संघर्ष बहुत ही लोमहर्षक है। उन दिनों 'एक गाँव एक पनघट' जैसी कोई बात नहीं थी। परन्तु महार के पानी का संघर्ष कान पर आया होगा। साथ ही उनकी आवश्यकता के लिए यह विवाद छेड़ा गया। महार लोग बरसात में नाले का ही पानी पीते। नाला भी आधे मील पर था। गर्मी में नाला सूख जाता। उस समय उनकी बड़ी दुर्दशा होती। मारुति के मन्दिर के पास गाँव का ठंडे पानी का कुआँ था। उस पर निरन्तर घिर्री घूमती रहती। महार-माँग स्त्रियाँ घंटों तक बालटी-भर पानी के लिए राह देखती रहतीं। किसी को दया आती तो एकाध बालटी डाल देता। वैसे क़ानून महारों के पक्ष में था। उन्होंने कोर्ट में आवेदन-निवेदन करके देखा, पर सरकार नहीं पिघली। अन्त में सब संगठित हुए और अपनी बालटी कुएँ में डाल दी। स्त्रियाँ कमर कसकर सबसे आगे। गाँव में खलबली मची। सम्पूर्ण गाँव के लिए एक अलग

हौद की कल्पना सामने आई। "परन्तु हमें अलग नल नहीं चाहिए, हम गाँव के ही कुएँ पर पानी भरेंगे।" यह ज़िद महार-मंडली ने नहीं छोड़ी। अन्त में पंचायत बैठी। महार-मंडली को उसी कुएँ में अलग घिर्री लगाने की अनुमति दी गई। है न अजीबोग़रीब बात! नीचे कुएँ में मराठों और महारों की बालटियाँ आपस में मिल जातीं परन्तु एक ही घिर्री में रहने से उनकी जाति के अहंकार को ठेस लगती। आज भी आपको वहाँ अलग-अलग घिर्रियाँ मिलेंगी।

ज़िन्दगी में पहली बार मैंने 'बोहडा' वहीं देखा। होली प्रज्वलित होने के बाद यह खेल खेला जाता। यह नाचने का एक प्रकार है। रामायण-महाभारत के पात्र सजकर आते। मुँह पर बड़े-बड़े मुखौटे और पीठ पर मोर-पंखों के समूह। नाचनेवालों के हाथ पंखों से बँधे होते और कुछेक लोगों के हाथों में शस्त्र। नाचनेवालों के पैरों में घुँघरू। 'नाच गणपति, सारजा आते हैं'–यह गाने का मुखड़ा होता। साथ में बजनियों की टीम या माँगों के डफ, शहनाई। गाने की एक तर्ज। जो रावण के वेश में गाता, गाँव में उसका बड़ा सम्मान। उसे दस सिर लेकर नाचना पड़ता। इसके लिए अच्छा-ख़ासा अनुदान देना पड़ता। महार लड़कों का इस खेल में प्रवेश मना था। विचित्र, विशाल, लाल ख़ूनी रंग की लपलपाती जीभ, अजस्र मुँह और चमकते हथियार–इस तरह के 'बोहडा' का मन पर प्रतिबिम्ब साकार हो गया। पिछले दिनों कालीकट में जब गया था तो इसी बोहडा की संशोधित आवृत्ति देख पाया। यह सब आर्यों का दिग्विजय इतिहास। भूमि पदाक्रान्त करनेवाला। बीसवीं सदी में भी उसके अवशेष इस तरह बचे रहे हैं।

एक बात बताना भूल गया। मैं औरंगपुर का दामाद बननेवाला था। वैसे यह सारा गाँव ही मामा का था। इसलिए वहाँ जाने पर 'जवाई आया' कहकर स्त्रियाँ चिढ़ातीं। खंडू मुकादम की एक विवाह-योग्य कन्या थी। काली-साँवली, सुगठित। खंडू मुकादम का घराना वैसे सम्पन्न था। घर में दूध-घी की बहुतायत। अंग्रेज़ी खपरैलों का अच्छा घर। ज़मीन-जुमला भी अच्छा। ये मुकादम गोदी में माल ढोने के ठेकेदार थे। उस ज़माने में उन्होंने इस धन्धे से अच्छी-ख़ासी माया जोड़ ली थी। उनकी पठान-सी पत्नी पारू तो सोने से लदी थी।

गाँव जाने के बाद मुझे ख़ासतौर पर चाय के लिए बुलाते। बचपन में उनके आँगन में मुझे कुत्ते ने काट लिया था। तब मेरी आवाज़ बारीक थी। पारूबाई उसकी नक़ल कर मुझे चिढ़ाती। ऐसे समय ऊँची नौ-गज़ी साड़ी का बोंगा सँभालते

उसकी लड़की मेरे आसपास होती। यह खिद्-से हँसती। अपनी हमउम्र लड़कियों को मेरे बारे में कुछ इधर-उधर की बातें बताती। पर मैं उसकी ओर आँख उठाकर भी न देखता। उनके घर में भी सबकी इच्छा थी कि मैं यहीं शादी करूँ। मेरे मन में उस उम्र में भी धनवान लोगों के प्रति हद दर्जे तक तुच्छता के ही भाव थे। हमेशा लगता, वे होंगे सम्पन्न, पर हम भी न बिकें। साथ ही ऐसी काली पत्नी मेरे विचारों के बाहर थी। गोरी लड़कियों के सपने आते। एक ही सपना था कि बच्चे बनिए-ब्राह्मणों-से हों। परन्तु उनके वैभव का प्रभाव अन्त तक न था। लड़की का भाई वैसे कर्ता-धर्ता। वह शिक्षा की खिल्ली उड़ाता। कहता, "पढ़ा-लिखा दामाद हमारे घर अनाज के बोरे गिनेगा क्या?" इन सभी बातों के कारण मेरे दिमाग़ में असन्तोष घुल जाता। एक बार पारू की लड़की ने कुत्ते के पिल्ले को लात से उठा दिया। वह कें-कें करता भाग गया। मैं यूँ ही तिलमिला उठा। कल अपनी हालत भी इससे अलग क्या होगी! मेरी दादी को यह रिश्ता पसन्द न था। उसका भांजा दूसरों के घर ठहरे, यह बात उन्हें पसन्द न थी। और मामा की लड़की तो बिल्लस-भर की थी। उनकी इस तरह दुर्दशा हुई। ऐसी है जवाई-कथा।

बम्बई भूलना वैसे भी सम्भव न था। यह शहर मुझे मुक्ति का शहर लगता। पिताजी चले गए थे, फिर भी कावाख़ाने में तात्या तो थे ही। कभी-कभी छुट्टियों में मैं उनसे मिलने जाता और वे आबोहवा बदलने गाँव आते। वे जब आते, तब उनके साथ चाची-दादी भी आतीं। तात्या की यह दूसरी शादी! चाची दिखने में बड़ी सुन्दर। जब वे गाँव आतीं, तब उनके शरीर पर ज़री किनारे वाली क़ीमती साड़ी रहती। वजरटीक, नथ—इतने सोने के गहने होते। पैरों में चाँदी की बिछिया। सारा गाँव टकटकी लगाए देखता रहता।

गाँव आने पर चाची मेहमानों-सी बैठी रहती। हमारा पक्ष कमज़ोर था। माँ सारी तकलीफ़ें उठाती। माँ फटी-पुरानी साड़ी में। चेहरे पर लाचारी। सफ़ेद फीका माथा स्पष्ट दिखता। न जाने क्यों, मेने मन में उथल-पुथल होती। माँ को गले में फोड़े का रोग हुआ था। एक गाँठ फूटकर ठीक न होती कि दूसरी फूटती। गाँठ फोड़े-सी ही ठोस। उसके सारे शरीर में त्राहि-त्राहि मची थी। परन्तु बम्बई वाली चाची को काम करने के लिए कौन कहता? भीतर-ही-भीतर मेरा आक्रोश घुटता रहता। अपने शरीर का दर्द छिपाकर माँ हमेशा चलती-फिरती रहती।

तात्या भी जब गाँव आते तो बड़े रौब से आते। वुलन का महँगा कोट,

चमकदार जूते। सलीके से पीछे मुड़ते बाल। तात्या हीरो लगते। उनके सन्दर्भ में एक घटना याद है। अगस्ती की यात्रा में हम सब गए थे। महारकुंड के पास हम सबने डेरा जमाया। इस समय एक काली-साँवली महिला जहाँ हम बैठे थे, वहाँ का लगातार चक्कर लगा रही थी। माँ उस औरत को पहचान लेती है। वह तात्या की पहली पत्नी थी जिसे उन्होंने छोड़ दिया था। तात्या को क्या महसूस हुआ होगा, पता नहीं। वे एक झटके के साथ उठते हैं। सामने गन्ने की गाड़ी थी। उस गाड़ी से एक लम्बा गन्ना खींचते हैं और उस महिला को ढोर-जानवर-सा पीटने लगते हैं। यात्रा में आए लोग उसे बचाते हैं। शायद तात्या के अहंकार पर उसने प्रहार किया हो। एक तो परित्यक्ता और फिर उनके साथ इस तरह पेश आए, शायद उन्हें इसी पर क्रोध आया हो। बाई को अच्छा सबक़ सिखाया, चारों ओर यही राय थी। मैं उस परित्यक्ता चाची के बारे में काफ़ी देर तक सोचता हूँ। चाची ने मेरे दिल का कोना अवश्य जीत लिया था। इतना अपनापन इस चाची के बारे में क्यों नहीं लगता?

यदि इस घटना को छोड़ दिया जाए तो चाचा बहुत बड़े दिल के व्यक्ति थे। हम पर उनका विशेष ध्यान। हमारे फटे आकाश को वे काफ़ी कुछ जोड़ देते। वे जब भी आते, बहन और मेरे लिए नए कपड़े लाते। एक बार तो उन्होंने नई चप्पल खरीद दी, जो मैंने उसी दिन खो दी। किसी प्रकार का गुस्सा किए बिना दूसरी ख़रीद दी। बम्बई का खजूर और पाव मिलता ही। चाय के साथ पाव-कड़े टोस्ट खाने का अपना आनन्द! उनके साथ बम्बई का बाज़ार-हाट रहता। उसमें सूखी हुई बोंबील मछली विशेष रूप से मिलती। उनके आने पर गोश्त पकता ही था। तालुके से बकरे का मटन लाया जाता या मुर्ग़ का शोरबा मिलता। हर साल तात्या कब आते हैं, यही सोचते हम बम्बई की ओर आँख लगाए रहते।

दीवाली की छुट्टियों में हम बम्बई जाते। लेकिन जाते समय मन ज्यों कैंची में फँसा हुआ। चाची को हमारा बम्बई आना पसन्द न था। वह द्वेष करती। पर माँ अक्सर बम्बई ढकेल ही देती। एक तो बम्बई जाने के बाद वर्ष-भर के लिए एक-दो जोड़ी कपड़े मिल जाते, साथ ही पुस्तकों के लिए पैसे भी। मेरे जाने पर चाची बहुत उलटा-सीधा बोलती। तात्या को कहती, "ये बड़ा होने के बाद मुँह पर मूतने भी नहीं आएगा!" मैं इस तेज़ आघात से ज़ख़्मी हो जाता। एकान्त में जाकर ढोर की तरह रोने की इच्छा होती। आज जब मैं चाची की बातों के बारे में सोचता हूँ तो मुझे उस पर गुस्सा नहीं आता। आज मैं विधवा चाची का और उसके लड़के का कितना ध्यान रखता हूँ? अपना ही संसार सँभालते-सँभालते साँस फूल जाती है। पिछली पीढ़ियों से यह कैसे सम्भव हो पाया? आज रिश्ते के सारे सिलसिले टूट चुके हैं। मेरे पिताजी और तात्या के बीच जो प्रेमभाव अन्त तक

था, उतना आज मेरे चचेरे भाई और मेरे बीच नहीं है। हमारे बीच में दीवारें किसने खड़ी की हैं?

गाँव के एक मराठे के साथ एक बार मैं बम्बई गया। इसका बम्बई में कलई का धन्धा था। नाम था बिठोवा। गले में बिठोवा की माला। माथे पर तिलक, टीका। बम्बई में परेल में संगप्पा की चाल में रहता था। गाँव के सारे मराठे इसी इलाक़े में रहते थे। यह बिठोवा मुझे कावाख़ाने में तात्या के घर छोड़नेवाला था। सुबह-सुबह हम संगप्पा की चाल में जाते हैं। वह मुझे महार का लड़का होने के कारण घर में घुसने नहीं देता। मैं बाहर ही नल पर मुँह धोता हूँ। बाहर चाल के कोने में बैठ जाता हूँ। धीरे-धीरे धूप चटकने लगती है। वहीं मुझे थाली में भोजन दिया जाता है। मेरे दिमाग़ में एक बात कौंधती है। अब बिठोवा की औरत यह थाली आग से पवित्र करेगी। थाली अपवित्र हो गई थी न! नीचे गरदन डालकर मैं भोजन कर रहा था। कब कावाख़ाने पहुँचूँगा, बस यही एक ख़याल। बम्बई के टेढ़े नल का पानी पीने के बाद भी बिठोवा नहीं बदला था, इस बात पर मुझे आश्चर्य हो रहा था।

वैसे कावाख़ाना बहुत बदल चुका है। बचपन में मन पर खोदा गया कावाख़ाना याद है। पहले कावाख़ाने के बाहर लकड़ी का एक बड़ा दरवाज़ा था। किसी क़िले के समान दरवाज़े में लोहे की कीलें। रात में बन्द हो जाता। भीतर आने-जाने के लिए एक छोटा उप-दरवाज़ा। इस दरवाज़े का कावाख़ाने के लिए बहुत उपयोग होता। मैं जब छोटा था, तब हिन्दू-मुसलमानों के कई दंगे मैंने देखे थे।

कभी-कभी कर्फ़्यू जारी रहता। कभी कोई बाहर जाता तो कब कहाँ से गोली आएगी, किसी को अन्दाज़ न होता। दंगा होने पर यह दरवाज़ा सदैव बन्द। हम छोटे बच्चे हमेशा भीतर-बाहर होते रहते। हम फुर्र से बाहर हो जाते। इस छोटे दरवाज़े से हमने भयानक मारधाड़ देखी है। सामने ईरानी होटल की कुर्सियों की फेंकफाक, बरनियों, सोडा-वाटर की बोतलों की बारिश। ख़ून की बूँदें सहज खेलने लगतीं।

एक थ्रिल-भरी मारधाड़ आज भी याद है। एक मामूली युवक को चार-पाँच गुंडों ने घेर लिया। उनके हाथों में खुले चाकुओं की चमकती पातें। लगता, अब इसकी सारी अंतड़ियाँ बाहर आ जाएँगी। क्षण-भर सबने साँस रोक ली। विद्युत गति से वह युवक उनका व्यूह तोड़कर सामने खड़ी विक्टोरिया बग्घी का लम्बा

चाबुक खींचता है और सपासप चार-पाँच को चाबुक से छील डालता है। उनके गाल फट गए थे। ख़ून का छिड़काव हो रहा था। उनके हाथों के चाकू कुछ न कर सके।

ऐसी ही एक बचपन की घटना। हृदय में बसी हुई। पेट में छुरा घोंपा हुआ एक आदमी मैंने देखा। वह छोटे दरवाज़े से भीतर घुसने की जब कोशिश कर रहा था, तभी किसी ने उसका प्यादा बाहर निकाल दिया। वैसे मैं बहुत छोटा था। कुतूहलवश यह सनसनाहट-भरा दृश्य देखते खड़ा था। किसी रस्सी का बंडल बाहर गिर रहा हो, ठीक उसी तरह मैंने उसकी अंतड़ियाँ बाहर निकलते देखीं। पीछे से किसी ने मुझे टप्पू मारा, तब कहीं जाकर मैं भीतर भागा।

तो मैं बता रहा था। बदला हुआ कावाख़ाना। अब वहाँ दरवाज़ा नहीं है, सिर्फ़ चौखट बाक़ी थी। यहूदी-गोरे गाजर-से साहब अब कावाख़ाने में कावा पीते नहीं दिखते। इंडियन काले साहबों ने उनकी जगह ले ली है। ताश या बिलियर्ड जैसे हुनर के खेल पहले देशी लोग दूर से ही देखते रहते। अब वे इस खेल में निपुण लगते हैं। पहले बिलियर्ड दरवाज़ों की दरारों से देखना हमारा आकर्षण था। रंग-बिरंगे चमकदार गेंद वे कैसे कोने के होल में अधर सरका देते हैं! इसका हमें आश्चर्य होता। अब इस खेल में किसी को भी चांस न था। कावाख़ाने में महत्त्वपूर्ण परिवर्तन हुआ था और वहाँ दारू-अड्डा, सट्टा-बेटिंग—इसमें भी ख़ूब उफान आया था।

सट्टा-बेटिंग से चन्दर याद आया। यह चन्दर मुझसे उम्र में दो-चार साल बड़ा रहा होगा। माँ की ननिहाल का। चौथी-पाँचवीं तक पढ़ा, परन्तु इसका व्यावहारिक ज्ञान अफ़लातून। घर में विधवा माँ, दो छोटे भाई-बहन। माँ बँगलों में बर्तन माँजती, कपड़े धोती, पर इतने से कैसे चलता? परिस्थितिवश चन्दर सट्टा-बेटिंग खेलता। एक बड़े सेठ के यहाँ काम करता। चन्दर के हाथों में हमेशा पैसा खेलता रहता। बम्बई आने पर मैं इसके साथ घंटों घूमता रहता। वह अपने पैसों से सिनेमा दिखाता। होटलों में शानदार खाना खिलाता। मैं पढ़ रहा हूँ, इस बात का उसकी दृष्टि में काफ़ी महत्त्व था।

सट्टा-बेटिंग के बारे में मुझे विशेष मालूम न था। परन्तु उन दिनों अमेरिका में कॉटन मार्केट से भाव बाहर आया कि इधर भी आँकड़ा फूटता, ऐसा ही कुछ बोला जाता। ओपन-क्लोज़-मेंढ़ी, कुछ इसी तरह के शब्द कानों में पड़ते। एक रुपए के नौ रुपए मिलते। यही ओपन का आँकड़ा। क्लोज़ में घुमाया कि बड़ी रक़म हाथ लगती। बड़े-बूढ़े भी इस खेल के शिकार।

एक बार चन्दर बेटिंग लेते पकड़ा गया। पंचनामे के समय उसने पेंसिल बड़ी सफ़ाई से बदल दी। कॉपिंग-पेंसिल की जगह सादी पेंसिल पंचनामे के समय रखी। कोर्ट में उसने अपना बचाव स्वयं किया। बेटिंग में जो कुछ लिखा है, वह उसने नहीं लिखा, यह सिद्ध हो गया। ऐसे चालाक दिमाग़ का चन्दर! हमको उसके चालाक दिमाग़ का हमेशा कुतूहल रहता। बाद में वह दीवारों पर आँकड़े लिखा करता। दीवार कोर्ट में ले जाना सम्भव न था।

चन्दर सिर्फ़ सट्टा-बेटिंग के लिए ही प्रसिद्ध नहीं था। उसके हाथों में जादू था। देखते-देखते वह रंग-बिरंगी चॉक और कोयले की सहायता से रात में सब के सो जाने पर सड़कों पर, फ़ुटपाथों पर चित्र बनाता। इन चित्रों का ढेर लगा देता। अंग्रेज़ी भाषा न आती, फिर भी अंग्रेज़ी फ़िल्में देखने का मोह न टाल पाता। इसलिए चित्र बनाते समय अंग्रेज़ी चित्रपट के हीरो-हीरोइन होते। कभी सिनेमा के पोस्टर्स रँगता। यह बड़ा चित्रकार बनेगा, ऐसा लगता था। जब मैं बम्बई नौकरी के सिलसिले में आया, तब की बात है। पूरे महाराष्ट्र में उस समय भीम-ज्योति घुमाई गई। इस भीम-ज्योति के साथ बाबासाहब का एक बड़ा तैल चित्र था। वह चन्दर ने ही बनाया था। मैं ही उसे पार्टी ऑफ़िस में ले जाता हूँ। आज चन्दर मिलता है। हाथ में बोरे की एक लम्बी थैली। उसमें छेनी-हथौड़ा आदि सामान। दुकानों के रोलिंग-शटर्स सुधारता घूमता रहता है। कभी-कभी फ़ोर्ट-कुलाबा में भी घूमता है। आज भी मेरे सामने सवाल है—चन्दर के हाथों का वह हुनर किसने छीन लिया?

चन्दर की शादी का भी एक इतिहास है। कावाख़ाने में ही हमारे पड़ोस में रहनेवाली मंजुला, चन्दर की सास। बड़ी भयंकर। भरी जवानी में उसका पति मर गया। कावाख़ाने की दूसरी स्त्रियों के साथ वह भी काग़ज़ बीनने जाती थी। वैसे यह बड़ी ही आक्रामक महिला। विजय तेंदुलकर के 'सखाराम बाइंडर' नाटक में चम्पा नाम के पात्र से उसका व्यक्तित्व काफ़ी कुछ मिलता-जुलता था। बक-बक करना, कहीं भी पिच्च से थूक देना उसकी आदत थी। कावाख़ाने के पुरुष भी उससे दो हाथ दूर रहते। वह कब, किस पर हमला करेगी और शर्ट फाड़ देगी, यह बताना कठिन था। उसकी गालियाँ भी अफ़लातून। झगड़े के समय वह पुरुषों-सी आक्रात्मक-मुद्रा में खड़ी होती। आँचल कमर में खोंसकर। हाथ उछालते बोलती, "आओ भाड़खाऊ! तेरे अंडे को मैं झुनझुना बनाऊँ!" या कहती, "तेरा लौड़ा रबर-सा खींच डालूँगी!" गालियों की काल्पनिकता सुनकर मैं भौचक्का रह जाता।

मंजुला की तीन लड़कियाँ और एक लड़का। तीन लड़कियों में एक सयानी होती हुई। बाक़ी छोटी। सबसे छोटा लड़का। बड़ी लड़की बड़ी गुणवान। माँ के

स्वभाव की छाया उस पर न थी। इस लड़की के कुछ अलग होने के कारण थे। इससे पहले मैं विठाबाई के बारे में बता चुका हूँ, वैसे ही इसको भी बच्ची पर बड़ा लाड़ आता। बचपन से ही इस लड़की की परवरिश उसी ने की। विठाबाई उसे सारी सुविधाओं में रखती। विठाबाई के घर की स्वच्छता, टीमटाम, रहन-सहन का इतना प्रभाव पड़ा कि यह मंजुला की लड़की ही न लगती। रंग में भी माँ से अधिक उजली। चन्दर की इच्छा इसी लड़की से शादी करने की थी। बचपन से ही उसने यह स्वप्न मन में पाल लिया था। वैसे विठाबाई की भी इच्छा थी ही। परन्तु वह उसकी सगी माँ तो थी नहीं। लड़की बड़ी हुई और मंजुला ने क़ानून बताया। लड़की अपने पास ले आई। चन्दर से उसकी शादी हो, ऐसी उसके मन की इच्छा न थी। वह कहती, "इसके पास रहने के लिए घर नहीं, कहाँ रखेगा संसार?"

प्रेमभंग का दुख कितना जानलेवा होता है! इसके कारण आदमी कितना उजड़ जाता है, इसका बहुत क़रीब से दर्शन हुआ। वैसे चन्दर भी चुपचाप बैठनेवाला नहीं था। संडास के पास ही बहुत बड़ी कचरा-पेटी थी, जहाँ चाल के सारे लोग कचरा डालते थे। छोटे बच्चे वहीं प्रातः कार्य से निवृत्त होते। चन्दर ने क्या किया! चाल के सभी छोटे-बड़े बच्चों को काम पर लगाया। स्वयं भी हाथ में झाड़ू उठा लिया। एक-दो दिन में मैदान साफ़-सुथरा बना दिया। एक-दो महीने में वहाँ एक सुन्दर-सा बगीचा बनाया। वहाँ गुलाब खिलने लगे। मुझे अच्छी तरह याद है, दीवाली का दिन था। चन्दर ने अपने दरवाज़े पर रोशनी की। मिट्टी का क़िला बनाया। सजावट के लिए सात-आठ दिन तक परिश्रम किया। उसकी कला देखकर हमें आश्चर्य हुआ। इसी समय कहीं से उसे मालूम हुआ कि मंजुलाबाई की बड़ी लड़की की शादी तय हो गई है। ख़बर सुनते ही वह खौल उठा। सारी सजावट उसने तोड़ डाली। पागलों की तरह बगीचे में गया और आँखों को सुख देनेवाले सारे फूल मसल डाले। पौधे उखाड़ फेंके। पलभर में बगीचा उजड़ गया। चन्दर का यह रूप मेरे लिए सर्वथा नया था।

चन्दर वैसे स्वभाव से बड़ा ही शान्त। हँसमुख। गरज़मन्दों की मदद करनेवाला। उस दिन वह इतना क्यों अशान्त हो गया?

बाद में काफ़ी दिनों तक चन्दर मौन रहा। किसी से कुछ विशेष बात न करता। आदमी के जख़्मों पर शायद काल फुफकारता रहता है। चन्दर का ध्यान मंजुला की दूसरी लड़की की ओर गया। वैसे वह बहुत छोटी थी। कुल दस-बारह साल की रही होगी। चन्दर उसे चॉकलेट-पिपरमिंट देने लगा। दो-तीन साल उसने राह देखी। शायद उसके मन में यह बात ज़िद की तरह घुल गई थी। और अन्त में उसने अपनी ज़िद पूरी की। मंजुला की दूसरी लड़की के साथ उसकी शादी हुई।

मंजुला भी अब नॉर्मल थी। उसने शादी का विशेष विरोध नहीं किया।

पर बाद में विठाबाई ने बहुत बुरे दिन देखे। अपने द्वारा पोषित बेटी छिन जाने का दुख वह न भूल पाती। पति मर जाने के कारण उसके खाने-पीने की दुर्दशा होने लगी। गाँठ में कोई पूँजी न थी। धीरे-धीरे घर का फ़र्नीचर, बर्तन मारवाड़ी की दुकान में जाने लगे। कुछ ही दिनों में भरा-पूरा घर ख़ाली-ख़ाली हो गया। चन्दर विठाबाई के घर में ही पहले से रहता था। वह उसकी सेवा-जतन करने लगा। दो कौर अन्न देने लगा। विठाबाई के मरने के बाद एक दूसरा ही प्रश्न उठ खड़ा हुआ। जिस दिन वह मरी, उसी दिन मुहल्ले के कुछ मुसलमान जमा होने लगते हैं। विठाबाई की लाश पर उन्होंने अपना अधिकार जताया। उसमें से एक युवक विठाबाई को माँ कहता है। उसने एक जानकारी दी : मेरे बाप ने विठाबाई से निकाह किया था। इससे बस्ती में खलबली मच गई। विठाबाई मुसलमान बन गई–यह बात कावाख़ाने में किसी को मालूम न थी। वैसे विठाबाई की पोशाक अन्त तक हिन्दू-स्त्री जैसी ही थी। उसने कभी बुर्क़ा नहीं पहना और न ही पाजामा। विठाबाई के पेट-पानी का जब सवाल उपस्थित हुआ, तब भी उसने यह समझौता नहीं किया। मुझे वह मुसलमान युवक भी ग्रेट लगा, जो अपने पिता के बाद मानी हुई माँ का जनाज़ा उठा रहा था। विठाबाई का जनाज़ा उठते समय मेरी आँखें भर आई थीं। बचपन में मिला विठाबाई का प्यार मैं भूल नहीं सका।

गली के एक ओर पुलिस-चौकी, दूसरी ओर कामाठीपुरा। वहाँ सुन्दर गली के पास महारों को तालीम दी जाती। यह सम्पूर्ण भाग बड़ा गन्दा। सुन्दर गली तो नाम की ही सुन्दर थी। कचरों के ढेर और गन्दी नालियाँ। तालीमे के नाम पर कुछ लड़के लाठी-काठी खेलते। 'सखाराम का अखाड़ा' के नाम से यह स्थान जाना जाता था।

सखाराम उस्ताद वैसे चाची का रिश्तेदार। उसका इस इलाक़े में बड़ा रोबदाब था। उन दिनों जो अम्बेडकर का राजनीतिक आन्दोलन चलता था, स्कूल-मास्टर और इन्हीं उस्ताद लोगों के माध्यम से ही। नायगाँव का दाजी कुलाबा का बादशाह, तो सखाराम नागपाड़ा का। ये उस्ताद लोग युवकों को संगठित करते। समता-सैनिक-दल निकालते। विवाद कहीं भी भड़क उठता। कभी सवर्ण-विरुद्ध-अस्पृश्य विवाद उठता, तो कभी मुसलमान-विरुद्ध-अस्पृश्य। परन्तु हिन्दू-विरुद्ध-मुसलमानों का दंगा होने पर मुसलमान अस्पृश्यों को हाथ न लगाते। 'जय भीमवाला' सम्बोधन का शब्द बन जाता।

कामाठीपुरा का महार-मुसलमानों का दंगा याद है। किस कारण यह दंगा

भड़क उठा, यह आज भी बताना असम्भव है। परन्तु दंगे के समय देखा सखाराम उस्ताद याद है। गंजा सिर, नंग-धड़ंग विशाल गठी देह, मज़बूत हाथों में छोर पकड़कर वह मुसलमानों के पीछे झपटा और मुसलमान घबराकर गलियों से बचते भाग रहे हैं। ढोर चीरने का तेज़ छुरा उसके हाथ में ही था। इस तालीम के कारण एक बात हुई। मुसलमान लोगों को दलित स्त्रियाँ जो साग-सब्ज़ी पहुँचाती थीं, वह बन्द हो गया। वे डरे-डरे रहते।

एक बार तो अखाड़े के लड़कों ने पुलिस से ही लड़ाई मोल ले ली। पुलिस के हाथों में लाठियाँ और लड़कों के हाथों में पत्थर। सामने पुलिस और पीछे लड़के—ऐसा अजीब दृश्य। थोड़ी ही देर में चिढ़े हुए पुलिसवाले गाड़ी लेकर आते हैं। साथ में राइफलें। उन्होंने हवा में गोलियाँ चलाईं। उससे पहले ही लड़के बस्ती से ग़ायब हो गए। निःशस्त्र लड़के भी पुलिस से टक्कर ले सकते हैं, यह अनोखा दृश्य था। मेरी भी बाँह उस दिन फड़फड़ा रही थी।

अछूत और सवर्ण के दंगों के लिए कोई भी कारण पर्याप्त होता। गणपति-विसर्जन में महारों का गणपति आगे न जाने पाए, इसके लिए भी मारपीट होती। ऐसी ही एक दूसरी घटना थी। 'पांडव-प्रताप' ग्रन्थ का जुलूस महार निकालते। जुलूस के लिए सवर्णों की ओर से विरोध किया जाता। 'पांडव-प्रताप' ग्रन्थ का अखंड-वाचन होता। हम पांडवों के वंशज हैं, इस प्रकार की दन्तकथा भी कानों तक आती। दिल्ली में पांडवों का सिंहासन है। इस सिंहासन पर सिर्फ़ बाबासाहब ही बैठ सकते हैं, कुछ इस प्रकार की दन्तकथा भी मैंने बचपन में सुन रखी थी।

हाँ, तो मैं सखाराम उस्ताद की बात बता रहा था। चाची हमेशा इस उस्ताद का डर बताती। उस्ताद चाची के मायके का था।

अन्तिम दिनों में तात्या के व्यवहार में कोई तारतम्यता नहीं रही थी। जब तक पिताजी जीवित थे, वे दारू को हाथ न लगाते। अखाड़े जाते। लाठी-काठी घुमाते। आँखों पर पट्टी बाँधकर खुले टीन-पट्टे से नींबू के दो टुकड़े कर देते। पर पिताजी की मृत्यु के बाद जैसे उनकी ड्यूटी 'हैंडेड ओवर—टेकन ओवर' हो गई थी। पीकर आने के बाद चाची को मारते। एक बार तो कप-बशी साफ़ नहीं की गई थी, इसलिए उन्होंने वे सारे बर्तन तोड़ डाले। चाची को जब पीटते, तब वह दो-चार दिन गाल फुलाकर मायके निकल जाती। एक बार तो चाची के सन्दर्भ में सखाराम उस्ताद के बेटों ने तात्या को ख़ूब पीटा। इस कारण वे और अधिक पीते। उनकी जेब में पैसे हमेशा ही खनखनाते रहते। तात्या शाम को घर आते तो पीकर ही। ऐसे समय उनकी जेब से चाची पैसे ग़ायब कर देती। चाची

को तात्या अक्सर नापसन्द रहते। साथ ही उसे मायके का आकर्षण अधिक था। पैसे ग़ायब होने पर वे चाची पर शंका करते, पर चाची कुछ भी हाथ न लगने देती।

एक घटना तो अविस्मरणीय है। तात्या सवेरे-सवेरे उठते हैं। देखते हैं, जेब से सारे नोट ग़ायब। वे अपने-आपको कोसते हैं। आत्मदंड देते हैं। नया कोट फर्र-फर्र फाड़ डालते हैं। उसकी छोटी-छोटी चिन्दियाँ बना डालते हैं। हम दूर से ही डरे हुए यह सब देखते हैं। उन्हें रोकने की हिम्मत किसी में न थी। वे चिढ़कर उठते हैं और मुझे चोर-बाज़ार ले जाते हैं।

उस दिन वे चोर-बाज़ार में बड़े विचित्र ढंग से पेश आते हैं। उनके इस व्यवहार के लिए मेरी किताबी दुनिया में कोई उत्तर न था। चोर-बाज़ार के एक कपड़े के व्यापारी के पास जाते हैं। वहाँ से एक महँगा कोट चुनते हैं और मेरे हाथों में देकर आँखों से ग़ायब करने का इशारा करते हैं। मैं कन्नी काटता हूँ। दूर नाके के पास खड़ा होकर उसका मज़ा देखता हूँ। अब वे तू-तू, मैं-मैं पर उतर आए। मैंने कोट लिया ही नहीं, इस तरह वे हाथ फैला-फैलाकर चिल्लाते हैं। भीड़ जमा होती है। तात्या को छोड़ दिया जाता है। तात्या उस दिन सेर पर सवा-सेर थे। ख़ुश थे। मेरी ओर शरारती हँसी फेंककर कहते हैं, "देख, मैंने पैसे वसूल कर लिए कि नहीं?" मुझे उन पर हँसी आ रही थी। अपना कोट फाड़कर भला उन्हें क्या मिला होगा?

तात्या वैसे बहुत भोले। मैं पढ़ रहा हूँ, इसका उन्हें बड़ा गर्व था। उन्हें पढ़ने की सुविधा नहीं मिली, इसका खेद भी चेहरे पर। पगार का दिन। तात्या हमेशा से कुछ अधिक ही झूमते आए। वे अधिक लड़खड़ा रहे थे। मुझे वे घर से निकालते हैं। कहते हैं, "चल, तुझे नए कपड़े खरीद देता हूँ।" मैं अकचका गया। उन दिनों कपड़ों के लिए पीला-हाउस जाना पड़ता।

चमकते हुए आईनों की दुकानें। आँखें चौंधिया जातीं। ऐसी ही एक दुकान की हम सीढ़ियाँ चढ़ते हैं। दुकानदार को महँगे कपड़े निकालने के लिए कहते हैं। महँगे कपड़ों से उनका मतलब फैशनेबुल कपड़ों से होता। उन दिनों कपड़ों पर हाथी-घोड़ों के चित्र होते। छाती पर दूसरा रंग, हाथों पर दूसरा। ये कपड़े मुझे अच्छे न लगते। ये कपड़े बहुरूपिए जोकर के-से लगते। वैसे मैंने अपने मन की बात तात्या को बताई। वे कहते हैं–"देखो, अब अगले साल तू अंग्रेज़ी स्कूल में पढ़ने जाएगा। कपड़े कैसे चाहिए? साहब-से टिपटॉप। शान से चलना चाहिए।" मुझे हँसी आ रही थी और मैं हँसी दबाए जा रहा था। दरअसल मुझे सफ़ेद शर्ट और नीली पैंट चाहिए थी। परन्तु तात्या के आगे कौन बोले? मैं अनमने मन से कपड़े लेता हूँ। मैं इसी विचार से बेचैन हो गया कि तालुके में इन्हें पहनकर मैं कैसा दिखूँगा!

कपड़ों के बंडल बग़ल में दबाकर मैं तात्या के साथ गोलपीठा के रास्ते से जा रहा था। रास्तों के दोनों ओर वेश्याओं की इमारतें। कुछ घरों की पहली मंज़िल पर नम्बरों की लाल लाइट। शाम का समय। अभी धन्धा शुरू नहीं हुआ था। कुछ औरतें अभी-अभी सोकर उठी थीं। वे मंजन कर रही थीं। कुछ तेल-कंघी करती हुई दरवाज़े पर बैठी थीं। इतने में एक औरत तात्या को उनका नाम लेकर बुलाती है। मुझे इस बात का आश्चर्य ही हुआ कि तात्या को वेश्याओं की बस्ती में भी पहचानने वाली औरतें हैं। मैं उस औरत की ओर देखता हूँ। वह दरवाज़े के सामने अपने लम्बे बाल सुखा रही थी। वह काली-कलूटी, मोटी औरत थी; कानडी। उसके नाक की चमकी धूप से एक किरण-रेखा बनाती है। तात्या उससे बात करते रहते हैं—"ये मेरा भतीजा गाँव के स्कूल में पढ़ता है।" वे मेरा परिचय कराते हैं। वह बाई मेरी ओर स्नेह से देखती है। परन्तु मैं बहुत ही उदास था। इस बस्ती में क्षण-भर टिकने की इच्छा न थी। तात्या जब बातें कर रहे थे, तभी मैं कावाख़ाने भाग आता हूँ।

काफ़ी समय बाद तात्या आते हैं। अब और अधिक चढ़ाकर आ गए थे। आते ही मेरे नाम की पुकार करते हैं। मुझे गन्दी-गन्दी गालियाँ बकते हैं, "भोसड़ी के, तात्या गोबर खाने जाता है तो क्या तुझे भी खिलाएगा? माँ जैसा ही बेवकूफ़ है।" मेरे साथ ही माँ का भी उद्धार हो जाता है। इस कारण मैं बहुत व्यथित हो जाता हूँ। परिस्थितियों ने ही हम माँ-बेटे को बेवकूफ़ बना दिया। हम कभी भी खुलकर न बोलते। नीची आँखें किए सिर्फ़ सुनते रहते। उस दिन कलेजे में लगा जख़्म कितने ही दिनों तक रिसता रहा। बम्बई छुट्टियों में आना ही बन्द कर देता हूँ। तात्या के मरने तक मैंने यह व्रत निभाया। तात्या के मरने पर मैं उनकी शव-यात्रा में शामिल ज़रूर हुआ, परन्तु मन का गुबार उस समय भी नहीं भूला था। कावाख़ाने में गोलपीठा की वेश्या लाना किसी के लिए भी आश्चर्य की बात न थी। एक व्यक्ति तो अपनी जवान बीवी के रहते हुए भी घर से निकलता और वेश्या के साथ गुलछर्रे उड़ाता। यह वेश्या भी आते समय उसके लड़कों के लिए मिठाई-कपड़े लेकर आती। यह परम्परा तात्या तोड़ते हैं। वे एक दिन सीधे एक हिजड़ा घर ले आते हैं। निश्चित ही वह हिजड़ा बड़ा सुन्दर था। औरतों-से हावभाव करता। ग़ौर से देखने पर ही मालूम होता कि वह हिजड़ा है। तात्या को चाची बहुत छलती है, रात में हाथ तक नहीं लगाने देती, इसलिए सबकी सहानुभूति तात्या के प्रति रहती। वैसे चाची बाहर से बहुत शान्त दिखती। ऐसा कुछ घर में होता तो वह सीधे फ़ुटपाथ पर बैठ जाती।

मेरा भी एक हिजड़े से सम्पर्क हुआ, पर दूसरे कारणों से। यह मेरे दूर के रिश्ते का चाचा ही था। सहादबा उसका नाम। मेरे ही गाँव का। बम्बई में मिल

में काम करता। धोती-कमीज़ पहनता, पर हावभाव औरतों के थे। रंग में आने के बाद तालियाँ पीटता। एक बार कावाख़ाने आता है। "मारुति का लड़का कितना बड़ा हो गया!" कहकर मेरी ओर आश्चर्य से देखने लगा। सिनेमा चलने की ज़िद करने लगा। मैं उसके साथ जाने में हिचक महसूस करता हूँ। दादी भी चाहती थी कि मैं उसके साथ जाऊँ। मैं उसके साथ बाहर निकलता हूँ। चारों ओर शंकित दृष्टि से देखता हूँ कि मुझे कोई उसके साथ जाते देख तो नहीं रहा है। दोनों ओर से आने-जानेवाले हमें शंका की दृष्टि से देखते। इस कारण मैं उदास होता जाता।

उसी दिन पीला-हाउस में ही किसी भंकस थियेटर में हमने सिनेमा देखा। ऊपर का टिकट लिया था। पिक्चर में मेरा मन न लग रहा था। बस, मन में यही बात घूम रही थी कि इसके चंगुल से कब मुक्ति मिले। सिनेमा छूटने पर सहादबा होटल में केक खिलाता है। गोलपीठा के घर आते समय सहादबा को एक बात याद आती है। कहता है, "अरे, तुम्हें अपनी जमना मौसी याद है? वह यहीं रहती है। चल, उसे मिल आएँ।" वेश्याओं की गली में मेरी कोई मौसी है, इसकी कल्पना मुझे सपने में भी न थी। माँ ने भी इसके बारे में कभी नहीं बताया था। शेरों के पिंजरे-से गोलपीठा के दोनों ओर पिंजरे थे। पिंजरे के पीछे अधनंगी औरतें। कुछेक मिनीस्कर्ट पहने। उनकी उभरी-पुष्ट जाँघें देखनेवालों को उत्तेजित करती थीं। पिंजरे में भूखे शेर मांस-टुकड़ों की राह देखें, ऐसा ही कुछ दृश्य मेरे मन में बैठ गया। ऐसे ही एक पिंजरे में सहादबा मुझे ले जाते हैं।

वेश्या के घर की सीढ़ियाँ चढ़ने का मेरा यह पहला ही मौक़ा था। दस-बाई-बारह का कमरा। बीच में परदे। दीवार में यल्लाम्मा का पूजा-घर। पैसे डालने के लिए लकड़ी का छोटा बक्सा। दीवार पर बाबासाहब का चित्र देखकर मुझे बड़ा आश्चर्य हुआ। सहादबा एक गोरी-छरहरी महिला से मेरा परिचय कराता है। वह जमना थी। उसका वास्तविक गोरा रंग पीला पड़ चुका था। वह एक साड़ी पहने थी। हाथ के नाख़ून रँगे हुए थे। चेहरे पर अत्यधिक मेकअप। वैसे जमना बड़ी आकर्षक दिखाई दे रही थी। मैं सखू का बेटा हूँ, यह जानकर उसकी आँखें छलछला आईं। वह मुझे स्नेह-आलिंगन में कस लेती है। बाहर से ठंडा पेय मँगाकर पिलाती है। दूसरे दिन जमना बुलाती है। "तुम्हें अच्छे कपड़े खरीद दूँगी," ऐसा आश्वासन देती है। जाते समय मेरे हाथों में कुछ नोट ठूँस देती है। मैं इनकार नहीं कर पाता। मैं बाहर आता हूँ और सहादबा को खोद-खोदकर पूछता हूँ। वह बताता है, "अरे, यह तेरी माँ की 'दूध-बहन' अर्थात् माँ एक और बाप दो।" "फिर यह यहाँ कैसे?" इसका उत्तर जब सहादबा देता है, तब मैं अन्तर्मुखी हो जाता हूँ। जमना पास के ही तम्बू में पति के साथ रहती थी। उसके सौन्दर्य से पति हमेशा ईर्ष्या करता। उसे पीटता। अन्त में उसी ने इसे यहाँ लाकर बेच दिया। अपनी पत्नी

भी लोग बेचते हैं, मुझे यह कुछ सच न लगता।

दूसरे दिन मैं जमना के पिंजरे में अकेला जाता हूँ। जाऊँ या नहीं—इस बात पर रात-भर कशमकश चलती रही। जमना मौसी का अपनापन या मिलनेवाले कपड़े—किसका आकर्षण अधिक था, यह बताना असम्भव है। पर दूसरे दिन मैं वहाँ गया, यह सच है। उस दिन जमना ने मेरे लिए अच्छे-अच्छे कपड़े खरीद दिए। बग्घी पर दूर तक सैर-सपाटा किया। "फिर जब कभी छुट्टियों में आओ तो मौसी के घर अवश्य आना।" यह कहना न भूली। पर भविष्य में जमना मौसी से मिलने की कभी इच्छा नहीं हुई। उसके दिए कपड़े लेकर जब गाँव गया तो माँ को भी इस बारे में मैंने कुछ नहीं बताया। माँ क्या कहेगी, मुझे इसी बात का डर था। उसके सन्दर्भ में कुछ ख़बरें कानों तक आतीं, यही कि उसने धन्धा छोड़ दिया। रास्तों पर भीख माँगती है। पगला गई है। ऐसी ही कई बातें।

अभी-अभी की बात। कोई दो-तीन साल हुए होंगे। मैं दादर के पुल के नीचे जा रहा था। मेरे साथ कई बड़े लेखक भी थे। पुल के नीचे भिखारियों का बहुत बड़ा झुंड! कुछ लोगों ने अस्थायी बोरे के तम्बू खड़े किए थे। उन भिखारियों के झुंड में दयनीय चेहरे और फटे कपड़ों में लिपटी जमना को मैं पहचान लेता हूँ। वह जमना ही थी। वह भी मुझे पहचान लेती है। वह एकटक मुझे देखती है। मैं मुड़-मुड़कर देखता हूँ। आज भी उसकी नज़रें मेरा पीछा कर रही हैं। उसके साथ साधारण संवाद भी मैं न कर पाया। लगा, इन टेरीलीन के कपड़ों में मैं कितना सफ़ेदपोश हो गया! साथ के मित्रों को क्या बताऊँगा, शायद यह भी दुविधा रही हो। और मान लीजिए जमुना से बात की भी होती और उसे घर ले गया होता तो, क्या मेरी पढ़ी-लिखी पत्नी उसे घर में रहने देती? पत्नी तो दिन में तीन-चार बार घर धोती है। आईने-सा साफ़ कर देती है और जमना! शरीर पर मन-भर मैल!

उस रात मैं ठीक से सो नहीं सका। जमना मौसी की नज़र तीखे बाण-सी अँधेरे में कलेजा चीरती जा रही थी।

बाद में मौसेरा भाई मिला। उसने जमना के बारे में आश्चर्यजनक जानकारी दी—"अरे, जमना मरते वक़्त गाँव आई थी!" अपना मायका उसने कैसे खोज निकाला? फिर जमना पागल कैसी? मौसेरा भाई बता रहा था। चाचा ने ही उसे मिट्टी दी। निश्चित ही ऐसे आड़े वक़्त मौसेरा भाई भाईचारा नहीं भूला था।

बम्बई आने पर गाँववाले मिलते ही। उनमें से आंबू और सदाशिव के साथ सम्बन्ध अधिक गहरे होते गए। वैसे ये मुझसे उम्र में चार-पाँच साल बड़े थे। बम्बई में नौकरी करते, पर मुझे समान महत्त्व देते। वे मुझे गोलपीठा यूँ ही घुमाने ले जाते।

मैं चिढ़ता था। उस उम्र में भी मैं कहता, ''ताड़ी के पेड़ के नीचे बैठा कि लोग कहेंगे, ताड़ी पिया है।'' इस पर वे ठहाका मारकर हँसते। वैसे आंबू और सदाशिव दो अलग-अलग छोर थे। आंबू हमेशा दाँत निपोरता रहता, पर सदाशिव धीर-गम्भीर। जो कुछ भी कहता, सीरियसली। दोनों की अटूट जोड़ी। आंबू दिखने में आकर्षक था। रहता भी अप-टू-डेट। वैसे अँगूठा बहादुर था। परन्तु जब बात करता, तब अच्छे-अच्छों की छुट्टी कर देता। वह जाहिर नक़लें करता, बतौर शौक़। उसका एकपात्री कार्यक्रम बड़ा रंग लाता। उसकी पेटेंट कोकणी बाला की नक़ल जयन्तियों में ख़ूब चलती।

आंबू चाची के घर ही खाना खाता। सुबह काम पर जाते समय चाय की बड़ी तारीफ़ करता। कहता, ''पार्वतीबाई, तेरे हाथ की चाय! कम्पनी के गेट तक चाय का स्वाद मुँह में बना रहता है।'' इसका अर्थ घर में समझा जाता था। उसका बोलना उलटा हुआ करता था। उसकी बातचीत बड़ी जानदार होती। उसकी यह चेतना अचानक लुप्त हो गई। आंबू को टी.बी. ने धर दबोचा। शुरू में उसने यह रोग छिपाए रखा। उसकी खाँसी और उसकी सूखती देह के कारण उसका रोग मालूम हो गया। उसकी शादी नहीं हुई। अब एक ही बाँस पर जाना पड़ेगा, इसी का दुख उसके चेहरे पर झलकता। बाद में एक छोड़ उसकी दो शादियाँ हुईं। दूसरी पत्नी ने उसकी अन्त तक सेवा की। अब मरने के डर से उसका चेहरा काफ़ी त्रस्त रहता। उसका हँसना, मुस्कुराना, मज़ाकिया संवाद—सब समाप्त हो गए। मृत्यु की भीषण छाया उसके चेहरे पर छा गई थी। यह देखा न जाता। मैं जब गाँव में था, तब उसकी मृत्यु की ख़बर आती है। वैसे मृत्यु का आतंक मैंने बचपन में ही देखा था। पर उस दिन आंबू की मौत से झटका लगा। उसके मरने की इच्छा न थी और मृत्यु-पाश उसके चारों ओर कसता जा रहा था। इस कैंची में अन्त तक वह जकड़ा रहा था।

सदाशिव का दुखान्त राजनीति के कारण हुआ। बम्बई आने से पहले का सदाशिव याद आता है। सिर्फ़ हल चलानेवाला था। घुटनों तक धोती, बंडी—इसी पोशाक में खेतों में खटता। उसके क़रीबी रिश्तेदार आते हैं और उसे बम्बई ले जाते हैं। उसे ट्राम कम्पनी में लगा देते हैं। छठवीं-सातवीं पढ़े सदाशिव को बम्बई के टेढ़े नल का पानी बदल देता है। जब वह गाँव आता, तब उसका रौब देखकर हम बहुत प्रभावित होते। सफ़ेद-शुभ्र बगुलों-से कपड़े, बाल सलीके से काढ़े गए, हाथ में एकाध पुस्तक। वह हमें बम्बई की काफ़ी बातें बताता। अब उसकी भाषा भी काफ़ी सुधरी हुई थी। देखने में काला-साँवला था। फिर भी उसका नाक-नक्श ठीक था। शिवाजी की भूमिका सहज कर सकता था।

प्रारम्भ में बतौर शौक़ 'नाटक मंडली' बनाना उसकी दिलचस्पी थी। कामाठीपुरा

में इस नाटक का अभ्यास होता। वह 'आजोबा' [दादाजी] नामक एक नाटक का मंचन करता है। अभ्यास जब चल रहा था, तब मैं भी जाया करता था। नाटक के लिए नायिका एक ब्राह्मण की सुन्दर लड़की गिरगाँव से आया करती। ऐसे समय नायिका से बातें करने के लिए बड़ी स्पर्धा होती। नायिका के घर जाकर उसे टैक्सी से लाना उन्हें 'थ्रिल' लगता।

नाटक का एक कलाकार याद आता है। उसका एक दाँत सोने का था। शादीशुदा था, पर नायिका के लिए कितने भी पैसे खर्च करने को तैयार। उसे साड़ी-चोलियाँ भी देता, ऐसी चर्चा थी। वैसे नायिका बड़ी उस्ताद। हाथ न लगाने देती। पर ये लोग मात्र सुगन्ध में मस्त हो जाते। हलवाई के कुत्तों-से। सदाशिव कुछ अलग था। वह नाटकों के पीछे पागल था। अभ्यास करते समय ही नायिका के मन में अपनी जाति का अहंकार जाग गया। कहने लगी, "आपका उच्चारण कैसा है? हैं तो आखिर महार ही! कभी नहीं सुधरोगे।"...बस, सदाशिव नायिका पर बहुत झल्लाया। वह उसी लहजे में कहता है–"बाई, भाषा पर इतना गर्व है तो महारों के लड़कों के साथ घुँघरू बाँधकर क्यों नाचती हो?" बाई पर यह मर्मांतक आघात था। वह रोने लग गई। उसके नाक का अन्तिम सिरा और भरे हुए गाल लाल-लाल हो गए।

सदाशिव यूनियन के काम की ओर कैसे बढ़ा, मालूम नहीं। पर इतना मालूम है कि चुपचाप बैठना उसके बस की बात नहीं थी। कुलाबा में बस-कम्पनी के गेट के पास उसने भाषण झाड़ना शुरू किया। बी.ई.एस.टी. के आन्दोलन में उसे नौकरी से हाथ धोना पड़ा। सदाशिव सड़क पर आ गया। उसने अपना बोरिया-बिस्तर समेटा और गाँव की ओर चलता बना। अब उसने तालुके की राजनीति में हिस्सा लेना शुरू किया। गाँववाले उसे 'विधायक' कहने लगे। वैसे वह कभी भी चुनाव जीता नहीं था। लोगों ने ही उसे यह पदवी बहाल की। किसी को सगाई-क़र्ज़ हेतु मदद करना, पति-पत्नी के झगड़े निबटाना, कचहरी पर मोर्चा ले जाना, ऐसे काम शुरू हुए। 'गाँववाले मुझे सम्मान देते हैं, घर ले जाते हैं, सादर बिठाते हैं, चाय पिलाते हैं पर महारवाड़ा के दूसरे लोगों को तुच्छता से देखते हैं,' यह दुख उसके मन में हमेशा रिसता रहता।

एक बार उसने गाँव में हंगामा कर दिया। रामनवमी के दिन गाँव में एक यात्रा होती। सभी को पूरे भोजन का निमन्त्रण दिया गया। सदाशिव ने कहा, "हमें तुम्हारी पंगत मुफ्त नहीं चाहिए। महारवाड़ा का भी चन्दा लो।" महारवाड़ा से चन्दा जमा किया गया। शाम को मारुति के मन्दिर के सामने पंगत बैठी। महारों को पंगत में नहीं बुलाया गया। सदाशिव का पारा चढ़ गया। क्या करे वह?... धोती खोंसता है और परोसने के लिए भागता है। मराठा युवकों ने उसे रोका।

"अरे ये बूढ़े-ठूँठ नहीं मानेंगे। सारा खाना बेकार चला जाएगा।" सदाशिव कुछ भी सुनने को तैयार न था। अन्त में उसे कोठरी में बन्द कर दिया गया। पंगत उठने पर उसके साथ सब युवक खाना खाने के लिए तैयार थे। पर उसने यह कहकर खाने से इनकार कर दिया कि उसका घोर अपमान किया गया है। उस रात महारवाड़ा में कोई खाना खाने नहीं गया।

तालुके में सदाशिव रिपब्लिकन पार्टी का कार्यकर्ता। कुछ समय बाद कांग्रेस-रिपब्लिकन पार्टी का समझौता हुआ। ऐसे समय ज़िला परिषद् के चुनाव आए। कांग्रेस वाले सदाशिव को खड़ा करना चाहते थे। पर ज़िला रिपब्लिकन पार्टी को यह मान्य न था। इस तरह सदाशिव राजनीति में भी सड़ता रहा। एक तो वह मुँहफट। दूसरे किसी की पूँछ पकड़कर आगे जाना उसे पसन्द न था। खुद्दारी थी उसमें।

संयुक्त महाराष्ट्र आन्दोलन में गणमान्य नेताओं के साथ उसने सार्वजनिक सभाओं का आयोजन किया। एस.एम. जोशी और आचार्य अत्रे के साथ उसने ज़िले का दौरा किया। उसके बुरे दिनों को देखकर यह याद आ रहा है! इसके बाद सदाशिव निराश हो जाता है। टिकट न मिलने के कारण उसे गहरा दुख हुआ। वह हमेशा अगुआ की कथा सुनाता–'अरे, वानरों की टोली में अगुआ होता है। वह नवजात नरों को खाता है, लेकिन मादा को ज़िन्दा रखता है। अपना कोई प्रतिद्वन्द्वी न हो सके, इसकी वह सावधानी बरतता है। राजनीति भी ठीक इसी तरह होती है।' वह अगुआ किसे कहता, हम समझ जाते हैं।

बाद में सदाशिव 'तमाशा' में निकल गया। उसका दैनिक जीवन बदतर होता गया। फ़ाके करने लगा। दूसरी तरफ़ बढ़ता परिवार। इसलिए वह तमाशे में घुसा। तमाशे का वह मैनेजर था। मैनेजर यानी सभी काम उसे ही करने पड़ते।

दादू मारुति इन्दुरीकर के तमाशा में वह था। एक बार वह घर आया और 'गाढ़वाचे लग्न' [गधे की शादी] का ख़ास निमन्त्रण दिया। मैं लालबाग़ के थिएटर में जाता हूँ। संगीत का दौर पूरा हो चुका होता है। सदाशिव कहीं से उठता है और मेरी व्यवस्था पहली क़तार में कर देता है। 'गाढ़वाचे लग्न' लोकनाट्य की शुरुआत होती है। इन्दुरीकर 'साँवले कुम्हार' की भूमिका में हास्य के फ़व्वारे छोड़ रहा था। फिर स्टेज पर कुछ गधे लाए जाते हैं। आदमी ही हाथों-पैरों से चलकर गधे की भूमिका करते। यह दृश्य देखकर मुझे झटका लगा। उसमें से एक गधा सदाशिव था। सारे नाटक में जानवर-सा खड़ा–एक संवाद तक नहीं। तलवार की धार-सी चलनेवाली उसकी ज़बान अचानक मौन! सदाशिव को क्या लगता होगा? मैं बहुत देर तक नाटक में नहीं बैठ सका। सदाशिव की हालत मुझे दहला रही थी। मैं बाहर खड़ा रहता हूँ। सदाशिव काम समाप्त होने पर बाहर आता है।

सामने के होटल में ले जाता है। अब वह मुझे तमाशा के कलाकारों के शोषण के बारे में बता रहा था। बड़ी छटपटाहट थी उसके बोलने में। कलेजे से उठती आवाज़! कांट्रेक्टर इन्हें गन्ने की सीठी-से निचोड़ते हैं। इनकी कला पर इमारतें बनाते हैं। दादू मारुति इन्दुरीकर को सिर्फ़ तीन सौ रुपए की पगार। नाटक की सारी आय मालिक के हिस्से में जाती है, यह जानकर मुझे आश्चर्य हुआ। वह मुझे तमाशा के कलाकारों की यूनियन खड़ी करने की बात कहता है। आज भी सदाशिव तमाशा में ही है। उसका सपना साकार न हो सका। परन्तु जब भी मिलता है, उसी पुराने जोश के साथ। उसका जवान बेटा शरद इस समाज-व्यवस्था में लुट गया। शुरू में वह पैंथर के युवा नेताओं के बैग सँभालता। बॉडीगार्ड का काम करता। आज उसकी भी ज़िन्दगी धूल में मिल गई है। मुझे इस प्रश्न का उत्तर आज तक नहीं मिला कि इन दोनों बाप-बेटों की हालत एक-सी क्यों हुई?

ये सभी लोग मेरी ज़िन्दगी में अहम महत्त्व रखते हैं। उन्हें छोड़कर मेरा व्यक्तित्व खड़ा नहीं हो सकता। जिस प्रकार पानी पर तेल की तरंगें होती हैं, ठीक उसी तरह ये मेरी ज़िन्दगी में फैले हुए हैं। चन्दर, आंबू या सदाशिव—ये मेरी किताबी दुनिया से परे के मार्गदर्शक थे। इनके संसार से अलग विश्वविद्यालय में ही मैं शिक्षित हुआ। इनका मुझ पर बड़ा गहरा असर रहा।

मुझ पर जैसा इनका प्रभाव पड़ा, ठीक इसके विपरीत दादासाहब का। उनकी तरह सामाजिक जीवन में चमकना, भाषण करना...सामाजिक प्रश्नों पर अम्बेडकरी प्रेरणा मिली तो उन्हीं के कारण। छात्रावास में हम सब विद्यार्थियों को अपने जीवन में उनका आदर्श सामने रखने की इच्छा होती। वे लड़कों में घुल-मिल जाते। बच्चों के साथ बच्चे बन जाते--गाते, ढोलक बजाते। एकाध बार मूड में आने पर छिछला हास्य तक सुनाते। उनके हास्य में असली महारी स्टाइल थी। उस समय हम नाभि की जड़ तक ठठाकर हँसते। दादासाहब जो गीत गाते थे, वह आज भी याद है :

"कार्य करो रे, ए जवानो, सत्य का मार्ग धरो रे।
शूर-मावलों की बना सेना, बाणी और ताना याद करो रे।"

जब दादासाहब ये गीत गाते तो मेरा सारा शरीर रोमांचित हो उठता। दादासाहब का व्यक्तिगत जीवन भी हमारे लिए आकर्षण का विषय था। उनकी पत्नी सुन्दर, गोरी, पानीदार आँखोंवाली, सदाशिव पेठ जैसे सम्भ्रान्त मोहल्ले की रहनेवाली। अपनी भी पत्नी ऐसी हो, यह सुप्त इच्छा मन में सिर उठाती।

उन दिनों सातवीं की परीक्षा के लिए ज़िले में जाना पड़ता। परीक्षा के लिए अहमदनगर गया था। गाँव के मराठों के लड़के बोर्डिंग में ठहरे थे और मैं पार्टी-दफ़्तर में। जाते समय ठीक से कपड़े तक न थे। माँ को मेरे राह-ख़र्च के लिए दूसरों का मुँह ताकना पड़ता। उन दिनों मेरे शरीर पर बड़ा चमत्कारिक बुशशर्ट था। उसके बटन कन्धों पर। भड़कीला रंग, झिलमिलाता कपड़ा। दादी ने यह गाँववालों के हाथ भेजा था। शायद बँगले की किसी धनवान मैडम ने उसे दिया हो। वैसे जाते समय मैं बहुत अनमना था। पार्टी-दफ़्तर में सालवे-मामा नामक सज्जन थे। मराठी स्कूल के मास्टर। परन्तु सुबह उठते ही 'टाइम्स' और डिक्शनरी लेकर बैठ जाते। कभी अंग्रेज़ी स्कूल में गए नहीं। डिक्शनरी देखकर ही उन्होंने अपना अंग्रेज़ी का ज्ञान हासिल किया। बाद में वे एम.ए. भी हुए। उनका लड़का और वे एक साथ कॉलेज जाते। कई दिनों तक वे हाईस्कूल के मास्टर थे। मामा की ज़िद देखकर मैं उस उम्र में भी प्रभावित हुआ था।

पार्टी-दफ़्तर मुसलमानों की बस्ती में था। पहले ही दिन एक घटना घटी। सुबह गैलरी में मैं मंजन कर रहा था। नीचे कुछ हिजड़ों का झुंड। न जाने मेरे दिमाग़ में कौन-सा भूत सवार था। मैं किसी एक हिजड़े के बारे में बग़ल के मित्र को कुछ बता रहा था। उसी समय उसका ध्यान मेरी ओर गया। वह झल्लाया, "साले, धेड़ के बच्चे। माटी मिले...।" गालियाँ बकने लगा वह। पार्टी के कार्यकर्ता मुझ पर नाराज़ हुए। मुझसे कहाँ ग़लती हुई, यह मैं नहीं जान सका। बेचैन अवस्था में ही मैंने पेपर लिखा। पेपर हो जाने के बाद सारा शहर छान मारा। किसी बड़े देहात-जैसा लगा वह। पंडित नेहरू को जहाँ हिरासत में रखा गया था, वह क़िला देखा। पर इस क़िले से मुझे चाँदबीबी का महल अधिक अच्छा लगा। कहते हैं, उन दिनों चाँदबीबी के महल से नगर तक ज़मीन के भीतर-ही-भीतर रास्ता था। हमें ऐसा लगता कि इतिहास में पढ़ी चाँदबीबी इस रास्ते से घोड़ा उड़ाते जा रही है।

वैसे मैं स्वभाव से ही सहनशील। सारा मान-अपमान चुपचाप पी जाने की आदत थी। पर बाद में अचानक ही मेरा नटखट स्वभाव जाग जाता। शायद इसका कारण शिक्षा थी। इस कारण अनेक बार आफ़त आती और यह कोफ़्त भी होती कि मैंने ऐसा क्योंकर कहा! एक बार राजूर गाँव में जानवरों की प्रदर्शनी देखने गया। शाम को वहाँ का मराठा स्कूल देखने गया। शायद लड़के रात में अध्ययन के लिए आते होंगे। शिक्षक न होने के कारण लड़के बहुत गड़बड़ करते। आपस में मारपीट करते। साथ में मेरा दोस्त था। मैं कुछ ज़ोर से ही बोलता हूँ, "वाह! स्कूल का क्या डिसीप्लिन है!" बस लड़कों ने आपसी झगड़ा बन्द किया और मोर्चा मेरी ओर मुड़ा। मेरा दोस्त भाग गया। उस रात सब लड़कों ने मुझे

कीचड़-सा रौंद डाला था।

एक दूसरी घटना याद करके तो आज भी रोंगटे खड़े हो जाते हैं। उन दिनों अंग्रेज़ी स्कूल में पढ़ रहा था। शहर में दो प्रसिद्ध 'दादा' मंडली थीं—बबन और सावजी। उनका गाँव के लोगों पर बड़ा दबदबा था। कहते हैं, उनका अफ़ीम-गाँजे का होलसेल धन्धा था। शहर की कांग्रेस राजनीति पर भी उनकी पकड़ थी। उनमें से एक बहुत सुन्दर, गोरा-चिट्टा, ऊँचा-पूरा। जिस तरह कोई पहलवान अखाड़े में उतरता है, वैसा वह रास्तों पर डोलते हुए चलता। इसके बारे में एक चर्चा प्रसिद्ध थी कि राजकुमार के वेश में इसने कश्मीर के धनिकों को लूटा है। दूसरा कुछ ऐसा ही था। परन्तु चीते-सा चपल। इनकी जोड़ी जब रास्ते से गुज़रती तो पेड़ पर बैठा कौवा भी काँव-काँव करता। उस समय हम उनके सामने बित्ता-भर के थे। हम नाके पर गप्पें लड़ाते खड़े थे। साथ में गाँव के सवर्ण लड़के। ऐसे समय गप्पों की बागडोर मेरे हाथों में होती। अनेक अनुभवों की करिश्मी पुड़िया मेरे पास थीं। बाक़ी लड़के शर्मीले क़िस्म के।

उस दिन वे दोनों 'दादा' अपनी मोटर से जा रहे थे। भीड़ के कारण मोटर हमारे पास आकर रुक जाती है। सब लड़के घबरा जाते हैं। उनको अच्छी तरह सुनाई दे जाए, मैं इतनी ज़ोर से गाली देता हूँ। बस...सारे लड़के घबरा जाते हैं। उस दिन मुझे किसने धीरज बँधाया, पता नहीं। दादा अब गाड़ी से नीचे उतरा। "सारा शहर हमसे थर्राता है और ये कल के छोकरे गाली देते हैं!" अब अपनी ख़ैर नहीं। पल-भर के लिए पैरों तले की ज़मीन सरकने-सी लगती है। जो भी मिलेगा, वह मार झेलने को मैं तैयार था। भागने की इच्छा नहीं हुई। पर उस दिन मैं मार खाने से बच जाता हूँ। मैं जिन लोगों के साथ गप्पें हाँक रहा था, वे सब बड़े लोगों के बेटे थे। और उनके पालक भी दादा लोगों को पहचानते थे।

ज़बान का ऐसा ही एक और करिश्मा याद आ रहा है। यह घटना बम्बई में घटी। काफ़ी बड़ा हो गया था। एस.एस.सी. पास हो गया था। बम्बई में सदाशिव के रिश्ते की एक लड़की की शादी थी। लड़की काली-साँवली। चेहरे पर चेचक के दाग़। पर दूल्हा अच्छा गोरा-चिट्टा मिला था। जब बारात आती है, तब मालूम होता है कि दूल्हे का छोटा भाई मेरा कक्षा में ही पढ़ता था। हाईस्कूल में। हम सब दुल्हन की ओर से थे। थोड़ा-बहुत काम करनेवाले। बारात आने पर एक बार सामने आई। दूल्हे का भाई गुस्सा दिखा रहा है। हमेशा लड़कियों के झुंड में। शादी निबटी। भोजन हुआ। आज सारे बाराती घेरा बनाकर आपस में गप्पें मारने लगे। विवाह का स्टेज ख़ाली। इस पर माइक रखा था। मैं तुरन्त स्टेज पर चढ़ता हूँ। माइक सँभालकर बारातियों से मुख़ातिब होता हूँ—

"भाइयो और बहनो! आज मैं आपका परिचय दूल्हे के भाई से करवाता

हूँ...।" और फिर मैं अपने भाषण में दूल्हे के भाई के सम्बन्ध में स्कूल का एक क़िस्सा सुनाता हूँ, "प्रार्थना का समय था। सभी लड़के-लड़कियाँ कतारों में खड़े थे। उसी समय चित्र-विचित्र चित्रों का बुशशर्ट पहनकर यह दूल्हे का भाई प्रार्थना-स्थल पर आता है। संगमनेर जैसे गाँव में इस तरह की पोशाक सबको विदूषक की पोशाक-सी लगी। वे सब हँस रहे थे। प्रार्थना में व्यवधान हुआ, इसलिए आचार्य उसे कतार से बाहर निकालते हैं। कक्षा में जाने का आदेश देते हैं। ऐसी स्थिति में वह घबराकर सीधे कक्षा की ओर भागता है। नीचे फरसी थी। सबके सामने वह फिसल जाता है। किताबें बिखर जाती हैं। फिर लड़के-लड़कियों को हँसी का उफान आता है।" यह सब मैं माइक पर बारातियों को बता रहा था और सारे बाराती पेट पकड़कर हँस रहे थे। उनको वह सब मनोरंजन-सा लगता है। मज़े की बात यह थी कि उस हँसी-मज़ाक में दूल्हे वाले भी शामिल हो गए थे।

उस दिन उस लड़के की मनोदशा मैं नहीं जान पाया। उसके पास शादी का सारा कैश। बस...वह अचानक ग़ायब हो गया। सारे बारातियों में खलबली मची। अभी-अभी जो हँस रहे थे, वे अब मेरी तलाश में थे। सदाशिव मुझे घर के पलँग के नीचे छिपाता है। वैसे उसकी तलाश रात में ही जारी हो जाती है। उसे समझा-बुझाकर वापस लाया जाता है। सुबह होते ही बारात की औरतें मुझे देखने के लिए सामूहिक तौर पर आती हैं। "क्या, बाई, लड़का है! दो रातों के लिए सबकी नींद उड़ा दी।" जैसे रानीबाग़ का कोई जानवर देखा हो, इस तरह वे सब मुझे देख रही थीं।

फिर आगे सार्वजनिक जीवन में भी इसी प्रकार की प्रवृत्ति ज़ोर मारकर सिर उठाती रही। भीतर बहुत गहरे यह विद्रोह दबा हुआ था। दादासाहब मन्त्री बने, तब की बात। अख़बारों में उनका नाम पढ़ा और सादे कार्ड पर लिख भेजा, "आज तक दलितों के जितने मन्त्री थे, सब पथभ्रष्ट और बदनाम थे। चेहरे पोंछकर दलितों पर दया करनेवाला नया मन्त्री आपको खड़ा करना पड़ेगा!" निश्चित ही छोटा मुँह बड़ी बात। दादासाहब कई बार मिले, परन्तु उन्होंने इस पत्र का उल्लेख कभी नहीं किया। वैसे उनके पी.ए. की ओर से पत्र-प्राप्ति की पावती मिली थी। वह भी साइक्लोस्टाइल। ऐसे ही एक बार उनके जन्मदिन पर मलाबार हिल उनके बँगले पर गया था। जन्मदिन पर बहुत भीड़। लॉन में रोशनी की गई थी। सिनेमा के कुछ लोग थे। मैं पुराने सम्बन्धों को लेकर गया था। उनका ध्यान मेरी ओर जाता है। सभा में मैं बोलूँ, ऐसा कुछ लोग सुझाते हैं। जब मेरी बोलने की बारी आती

है, तब मेरा गला सूख जाता है। अन्त में जो मन में आया बोल गया। दादासाहब को आन्दोलनों, मोर्चों में मैंने देखा था। उन्हें मन्त्री की कुर्सी पर बैठा देखूँ—यह बात ही अपने आपमें अजीब लगती। आज यह नया रूप स्वीकारने के लिए मेरा मन तैयार न था। आज भी मेरा उनके प्रति जो प्रेम है, वह आन्दोलनों वाले दादासाहब पर है जिसने हमें विद्रोह करना सिखाया था। अम्बेडकर ने आन्दोलन की दाहकता सिखाई। इतना बोलकर जब मैं नीचे बैठता हूँ, तब थक चुका होता हूँ। मैं यहाँ बेकार ही आ गया, ऐसा भी लगता रहा। दादासाहब वास्तव में महान् थे। उन्होंने उस दिन सबके सामने मेरी तारीफ़ की। मन्त्री के सामने मैंने यह सब बोलने का जो साहस दिखाया, इसके लिए उन्होंने मेरा सम्मान किया। कुछ दिन पहले जब मैं उनके बँगले पर उनके जन्म-दिन पर गया था, उस समय उनका मन्त्रि-पद समाप्त हो चुका था। हमेशा-सी भीड़ न थी। वातावरण उदास। दाना ख़त्म होने पर जैसे सारे पंछी उड़ गए हों, ठीक उसी तरह। मैं अपने बुरे दिनों में उनके आगे बढ़े हुए हाथ कभी नहीं भूल सकता। उनकी राजनीति के लिए मेरा बहुत अधिक उपयोग न था और यह मेरा क्षेम भी नहीं था। परन्तु उन्हीं का दिया हुआ जीवन-मूल्य मैं प्राणों की तरह सहेजकर रखना चाहता हूँ। अपने-आपसे प्रताड़ना ठीक नहीं, यह अन्तर की आवाज़ ज़ोर देकर कहती है। एकाध बार कोई दूसरा यह बात कहे, यह मेरा पागलपन होता। पर यह लड़ाई आज भी दिमाग़ में निरन्तर चल रही है। वे तो एक-दो बार ज़ाहिरा तौर पर बोले, "यह मुझसे हमेशा दो हाथ दूर रहता है। वह पास आए और रेशमी गाँठ बाँधे।" बम्बई में कई कार्यकर्ताओं को उन्होंने हाउसिंग बोर्ड के फ़्लैट ले दिए थे। मुझे इसका कभी मोह नहीं रहा।

फ़ाइनल का रिज़ल्ट आया। मैं अच्छे नम्बरों से पास हुआ। पर आगे क्या करूँ? सब अन्धकारमय था। और पढ़ूँ, यह प्रबल इच्छा थी। फ़ाइनल के बाद यदि थोड़ी भी कोशिश करता तो बड़ी सहजता से स्कूल-मास्टर बन सकता था, परन्तु सारी उम्र देहात में खपने की इच्छा न थी। और देहात—वह था मात्र बिच्छू-डंकों का अम्बार। ज़िन्दगी-भर मनस्ताप होता। इससे यदि बाहर निकलता है तो पढ़ना चाहिए। इसी बीच यह मालूम होता है कि पड़ोस के गाँव में दलित विद्यार्थियों के लिए होस्टल है। संचालक दादासाहब ही थे। मैं अर्ज़ी लिखता हूँ। तालुके में दादासाहब की सभा थी। सभा के बाद उनके हाथों में अर्ज़ी देता हूँ। छुट्टियों के बाद मुझे साक्षात्कार के लिए छात्रावास बुलाया जाता है। जब मैं इसके लिए जाता हूँ, तब मेरे सिर पर गांधी टोपी थी। भीतर के कमरे में इस संस्था के पदाधिकारी

बम्बई से आए थे। मुझसे मेरी जाति पूछते हैं। मैं अर्ज़ी में भी हरिजन ही लिखता हूँ। मैं बताता भी वही हूँ। मेरे 'हरिजन' कहते ही सभी मेरी तरफ़ देखने लगते हैं। कोई कहता है कि "स्वयं को मैं 'हरिजन' नहीं, 'महार' कहूँ। हरिजन, गांधी द्वारा हमको दी गई गाली है।" मेरा दिमाग़ चक्कर खाने लगता है। मछुआरों के छात्रावास या गाँव के मराठी स्कूल में आज तक का अनुभव यह था कि 'महार' कहने पर सवर्ण शिक्षक कहते, अपने को 'हरिजन' कह! और अब ये लोग 'महार' कहलवाते हैं! मैं अपनी व्यथा पदाधिकारियों के सामने बयान करता हूँ। मेरी चपलता और सहजता देखकर वे ख़ुश होते हैं। मुझे एक पेटी, थाली, लोटा और स्वयं का बिस्तर लाने की सूचना दी जाती है। मेरा मन फिर गेंद-सा उछलने लगता है।

संगमनेर-पुणे रोड पर यह छात्रावास था। नदी पार कर जाना होता। संगमनेर का ही हिस्सा था यह। इसे 'छोटा संगमनेर' कहते। दलितों के बच्चों के छात्रावास के लिए कोई सवर्ण अपनी इमारत कैसे देता? इस छात्रावास की इमारत एक मुसलमान की थी। इमारत के पिछवाड़े मुसलमान मालिक अपने परिवार के साथ रहता था। सामने छात्रावास की इमारत। एक बड़ा हॉल। उसमें दीवारों के साथ रखी सबकी टीन की पेटियाँ थीं। वहीं ओढ़ना-बिछाना। बग़ल में एक टीन का शेड। वहाँ भोजनगृह। छात्रावास के पीछे कुआँ। खाने के समय लोटा-थाली माँजने के लिए लड़कों की भीड़ लग जाती। वही लोटा हम संडास के लिए भी बरतते। छात्रावास को सरकारी अनुदान मिलता। उसमें लड़कों के रहने और खाने की व्यवस्था मुफ़्त होती। फिर हम गाँव के बड़े स्कूल में पढ़ने जाते। गोखले एजुकेशन सोसायटी का गाँव में एक भव्य स्कूल था। ईसाइयों का भी गाँव के बाहर एक हाईस्कूल था। परन्तु इक्का-दुक्का लड़कों को छोड़कर वहाँ कोई भी प्रवेश न लेता।

छात्रावास में बहुसंख्य विद्यार्थी महार। अपवादस्वरूप कुछ चमार, माँग, महादेव-कोली। रोल पर कम-से-कम पचास-साठ विद्यार्थी होते। बम्बई के कार्यकर्ता संस्था को जीवित रखने के लिए काफ़ी परिश्रम करते। प्रारम्भ में ग्रांट नहीं थी। तब अनेकों ने अपनी बीवियों के गहने गिरवी रखकर यह छात्रावास चलाया था। उनके त्याग की बातें कई बार सुनने को मिलतीं। संस्था का यह पहला छात्रावास था। संस्था के संचालक भाऊराव पाटिल का आदर्श सामने रखते। कुछ ही वर्षों में सम्पूर्ण ज़िले में संस्था का जाल फैल गया। उनके नाम भी क्रान्तिप्रेरक—श्रीरामपुर में 'शम्बूक छात्रावास' तो अगस्ती गाँव में 'रमा-यशोधरा'। हमारे छात्रावास का नाम—'सिद्धार्थ'। इस नाम के पीछे दादासाहब की प्रेरणा। निश्चित ही दादासाहब का राजनीति से अधिक बड़ा काम इस क्षेत्र में था। कहते हैं, जल्दी ही संस्था का बजट एक लाख तक पहुँच गया।

दलितों की जातीयता की धज्जियाँ सबसे पहले यहीं उड़ीं। वैसे महार विद्यार्थियों का छात्रावास पर रोबदाब। दूसरी जाति के लड़के दबकर रहते। छात्रावास में धीवरों के तीन-चार लड़के किसी अन्य छात्रावास से यहाँ आए। वहाँ वे 'दादा' थे। परन्तु यहाँ भीगी बिल्ली बनकर रह गए। भोजन के हॉल में सब एक साथ बैठते। फिर भी व्यवहार में जिस-तिसकी जाति का झंझट रहता ही।

हाईस्कूल का पहला दिन याद है। इतनी भव्य इमारत में पहले-पहल पढ़ने गया था। वैसे स्कूल बड़ा नामी था। शिक्षक भी ध्येयवादी। जीवन में जो विभिन्न दिशाएँ मिलीं, इसी स्कूल में। स्कूल के शिक्षकों का मेरे जीवन पर गहरा प्रभाव पड़ता गया। हर कक्षा में शिक्षक बदलते। इसमें भी मज़ा आता। आठवीं में हमें अंग्रेज़ी पढ़ाना शुरू किया गया। लेकिन साहबों की भाषा तंग कर देती। अंग्रेज़ी के लिए ब्राह्मण शिक्षक थे। गोरे-गोरे। कसी हुई देह। धोती, कुर्ता, गांधी टोपी पहनते। माथे पर तिलक। काम में बहुत सख़्त, पर दिल से नरम। हम देहातों से आए थे। इसलिए अंग्रेज़ी के उच्चारण न जमते। मुँह में पेंसिल डालकर वे हमें उच्चारण सिखाते। आठवीं से ही अंग्रेज़ी मेरे लिए आफ़त थी। वह एस.एस.सी. तक बनी रही। बाक़ी विषय तो हाथ के मैल लगते।

बोर्डिंग के लड़कों और मुझमें एक महत्त्वपूर्ण अन्तर था। ये लड़के गाँव के लड़कों से अधिक घुलते-मिलते नहीं थे। अपना अलग ग्रुप बनाकर कक्षा में बैठते। पर मैं सवर्ण लड़कों में बिना किसी हिचक के शामिल हो जाता। बोर्डिंग के लड़के जिस सेक्शन में थे, मैंने उसमें प्रवेश नहीं लिया। वैसे हमारा सेक्शन सबसे आगे था। पहले पाँच-दस स्थानों तक पहुँचनेवाले लड़के मेरे ही सेक्शन में थे। भगत और भरीतकर का कोई भी हाथ नहीं पकड़ सकता था। अध्ययन में भी ये आगे थे। ये उन दिनों के मेरे मित्र थे। दर्ज़ी का लड़का खांबेकर याद आ रहा है। यह मुझे बड़ा प्यार करता। वैसे ये लड़के धनवान परिवारों में से थे। उनके कपड़े भी जगमग-जगमग। कड़क इस्त्री। उनकी पोशाक की तुलना में मैं साधारण लगता। परन्तु मेरी निडरता और बकबक करने की आदत के कारण वे मुझे अपने साथ रखते।

नाटक के प्रति मेरे पागलपन की बात भी बड़ी अजीब है। बचपन में 'तमाशा' का कलाकार बनने की इच्छा होती। इधर हाईस्कूल में नाटक ने पागल बना दिया। नाटकों के कारण पढ़ाई के बारह बज गए। मैं अभिनेता बनूँ, यह स्वप्न आँखों में तैर जाता। हाईस्कूल में शुरू में नाटक में प्रवेश कौन देगा? आज तक बोर्डिंग के लड़कों को यह अवसर कभी नहीं मिला था। स्कूल में कोई बड़ा समारोह था। स्कूल के लड़के-लड़कियों के कार्यक्रम थे। विविध कार्यक्रम। स्टेज के सामने विद्यार्थियों की भीड़ में मैं भी एक दर्शक। ऐसे समय मेरे स्वभाव ने ज़ोर

मारा। स्टेज पर कार्यक्रम शुरू होने में कुछ समय था। मैं अपने काकतकर सर को जाकर मिलता हूँ। छोटा-सा कार्यक्रम प्रस्तुत करने की अनुमति माँगी। वे पल-भर मुझे देखते रहे। मैं बोर्डिंग का विद्यार्थी हूँ, वे पहचान गए। उन्होंने अनुमति दी। इससे पहले मराठी स्कूल में किए गए नाटक के कुछ टुकड़े याद थे। मैं स्टेज पर आकर एकपात्री नाटक शुरू कर देता हूँ। 'एकच प्याला' नाटक के सुधाकर के संवाद। "इस ख़ाली गिलास में तुम्हें क्या दिखता है...?" यह पूरा परिच्छेद ऊँची आवाज़ में कह डालता हूँ। जब परिच्छेद समाप्त होता है तो तालियों की गड़गड़ाहट होती है। बाद के एक-दो दिन बुढ़िया के बाल-सा मैं हवा में तैरता रहता हूँ। भीतर की सुप्त शक्तियों का आभास हुआ। स्कूल में भी मेरा सम्मान बढ़ गया था। इस कार्यक्रम के बाद मुझे अगले नाटकों में महत्त्वपूर्ण रोल दिए जाते हैं। मैं अपनी प्रत्येक भूमिका में जान फूँकने की कोशिश करता। उन दिनों दिवाकर की 'नाट्यछटा' कोर्स में थी। एक बार एस.एस.सी. की पुस्तक से 'तेवढंच ज्ञान प्रकाशात' [उतना ही ज्ञान प्रकाश में] नाट्यछटा मैं याद करता हूँ। उस समय मैं छोटी कक्षा में था। एस.एस.सी. के लड़कों के सामने मेरी इस नाट्यछटा का अभ्यास हुआ।

उस समय शिरवाडकर का 'बाजीराव' और 'मस्तानी' नाटक मैंने पढ़े थे। इनके अफलातून प्रेमविषयों और नाटक की भाषा से मैं बहुत प्रभावित हुआ। मेरी इच्छा थी कि यह नाटक स्कूल की गैदरिंग के लिए चुना जाए। मैंने नाटक की पुस्तक उठाई और सीधे प्रिंसिपल से मिला। स्कूल के प्रिंसिपल उपासनी थे। गोरे-चिट्टे। छरहरा शरीर। सड़क पर भी चलते तो मिलिटरी स्टाइल से चलते। मोड़ पर नब्बे अंश का कोण बनाकर मुड़ते। वे स्कूल के एन.सी.सी. के प्रधान थे। शायद इसका भी असर रहा हो। पर लड़के उनसे थर्राते। वे मेरी ओर आश्चर्यचकित हो देखने लगे। झल्लाए नहीं। उन्होंने मुझे समझाया, "अरे, मस्तानी का काम कौन करेगा?" इसका अन्दाज़ मुझे भी था। वैसे संगमनेर गाँव कुछ अलग क़िस्म का था। पर लड़कों के साथ लड़कियाँ काम करें, यह बात यहाँ भी हज़म नहीं हुई थी। मैंने पहले ही एक ब्राह्मण के लड़के को मस्तानी के रोल के लिए तैयार कर लिया था। मैं उसका नाम लेता हूँ। प्रिंसिपल को स्कूल चलाना है। मुझे वे इनकार करते हैं। उस दिन मैं हारा हुआ बाहर निकलता हूँ।

नाटक का भूत हटा तो एक बहुत मामूली कारण से। मुझे याद है कि स्कूल का वह मेरा अन्तिम वर्ष था। मन से नाटक का नशा उतरा नहीं था। स्कूल द्वारा इस वर्ष 'राजा अशोक' नाटक खेलने के लिए चुना गया। इस साल भी मुझे महत्त्वपूर्ण भूमिका दी जाएगी, ऐसा मेरा ख़्याल था। परन्तु चुनाव में मुझे अशोक का रोल नहीं मिला। "अशोक राजा गोरा है और तू काला।" ऐसा कहकर शिक्षकों

ने अशोक का रोल मुझे देने से इनकार कर दिया। अशोक के सरदार की भूमिका देने लगे। मैं बहुत क्रोधित हुआ। ग़ुस्से में काँपते हुए मैं प्रिंसिपल से मिला। उस दिन उन्होंने मेरे सामने एक और नया सवाल उपस्थित किया—"यह तुम्हारा आख़िरी साल है। तुम जैसे ग़रीब लड़के के लिए नाटक का शौक़ अच्छा नहीं। ये धनवान लड़कों के धन्धे हैं।" उस दिन न जाने क्यों मुझे अपनी असलियत का ईमानदारी से अहसास हुआ। भविष्य किसी सुनसान भयानक रेगिस्तान-सा दिखने लगा। मेरे दिमाग़ में कई प्रश्न आते-जाते। पहले-सा जोश न था। एक तरफ़ तो मुझे टाला गया है, इस अपमान से मैं दहक रहा था और दूसरी ओर पढ़ाई का पहाड़ मुँह बाए खड़ा था। उस समय एक बात हुई। मैं 'राजा अशोक' नाटक देखने तक नहीं गया।

स्कूल के सभी कार्यक्रमों में मैं ज़रूर उपस्थित रहता। विशेषकर भाषण, निबन्ध-स्पर्धा, खेलकूद आदि में। गाँव में सार्वजनिक स्थलों पर वाद-विवाद प्रतियोगिता होती। मैंने अपना नाम दिया तो बोर्ड के लड़के चिढ़ाने लगे, "यह देखो, दूसरा अम्बेडकर। सभा में भाषण कर रहा है।" मैं निराश हो जाता।

आजकल आपने कॉलेज में लड़कों द्वारा 'रेगिंग' की बात तो सुनी ही होगी। ऐसे ही एक दिन मेरी भी रेगिंग हुई। होली का दूसरा दिन। बोर्डिंग में लड़कों का रंग खेलना, रंग ला रहा था। रंग न मिलने पर कीचड़ इस्तेमाल होता। इसी दिन स्कूल में मेरी संस्कृत की परीक्षा थी। कोर्स के बाहर दूसरे विषयों की ख़ास परीक्षा स्कूल में ही होती। ड्राइंग, हिन्दी, संस्कृत ऐसे ही कुछ विषय थे। मैं कपड़े पहनकर स्कूल जाने की तैयारी में था। बाहर लड़के घात लगाकर बैठे थे। मुझे पसीना छूटता है। अन्त में कमरे का दरवाज़ा खोलकर सरपट दौड़ने लगता हूँ। लड़कों का रंग बच गया, इसी बात का सन्तोष था।

इस रेगिंग में आगे और नई बातें जुड़ीं। इसका कारण मैं ही अपने ऊपर लेता हूँ। छुट्टियों में जब गाँव जाता तो वहाँ माँ-बहन के खाने की दुर्दशा देखी न जाती। हमेशा कलेजे में कील ठुकती-सी लगती। इसी बीच बोर्डिंग में काम करनेवाली बुढ़िया थक जाने के कारण नौकरी छोड़ देती है। मैं संचालकों से माँ की नौकरी के सम्बन्ध में बात करता हूँ। मेरी प्रार्थना मान ली जाती है। मैं छुट्टियों से वापस आते समय माँ-बहन को लेकर ही आ जाता हूँ।

माँ को खाने के अलावा तीस रुपए महीना मिलते। उसमें बहन का भी भोजन था। पचास-साठ लड़कों का भोजन बनाना होता। पर माँ कहती, "गाँव की झंझट से यह अच्छा। एक जगह बैठकर रोटियाँ बेलनी हैं।" परन्तु हमारा यह सुख

बहुत दिनों तक नहीं टिक पाया। माँ के गले की ताबीज़ की गाँठ-सा मेरा मन भी कसता गया। एक-एक गाँठ फूटे और जख़्म रिसते जाएँ, ऐसी अवस्था।

बोर्डिंग के लड़के मुझसे और अधिक द्वेष करने लगे। उनमें कुछ लड़के अच्छे थे। उनकी सहानुभूति मिलती। परन्तु दादा लड़के बड़े आक्रामक थे। वे भी ऊँची कक्षा के।

मुझसे कोई बात न करता। अब इसे खाने का मज़ा आ रहा होगा। माँ मुझे शायद चोरी से कुछ विशेष खाना देती होगी, ऐसी उलटी-सीधी बातें कानों में सुनाई देतीं। इसलिए माँ से यदि कमरे में दो शब्द भी बोलने होते तो रोंगटे खड़े हो जाते। माँ और मेरे बीच एक अदृश्य दीवार खड़ी हो जाती। खाना खाने बैठने पर सभी की नज़रें मेरी ओर—तीरों-सी तेज़ चुभती रहतीं।

वैसे माँ को बड़ी तकलीफ़ उठानी पड़ती। इसी काम के लिए लोकल बोर्ड के कोली बोर्डिंग में दो महिलाएँ थीं। वहाँ लड़के कम और पगार ज़्यादा थी। उनके सर्विस फंड काटे जाते। माँ का शोषण होता था, पर किसे बताता? कहने पर सीधे कहेंगे, नौकरी करनी हो तो करो, नहीं तो छोड़ दो! कोल्हू के बैल-सी वह खटती। अपने बच्चे आँखों के सामने हैं, इतना ही सन्तोष उसे होता। सुबह पाँच बजे उसे उठना पड़ता। नाश्ते के लिए उसल[1] बनानी पड़ती। नाश्ता होते-न-होते तीन-चार पायली[2] बाजरे की रोटियाँ सेंकनी पड़तीं। बोर्डिंग में भोजन के विविध प्रकार नहीं थे। रोटी और पतीली-भर पतली दाल। लड़के कहते, "बाई, यह क्या, कितनी पतली दाल? ऊपर की छत भी दिखती है।" माँ बेचारी क्या करती? दिए गए माल में ही उसे वह सब पकाना पड़ता। तीन-चार महीने तक माँ वहाँ थी। न केजुअल लीव और न पगारी छुट्टी। दहकते चूल्हे के सामने माँ बैठी दिखती। किचन के धुएँ से घुटती रहती। मानो वह गैस-चेम्बर हो। माँ यह मरण-यातना सिर्फ़ मेरे लिए सहती है। स्कूल की छुट्टी रहने पर माँ को भी उतनी ही छुट्टी मिलती। जैसे कोई क़ैदी पैरोल पर छूटे।

आज मेरे चेहरे पर उदासी की जो काई दिखती है न, वह उन्हीं दिनों की है। इससे एक बात हुई। मैं बोर्डिंग में अधिक देर तक न रुकता। भोजन के लिए आता। गाँव के सवर्ण मित्रों के साथ ही घूमता। उनके घर जाता। खांबेकर के घर अधिक जाता। इसके घर मुझे बहुत स्नेह मिलता। अलबत्ता मैंने यह बात छिपा रखी थी कि मेरी माँ इसी गाँव में बोर्डिंग में काम करती है। फिर भी मेरे अधिकांश मित्रों को शायद यह मालूम था। परन्तु मुझे बुरा लगेगा, यह सोचकर शायद वे इसका ज़ाहिरा उल्लेख न करते। एक बार खांबेकर की माँ ने अचानक ही मेरी

---

1. बिना तरीवाला चना या मूँग।
2. एक प्रकार का तौल। एक पायली = 16 किलोग्राम।

माँ के बारे में पूछ डाला। मेरे होशोहवास उड़ गए। कोई चोर पकड़ा गया हो, कुछ इसी तरह मैं उस समय दिखा होऊँगा।

दादासाहब को भी मैं टालने लगा। जिस दिन वे छात्रावास में आते, ठीक उसी दिन मैं गाँव चला जाता। वैसे यह एक का ग़ुस्सा दूसरे पर निकालने जैसी बात थी। एक बार वे छात्रावास में आनेवाले थे। सारे विद्यार्थियों को पहले से ही सूचना दी जा चुकी थी। लेकिन मैं जानबूझकर उस दिन दोस्त के घर रुक जाता हूँ। वे वापस चले गए होंगे, यह सोचकर बोर्डिंग में वापस आया। परन्तु जब वे बाहर निकल ही रहे थे, तब उनसे मेरी मुलाक़ात होती है। वे बहुत झल्लाए, ''मुफ़्त में खाकर संस्था का अनुशासन नहीं मानते?'' पर मैं मन-ही-मन हँस रहा था। मुझे सिर्फ़ इतना ही दर्शाना था कि मैं दादासाहब के बड़प्पन के सामने झुकता नहीं। दरअसल मेरा ग़ुस्सा परिस्थितियों के कारण था और वे मेरी हालत नहीं समझ पा रहे थे। इस प्रकार का एक मज़ेदार द्वन्द्व हम दोनों के बीच था।

मुँह दबाकर मुक्कों की मार मैं सह रहा था। फिर भी एक बार मेरा दबा स्वर अचानक फूट पड़ा। धरती से लावा बाहर निकल पड़ा, ठीक वैसा ही लगा। मुझे अपने आप पर आश्चर्य हुआ। एक दिन स्कूल से आ रहा था। पेट में चूहे दौड़ रहे थे। बोर्डिंग के पास आते ही बन्द कमरे से लड़कों की गाने की आवाज़ सुनता हूँ। साथ में टीन की डफली बजाई जा रही थी। वैसे बोर्डिंग में यह सब नया नहीं था। मैं यूँ ही दरार में दरवाज़े से भीतर झाँकता हूँ। वहाँ का दृश्य देखकर मेरे होश उड़ गए। नौ-दस साल की मेरी छोटी बहन नाच रही है और लड़के आनन्द से गीत गा रहे हैं। शृंगारिक गाने पर बहन नाच रही थी—''ले चल मेरे राजा, संग-संग जेजुरी। काठियावाड़ी घोड़ी पर सामने बिठाकर।'' यह गाना चल रहा था।

यह दृश्य देखकर मेरा दिमाग़ घूम गया। नसें चटकने लगती हैं। मैं ज़ोरों से दरवाज़े पर लातें मारने लगता हूँ। मुझे यकायक क्या हो गया, यह सोचकर लड़के दरवाज़ा खोलते हैं। मैं गाली बकने लगता हूँ—''भोसड़ी के! अपनी माँ-बहनों को क्यों नहीं नचाते?'' मेरा विरोध कोई नहीं करता। सब उठकर जाने लगते हैं। इतनी छोटी-सी बात पर मैं इतना अधिक क्रोधित होऊँगा, इसी पर सबको आश्चर्य हो रहा था। उस दिन मैं अत्यधिक बेचैन हो गया। बहन को सीने से लगाकर फूट-फूटकर रोता हूँ।

अब जो घटना मैं बताने जा रहा हूँ, उसकी मात्र याद से रोंगटे खड़े हो जाते हैं। जो घटना घटी, उसमें लड़कों का कितना दोष है, यह अलग बात है। भारतीय संस्कार सबकी नस-नस में समा चुके हैं। उससे दलित लड़कों को मुक्ति कैसे

मिल सकती है? परन्तु इस घटना से सारा जीवन ही फट गया। जिन लड़कों के कारण यह रामायण घटित हुआ, उनके लिए आज मेरे मन में तनिक भी द्वेष नहीं है। उनमें से कुछ ऑफ़िसर हैं। उनमें से एक तो ज़िला परिषद् का सभापति। जब भी वे मिलते हैं, माँ की याद विशेष रूप से करते हैं। उसके बारे में आदर है उनके मन में। उनमें से कुछ को माँ ने मुझसे भी अधिक स्नेह दिया। बात यूँ हुई कि माँ को बोर्डिंग में आए एक महीना भी नहीं हुआ था कि माँ को मासिक-धर्म हुआ। उस पर वैसे पुराने संस्कार। इस 'अपवित्र' अवस्था में पका भोजन लड़कों को कैसे खिलाए, यह उसके सामने दुविधा। माँ अपनी उलझन सुपरिंटेंडेंट को बताती है। क्या करें? वे भी सोचने लगे। बाहर से यदि चार दिन के लिए बरतनवाली बुलाई गई तो यह हर माह का सिरदर्द हो जाएगा। "इससे क्या होता है!" कहकर वे उस दिन खाना पकाने के लिए मजबूर करते हैं। माँ के लिए और रास्ता न था। यह ख़बर लड़कों तक कैसे पहुँची, भगवान जाने।

मैं थाली-लोटा लेकर भोजन-गृह की ओर बढ़ता हूँ तो सारे लड़के एक कोरस में गा रहे थे–"पचका हो गया रे, पचका हो गयाऽऽ!" कोई भी भोजन के लिए तैयार नहीं था। क्या हुआ, यह मुझे मालूम न था। शायद सब्ज़ी का शोरबा बिगड़ गया हो, मेरा ख़याल था क्योंकि कभी-कभी उसमें अधिक नमक होता तो कभी एकदम फीका–लड़कों की ऐसी हमेशा शिकायत होती। मेरे सामने माँ को बुलाकर डाँटने में कुछ लोगों को बहुत आनन्द मिलता। उनमें से कुछ तो बड़े शैतान। उन्होंने माँ की अनुपस्थिति में एक-दो मुट्ठी नमक पतीली में डाल दिया था। यह छल चलता रहता। सबकी नज़रें टलते ही मैं दो कौर ठूँसता। भावना का उफान अधिक बढ़ने पर माँ के आँचल में रो लेता। माँ की आँखों में भी आँसू न रुकते। उस उम्र में कितने आँसू थे? थोड़ा बोलने पर भी गला भर आता। साने गुरुजी ने आँसुओं का समर्थ वर्णन किया है। परन्तु वे इतने बहने लगे कि आँखें सूखने की बारी आ गई। मैं थाली से उठता हूँ और माँ के साथ क्या हुआ है, यह जानने के लिए आगे बढ़ता हूँ। माँ बात स्पष्ट करती है। ऐसा लगा कि धरती फट जाए और हम माँ-बेटे को समा ले। समाज जिन लोगों को 'अपवित्र' समझता था, वे ही लोग स्त्री-देह को अपवित्र समझें। पर यह सब समझने की उम्र न थी।

एक बार माँ पर चोरी का आरोप लगाया गया। माँ बहुत घबराई। उसे यही डर था कि मुँह का कौर न छिन जाए। चोरी भी किस चीज़ की, आटे की! वैसे इस आटे की चोरी से माँ का कोई सम्बन्ध न था। सुपरिंटेंडेंट विधुर थे। उनकी दूसरी शादी अभी-अभी छोटे संगमनेर में तय हुई थी। वे सुबह-शाम वहाँ जाकर घूम

आते। उनके नए रिश्तेदार पास के डाक-बँगले के आउट-हाउस में रहते थे। वैसे उनके लड़कों-बच्चों का काफ़ी विस्तार था। मास्टर के हुक्म पर बोर्डिंग का माल उनके घर आने लगा। मास्टर उम्र की उतार पर और लड़की चढ़ाव पर थी।... इसलिए मास्टर का हाथ कुछ अधिक ही दिलदार होने लगा था। एक बार ऐसे ही नए सम्बन्धी की पत्नी को पिछले दरवाज़े से टावेल में आटा देते हुए एक लड़के ने पकड़ लिया, यह सब माँ पर थोपा गया। दबाव के कारण हम मास्टर का प्रकरण ज़ाहिर रूप से न खोल पाए। मास्टर का रोष हमारे लिए महँगा पड़ता। उस दिन लड़कों के मन्त्रिमंडल में माँ पर ज़ाहिर दोषारोपण हुए। पर माँ या मैंने मुँह नहीं खोले। बड़ी भयंकर समस्या थी। लगता, सब बेकार है।

हमारे रिश्ते में देठे नाम का एक लड़का था। काफ़ी मोटा-तगड़ा था। ऊँचा-पूरा। बोर्डिंग में हमारी बड़ी फज़ीहत होती है, छल होता है, शायद यह बात उसे खल रही थी। उसके भीतर का ज्वालामुखी कुछ अलग ढंग से फूटकर सामने आया। स्कूल आने से पहले वह बचपन में ढोर चराने जाया करता था। कुछ दिन ढोर चराने में निकल गए, इसलिए स्कूल में उसे कुछ विलम्ब से ही प्रवेश मिला। अतः दूसरे लड़कों से वह बड़ा लगता। ढोर चराते समय उसने 'गुराखी' नामक एक नया खेल देखा था—कान में कुछ देर किसी विशेष पेड़ की पत्ती डालने पर कुछ देर पागलपन के झटके आते। अब यह समझने के लिए कोई रास्ता न था कि पागलपन वास्तव में आता या वह ढोंग करता? जब मैं गाँव में था, तब भी यह वनस्पति कान में डालने की हिम्मत न थी।

एक रात देठे ने शायद वह पत्ता कानों में डाल लिया था। उसे 'धुई' कहते हैं। किसी पुजारी की देह में कुछ संचार हो, ठीक उसी तरह आदमी घूमता रहता। मुँह में 'घुई का काँटा, घुई' बस यही रट। ठीक यही बात देठे ने की। उसके हाथ में एक पेड़ की डाल। जो भी सामने आता, देठे उसे पीटता। बोर्डिंग में हो-हल्ला मच गया। इस मारपीट में भी देठे की एक बात मेरी नज़र से न छिप सकी। देठे मुझे या माँ को इस पागलपन का प्रताप न बताता। भीड़ में भी हमें छोड़कर दूसरे लड़कों पर वार करता। उस बोर्डिंग के दादा लोगों पर उसका ध्यान रहता। बाद में कई दिनों तक मुझे इसी बात का आश्चर्य होता रहा कि देठे ने मुझे क्यों नहीं पीटा? उस दिन का 'घुई का काँटा, घुई' यह पागलपन सच था क्या?

बोर्डिंग का प्रत्येक लड़का अनुभवों का अर्क था। क़रीब-क़रीब सभी गाँवों से आए थे। वे भी दूरदराज़ से। बुरे संस्कारों का उन पर लेप चढ़ा होता। उनसे वे मुक्त भी कैसे हो सकते थे? इस कारण झगड़ा, मारपीट हमेशा ही चलते रहते। इन सभी लड़कों के अतिरिक्त धनवान बाप का एक बेटा था। गाजर-सा लाल सुर्ख़। चिकोटी लेने पर ख़ून निकल आए, ऐसा। सबसे छोटा। बम्बई में उसके

पिता फ़ोरमैन थे। उसे हर माह मनीऑर्डर आता। उसके कपड़े सबसे अधिक चकाचक होते। वह नाममात्र के लिए बोर्डिंग में खाता। अधिकतर होटल में ही खाता। सबके सामने दो-एक कौर खा लेता। उसके दोनों भाई बम्बई में पढ़े नहीं। मवालियों की संगत में थे, इसलिए उसके पिता ने इसके बारे में बचपन से ही यह सावधानी बरती। सारे लड़के उसके शब्द झेलते और उसे सिनेमा-होटल में काटते। उसकी तरह अच्छे कपड़े पहनने के लिए लालायित रहते।

खाने के लिए लड़के मास्टर से सदैव झगड़ते। उसमें भी फ़ीस्ट के लिए अधिक। मास्टर के पीछे लड़के हिसाब की खाता-बही टटोलते। ग्रांट कितनी मिलती है, लड़कों को ज़बानी याद था। सुबह जो उसल नाश्ते में दी जाती थी, वह बन्द कर दी गई थी, इसलिए लड़कों में गहरा असन्तोष था। मास्टर पर दया आती। उसकी नौकरी तलवार की धार-सी। एक तरफ़ ट्रस्टी और दूसरी तरफ़ लड़के। मास्टर दो पाटों के बीच में! ग्रांट की किश्त जल्दी न मिलती। इसलिए किराना दुकान की उधारी दो-तीन महीने से देनी बाक़ी थी। कभी-कभी फ़ाके पड़ते। मास्टर और ट्रस्टी के नाम से लड़के होली करते। कभी ट्रस्टी के सदस्य आते तो लड़के भोजन के बारे में उनसे शिकायत करते। संस्था के हिसाब में गड़बड़ी होती। सरकारी ग्रांट पर्याप्त न होती। सरकार कहती, "आधे पैसे आप लोगों से जमा करें।" विशेष सहायता भी न मिलती। उसमें भी पैसे अन्तिम रूप से ख़र्च करने तक उसमें कई हिस्से रहते। मास्टर पैसे खाते हैं, यह आरोप तो कभी भी नया नहीं था। महँगाई बढ़ने पर गली के लड़के दुकानदार पर धौंस जमाते, कुछ ऐसा ही था।

'डॉ. अम्बेडकर जयन्ती' या किसी बड़े त्योहार के अवसर पर बोर्डिंग में फ़ीस्ट मिलती। यदि सहज प्राप्त न होती तो लड़के घेराव करते। फ़ीस्ट अर्थात् होटल से मेन आइटम लड्डू या जलेबी लाना। उस दिन लड़के भात या चपाती को हाथ न लगाते। खाते समय शर्तें लगतीं। उस समय की एक शर्त याद है। ऊपर की कक्षा के एक लड़के ने बड़े-बड़े बीस-पच्चीस बूँदी के लड्डू खाए। हम सब अवाक् रह गए। हफ़्ते में एक बार मटन मिलता। मटन यानी सिर्फ़ शोरबा-ही-शोरबा। एकाध बोटी मिलती। एक बार ग़लती से बाज़ार-हाट करनेवाले लड़के भेड़ का मटन ले आए। बात बाहर आने में समय नहीं लगा। लड़कों ने भोजन पर बहिष्कार किया। एक-दो लोगों ने खाया। बाक़ी लड़कों के लिए होटल से मिक्चर और लड्डू लाकर देना पड़ा। मास्टर कहते, "अंतड़ी में तो गया सब, अब चमड़ी क्या बचाते हो?"

बोर्डिंग-सुपरिंटेंडेंट भागवत मास्टर आदर्श व्यक्तित्व के धनी थे। उनका भोजन अलग न होता। पंगत में ही बैठते। उनसे पहले लड़कों को मास्टरों का बुरा

अनुभव था। लड़कों ने उन्हें क़रीब-क़रीब खदेड़ दिया। परन्तु भागवत मास्टर के बारे में लड़कों के मन में आदर था। मास्टर लड़कों का पक्ष लेकर ट्रस्टी के साथ लड़ते। लड़कों का दुख-दर्द देखते। मास्टर के कोई नख़रे नहीं थे। बहुत सादे रहते। उनकी देह लकड़ी-सी सीधी सपाट। बाल तिरछे काढ़ते। बालों का एक झुमका माथे पर रहता। एक हाथ से कोट का कोना पकड़ना उनकी आदत थी। शायद उनके सामने का एक दाँत निकल गया हो। वे किसी समय फ़ौज में थे। इस कारण उन्हें व्यायाम प्रिय था। लड़के व्यायाम करें, खेल खेलें, ऐसे उनके आदेश होते। शाम को ग्राउंड में खेलने न आने पर वे भोजन बन्द कर देने की धमकी भी देते। परन्तु सबका भोजन हो जाने पर ही उन्हें उस लड़के की याद आती। सानवणे नाम का एक लड़का था। हमेशा हाथ में तम्बाकू मलता रहता। खेलने से नफ़रत-सी थी उसे। उसे मास्टर के आदेशानुसार सीधे उठाकर ग्राउंड पर लाया गया। पर जैसे कोई भैंस पानी में बैठ जाए, वैसे ही वह भी धूल में बैठ गया। खेलने का नाम नहीं। अन्त में मास्टर ने उसका पीछा छोड़ दिया। क़वायद के लिए वे प्रातः उठते। संगमनेर-पुणे रोड पर वे सबको लेकर दौड़ते। दौड़ते समय वे सबसे आगे। एक बार उन्होंने हवाई हमला होने पर ज़मीन पर कैसे गिरना चाहिए, इसका प्रदर्शन दिखाया। इस प्रदर्शन के समय वे कुछ इस तरह गिरे कि छाती की तकलीफ़ से दो महीने बीमार। उनकी छाती पर पट्टे बाँधने पड़े। हम लड़कों का मनोरंजन हुआ। उसके बाद उन्होंने क़वायद की बात कभी नहीं कही।

बोर्डिंग के लड़कों में हाईस्कूल की लड़कियों के बारे में काफ़ी चर्चा रहती। वे सब सवर्णों की थीं। उनका रोज़ मेकअप। उनकी साड़ियों की भी चर्चा होती। कुछ लड़के तो साड़ियाँ गिनते। बोर्डिंग के कई लड़कों के पास कपड़ों की एक-दो जोड़ी ही होती। इसलिए लड़कियों की इतनी साड़ियाँ देखकर वे चकरा जाते। कुछ लड़के कक्षा की लड़कियों से इकतरफ़ा प्रेम करते। सिर्फ़ कॉपियों का लेन-देन होने पर भी आसमान छूने का-सा सुख मिलता। पाठारे नाम का एक विद्यार्थी था। हीरो-सा रहता। गाँव से धनवान मित्रों की इस्त्री लेकर आता। स्कूल जाते समय हमेशा अप-टू-डेट रहता। वह एक ब्राह्मण की लड़की पर मरता है, इसकी जानकारी कुछ लड़कों को थी। चिढ़ाने पर उसकी कली और खिल जाती। एक बार लड़कों ने मज़ाक किया। एक चिट्ठी लिखकर उसकी कॉपी में इस तरह रखी जैसे कि लड़की ने ही भेजी हो। एस.टी. नाके पर शाम को बुलाया है, ऐसा उसमें लिखा था। पाठारे को कितना आनन्द हुआ, कैसे बताऊँ? वह सबको यह प्रेम-पत्र बताता फिरता रहा। उसके पीछे सब हँसते। जाते समय वह सज-धजकर गया था। पर वह आई ही नहीं, इसलिए मुँह लटकाकर वापस आ गया। उस रात सब उसके साथ ठीक वैसे ही खेल रहे थे, जैसे बिल्ली चूहे के साथ खेलती है। बेचारा

रुआँसा हो गया था।

इसके एकदम विपरीत रोकड़े की घटना। अन्तर्मुख करनेवाली। बोर्डिंग का यह स्कॉलर लड़का। घर की हालत ग़रीबी की। माँ-बाप मेहनत-मज़दूरी करते। उसे किताबों और कपड़ों की बड़ी परेशानी होती। रात में उसकी कक्षा के लड़के जब सो जाते तो वह अध्ययन के लिए उठता। उनकी किताबें पढ़ सके, इसलिए। दिन में कोई न देता। उसके सभी विषय अच्छे थे। संस्कृत और गणित में उसे शत-प्रतिशत नम्बर मिलते। कक्षा में हमेशा पहला-दूसरा स्थान आता। उसकी कक्षा में कुलकर्णी नाम की एक बड़ी प्यारी लड़की थी। अध्ययन के सिलसिले में उन दोनों का परिचय बढ़ता गया। शाम को वह अपने बूढ़े दादा के साथ बोर्डिंग की ओर घूमने आती। तब रोकड़े आसपास चक्कर लगाता रहता। आसपास का बहाना कर दो शब्द बोलता। कुलकर्णी दिखने में बड़ी सुन्दर। गुलाबी गाल। सुडौल कसाव। तेजस्वी आँखें। केतकी-सा रंग। रोकड़े उसके साथ घंटों बोलता रहता। रोकड़े और मेरे चेहरे आदि में साम्य था। हम आपस में कपड़े भी बदल लेते। इसलिए स्कूल में सब यह समझते कि रोकड़े मेरा छोटा भाई है। रोकड़े और कुलकर्णी का प्यार किस हद तक पहुँचा था, समझने का कोई रास्ता न था। परन्तु एस.एस.सी. की परीक्षा के समय जब सेंड-ऑफ़ का कार्यक्रम हुआ, तब दोनों ख़ूब रोए। रोकड़े बाद में बम्बई आ जाता है। कुलकर्णी पूना चली जाती है। रोकड़े कॉलेज में पढ़ता है। परन्तु दो-तीन साल कॉलेज में रहने के बाद भी वह कुलकर्णी को नहीं भूल पाता। उसकी आँखों में हमेशा कुलकर्णी ही घूमती रहती। पूरे चार वर्षों के बाद कुलकर्णी उसे थाना में अचानक मिलती है। रोकड़े की तरह वह भी ग्रेजुएट हो चुकी थी। रोकड़े उसे अपने स्कूल के प्यार की याद दिलाता है। 'हम दोनों शादी कर लें,' सुझाता है। दरअसल पूरे चार साल तक रोकड़े यही सपना सँजोकर जी रहा था। कुलकर्णी इस प्रेम का औपचारिक स्वागत करती है—"इतने साल तू कहाँ था? मैं तो तुम्हें भूल ही गई थी। स्कूल का वह सब तू कैसे सच मान बैठा?" ऐसा उसने उसे कहा। रोकड़े पागलों-सा विचलित हो गया। वह उसे भूलने की स्थिति में नहीं था। बाद में वह उसके रिश्तेदारों को भी मिला। उन्होंने तो सीधे उसकी जाति दिखा दी। किसी जलप्रपात पर ज्यों पटका जाए, ठीक वैसे ही टूट गया।

उन दिनों संगमनेर में एक अन्तर्जातीय विवाह बहुत चर्चित रहा। दूल्हा ब्राह्मण और दुल्हन महार। लड़की संगमनेर महारवाड़ा की थी। शायद उसका नाम हंसा था। हंसों-सी सुन्दर। यह प्रेम-विवाह नहीं था। सीधे प्रपोज़्ड मैरेज थी। हाईस्कूल में एक ब्राह्मण शिक्षक थे। वे अपने प्रगतिशील विचारों से पहचाने जाते। नाम देशपांडे। उसने अपने इकलौते बेटे के लिए हंसा का हाथ माँगा। गाँव में

खलबली मच गई। कुछ लोगों को शिक्षक विक्षिप्त लगे। कोई कहता, "दूल्हा लड़का टी.बी. से बीमार है। उसे अपनी जाति में कोई लड़की नहीं देता, इसलिए महार की बहू बनाने चला है।" शादी धूमधाम से होती है। कलेक्टर, प्रसिद्ध नेता शादी में आते हैं। पर इसका अन्त बड़ा दुखद हुआ। एक लड़के को जन्म देकर दूल्हा लड़का चल बसा। हंसा सफ़ेद माथा लेकर फिर महारवाड़ा में वापस आती है।

शरीर में वासना उफनने की मेरी भी उम्र थी। परन्तु मराठी स्कूल में बानू की घटना से मुँह जल जाने के कारण मैं छाछ भी फूँक-फूँककर पीता। सवर्णों की लड़कियों से कुछ दन्द-फन्द करने की हिम्मत न होती। पर मन की क्यों छिपाऊँ? वैसे उनका आकर्षण बहुत लगता। मैं और खांबेकर बैठते तो ठीक लड़कियों की बेंच के पीछे। उनके मेकअप की सुगन्ध आती। बालों को हाथ लगाने की इच्छा होती। खांबेकर से बात करते वक़्त ज़रा फ़ालतू बातें भी कर लेता। लड़कियाँ शरमा जातीं। लड़कियाँ अलग बैठतीं। लड़कों से विशेष बात न करतीं। बीच की छुट्टी में एक भी लड़की न रुकती। फुर्र-से उड़ जातीं। ऐसी लड़की-विहीन क्षा पर मैं कब्ज़ा करता। लड़के जमा कर फ़ालतू जोक सुनाता। गाने बनाने की आदत उसी समय शुरू हुई।

कक्षा की लड़कियों पर 'कक्षा में भई लड़कियाँ चार, मेरे दिमाग़ का बनाएँ अचार,' ऐसे ही कुछ गीत लिखे थे। निश्चित ही यह एक प्रसिद्ध गीत की पैरोडी थी। अन्तिम वाक्य में उनकी शारीरिक कमियों का उल्लेख होता। इस कविता में 'सपाट लोशन' शब्द का प्रयोग किया था। जिस लड़की की छाती सपाट होती, उसके सन्दर्भ का शब्द प्रयोग करता। लड़कों में यह शब्द पॉपुलर हो गया था। इसी शब्द से याद आया। कुछ शब्द किसी विशेष हिस्सों के लोगों में ही प्रचलित होते हैं। संगमनेर में 'लकड़ी हुई' इसी तरह का प्रयोग है। यहाँ 'डंडी उड़ी' के अर्थ में इस शब्द का प्रयोग किया जाता था।

जब से कुछ समझ आई, मुझे पढ़ने में बड़ा आकर्षण लगता। पढ़ते समय भूख-प्यास सब भूल जाता। पर जैसे पेट की भूख शान्त नहीं हुई, वैसे ही पढ़ने की थी। मेरा उस समय मज़ाक उड़ता, "यह मैले का काग़ज़ भी पढ़ेगा।" बचपन में उमा दादा पीले काग़ज़ों की पोथियाँ पढ़ने न देता। इसलिए बाद में जो भी पुस्तक हाथ लगती, पढ़ता चला जाता। लाइब्रेरी का मेम्बर बनने के लिए पैसे न होते। इसके कारण एक बात हुई। धनवान मित्रों के पास उन दिनों 'मस्ती' और

'उन्माद' नाम की कुछ अश्लील पत्रिकाएँ आतीं–पीले काग़ज़ में। उनमें नंगी औरतों के चित्र होते। इन चौरासी-आसनों वाली पुस्तकों को पढ़ने का चस्का लग गया। शनिवार को दोपहर में छुट्टी होती। इस समय मैं उन्हें पढ़ता। कभी-कभी बोर्डिंग में लाता। किसी को न दिखाता। कोर्स की किताब में छिपाकर पढ़ते समय एक बार भागवत मास्टर ने मुझे पकड़ लिया। मैं भौचक्का रह गया। परन्तु फिर भी काफ़ी दिनों तक इन पत्रिकाओं की आदत नहीं छूटी। पढ़ते समय सारे शरीर में वासना की बाढ़ उफनती। इसी उम्र में इकसठ-बासठ की आदत लगी। इसके कारण शरीर का सत्यानाश होता है, यह बतानेवाला कोई गुरु उन दिनों नहीं मिला।

इन्हीं दिनों एक लड़की से सम्पर्क बढ़ा। उसका नाम गऊ वडारिण था। शायद उम्र का भी दोष रहा हो। वही क्यों पसन्द आई? यह भी एक प्रश्न हो सकता है। बोर्डिंग के पास ही वडारों के कुछ तम्बू थे। बारदाने से बँधे हुए। वे गिर न जाएँ, इसलिए अन्दर लकड़ियाँ गाड़ देते। भीतर जाना हो तो कमर तक झुककर जाना पड़ता। उन्हीं में से एक तम्बू में गऊ रहती थी। उसके साथ सिर्फ़ उसकी बूढ़ी माँ थी। उसकी बड़ी बहन की शादी हो चुकी थी। गऊ की बहन पास के तम्बू में रहती थी। शादी के कई वर्ष बाद भी उसे कोई लड़का-बच्चा नहीं हुआ। गऊ की बहन का पति किसी राक्षस-सा दिखता, काला-भिल्ल। आँखें हमेशा चढ़ी हुईं। उसकी गऊ पर नज़र थी। बच्चों के लिए वह गऊ से शादी करना चाहता था। पर गऊ को वह तनिक भी पसन्द नहीं था।

गऊ वैसे सुन्दर थी। ख़ूब भरी-भरी। मकई के गदराए भुट्टे-सी। उजली ललाई लिये हुए। वडारिन पहनती है, वैसी साड़ी पहनती। ख़ूब कसकर बाँधती। नाचनेवाली पहनती है न, वैसी। नौ-गज़ी पद्धति से। आँचल छाती को कसकर लपेटा गया। पर बाँहें खुली-खुली। स्लीवलेस ब्लाउज़ की किसी महिला की हों, ठीक वैसी। गऊ दोपहर में माँ के पास गप्पें मारने आती। अपने भविष्य की चिन्ता माँ को गम्भीरतापूर्वक बताती। ऐसे समय मैं पढ़ने के बहाने उसके आसपास मँडराता रहता। पुस्तक के अक्षर पर मेरा ध्यान न होता। गऊ एकटक मुझे घूरे जा रही है, यह भी ध्यान में आता। सारा शरीर रोमांचित हो जाता।

गऊ माँ की थोड़ी-बहुत मदद कर देती। कभी-कभी रसोईघर, खाने का हॉल गोबर से लीपती। ऐसे समय उसे लीपते हुए एकटक देखना मुझे बड़ा अच्छा लगता। दोनों हाथ गोबर से सने हुए, माथे पर आगे झूलती लटें। मेरी ओर देखकर मन्द-मन्द हँसती हुई वह गोबर से ज़मीन पर कमल की पंखुरियाँ बनाती। एक

पंखुरी से दूसरी पंखुरी उकेरती जाती। ऐसे समय उसकी चूड़ियों की खनखनाहट कानों में पड़ती। यह रूप आज भी मेरे मन पर गहरा खुदा हुआ है।

गऊ से क़रीबी होने का साहस न होता। उसकी आँखों से इच्छा प्रकट होती। पर माँ का मुझ पर पूरा ध्यान होता। मैं गऊ के आसपास ज़्यादा मँडराता तो माँ तंग आकर कहती, "आख़िर तू बाप जैसा ही होगा रे!" यह हमला सीधे मेरे हृदय पर होता और मेरे सारे अंग कछुए-से सिमटते जाते।

गऊ के साथ बात होती, वह भी बड़े मज़े की। गऊ अनपढ़ थी। पर उसे जीवन की समझ बहुत गहरी थी। समझ आते ही वह मज़दूरी करने लगी। एक-दो बार उसका हाथ अपने हाथ में लेकर देखा था। एकदम खुरदुरा था। लोहे की सलाखों-सा लगता। मेरी हथेली काफ़ी नरम। पर उसकी खुली बाँहें कमलनाल-सी। वासना सुलगातीं।

एक बार उससे मैंने पूछा था—चोली क्यों नहीं पहनती? दरअसल उसे ब्लाउज़ पहनना पसन्द था, पर उसकी जात-पंचायत बड़ी सख़्त। बहिष्कार करते। चोली क्यों नहीं पहनती, इसका भी मज़ेदार किस्सा। 'रामायण' में सीता को हरिण-चर्म की चोली नहीं मिली, इसलिए हमने भी चोली पहननी बन्द कर दी। गऊ के तर्क न पटते। पर पता नहीं क्यों, गऊ को भगा ले जानेवाला रावण यानी मुझे उसका राक्षसी-जीजा ही लगता। शायद उसे मुझ पर संशय था। पर आते-जाते मुझे घूरकर देखता। उसके कन्धे पर चमकती चन्द्रभान कुल्हाड़ी होती। मेरा कलेजा काँप उठता।

अन्त में गऊ की शादी उसके जीजा से ही हुई। उसने जात-पंचायत की बैठक बुलाई। पंचों को दारू पिलाई। गऊ का पिता तो था ही नहीं। माँ बेचारी कितना विरोध करती? बहन की सौत के रूप में उसने माँ का तम्बू छोड़ा। शादी के समय सुअर काटा गया था। कानों के परदे फाड़नेवाली उसकी चीत्कार सारे बोर्डिंग में फैल गई थी। अगली कुछ रातें बेचैनी में कटीं। रात-भर सुअर की चीत्कार सुनाई देती। उसके पीछे गऊ का निष्पाप चेहरा दिखता। कुछ ही दिनों में वडारों के तम्बू वहाँ से उठ चुके थे। उस गाँव में उनका मुकाम पूरा हो चुका था। फिर भविष्य में गऊ कभी नहीं दिखी। रास्तों पर या बाँध पर जब मैं वडारी स्त्रियाँ देखता हूँ, तब गऊ को खोजता हूँ। परन्तु यह तलाशना हास्यास्पद है, यह बात क्षण-भर को भी न समझ पाता।

माँ के और मेरे सम्बन्ध बड़े खुले-खुले। मैं उससे कुछ भी न छिपाता। उसकी एक सीख थी। अपनी ज़िन्दगी की सारी अच्छी-बुरी बातें किसी एक व्यक्ति को मालूम

रहनी चाहिए। पता नहीं, यह दर्शन उसने कहाँ से सीखा था? परन्तु उसकी इस सीख का मुझ पर बड़ा गहरा असर हुआ। आज यह जो मैं बता पा रहा हूँ, उसी श्रद्धा से। बड़ा हो जाने के बाद भी जब लाड़ में आता तो माँ की जाँघों पर सो जाता। ऐसे समय माँ बालों पर हाथ फेरती। उसकी आवाज़ बड़ी सुरीली। वह कोई गाना गुनगुनाती। जब गाँव में रहता तो जाता[1] पर गाने सुनना मेरा ख़ास शौक़ था। उसके गाते समय अपने-आप आँखों में अश्रुधारा बह निकलती। बोर्डिंग में रहते समय जब कभी उसे छुट्टी होती, तब मैं पुस्तकों से कहानियाँ पढ़कर सुनाता। एक बार 'मानिनी' कहानी सुनाते समय उसे अपना मायका याद हो आया—अपना कमज़ोर पक्ष। मायके के लोग किस तरह हलका व्यवहार करते हैं, इसकी उसे याद हो आती। पति के मर जाने के कारण वह दूसरा घर बसाए, यह मायके वालों की इच्छा थी। वह उम्र-भर इस बात को नहीं भूल पाई। यह बात याद आने पर उसकी ऐसी हालत हो जाती, जैसे कलेजे में तीर लगा हो।

शायद इन्हीं पुरानी बातों के कारण वह छुट्टियों में भी औरंगपुर जाने की बात मुँह से न निकालती। बम्बई के लिए तो वह 'ना' ही कहती। ऐसे समय हम मौसी के गाँव जाते। मौसा-मौसी वैसे तो बहुत ग़रीब थे, परन्तु मन के बड़े अच्छे थे। मौसी का गाँव भी मुझे बड़ा अच्छा लगता। गाँव के किनारे हमेशा हरियाली। नदी का पानी बाँध से झर-झर, झर-झर बहता रहता। इस गाँव में औरतें सुबह ही जाता पर पीसने बैठ जातीं। प्रत्येक घर में सुरीली आवाज़ में चूड़ियाँ बजती होतीं। क़रीब-क़रीब एक-दूसरे से स्पर्धा चलती। यह गाँव वैसे बहुत ही रंगीन क़िस्म का था। पुरुष लोग बजनियों की टोली लेकर गाँव-गाँव घूमते। शाम को लावणी गाते। कोई भी पुरुष मेहनत के काम न करता, पर स्त्रियाँ रात-दिन धनवानों के घर मेहनत-मज़दूरी करतीं।

मैं शादी कर लूँ, इस बात को लेकर मौसी के गाँव के लोग माँ को तंग करते। एक बार तो एक लड़की को मेरे लिए चुन लिया गया। परन्तु शादी के लिए मैं बहुत टाल-मटोल करता। वैसे महार लोगों में जल्दी शादी करने की परम्परा है। उनके हिसाब से मैं बहुत बड़ा हो गया था। माँ को वे घेर लेते। इस गाँव की कुँआरी लड़कियाँ भी मेरी ताक में थीं। हँसी-मज़ाक करतीं। परन्तु मैं बहुत ही किताबी था। घर आई चीज़ से लाभ उठाने की इच्छा न होती।

एक बार एक सयानी हो चली लड़की ने तो अच्छा-ख़ासा हमला ही कर दिया। मैं घबरा गया था। माँ को सबकुछ बता दिया। माँ से मैंने कहा, "आए,

1. आटा पीसने की चक्की।

चल निकल चल यहाँ से। इस गाँव से बड़ा डर लगता है!"

मुझे देखकर माँ हँस देती।

'विधवा का बेटा बड़ा अक़्लमन्द होता है।' ये उद्गार बचपन से ही मेरे हिस्से आए थे। इसमें खिल्ली उड़ाने की भावना होती। परन्तु तब ये उद्गार मैं तमग़े-सा लगाकर घूमता। लगता, वास्तव में अपने पास 'अक़्ल' है। नहीं तो इस उम्र में ही जो भोग लिया, वैसा किसके हिस्से आता है? इसी कारण कच्ची उम्र में ही बुज़ुर्गों-सी गम्भीरता चेहरे पर छा गई। अपनी उम्र के लड़कों के साथ खेलने के बजाय कुछ अलग तरह का किया जाए, बड़े-बुज़ुर्ग लोगों में बैठा जाए, ऐसा हमेशा लगता। अपने गाँव कभी-कभी जाता। अंग्रेज़ी स्कूल में पढ़ने के कारण गाँव में भी ख़ूब सम्मान मिलता। अब हमारी हालत कुछ ठीक थी। माँ की मेहनत की कमाई से शरीर पर नए-कोरे कपड़े आ जाते हैं। धीरे-धीरे महारवाड़ा के लड़कों से मैं कुछ अलग लगने लगता हूँ। महारवाड़ा के लोगों की चिट्ठी लिखना, लड़कों को पढ़ाना, महारवाड़ा झाड़ना आदि धन्धे सूझते हैं। ढोलकी, तुनतुना सीखना, कुछ हलके दर्जे का लगने लगता है। बाप का 'कांडा' तो स्वयं ही पड़ोस में चाचा को दे आया था। घर में उपज रही विद्या मैं सीख नहीं पाया, इसका खेद आज भी है। अपनी परम्परा की अच्छी बातें छोड़ दीं। आज मैं कोई भी वाद्य नहीं बजा सकता। बाप ढोलकी बहुत अच्छी बजाता। शहनाई फूँकता। परन्तु इसी धन्धे से उसकी कितनी फज़ीहत हुई। आज मैंने अपने छह साल के लड़के को कुर्सी बजाते देखा। वह भी ताल-सुर में। मैं चकरा गया। मुझसे टूटी संस्कृति की नाल यह इस तरह जोड़ेगा क्या?

गाँव में न रहने के कारण हमारे अपने घर की बड़ी दुर्दशा हो गई। दरवाज़े के सामने कँटीली झाड़ियाँ उग आई थीं। ऊपर कुछ खपरैल अस्त-व्यस्त। सामने ओसारे के बाँस भी कोई उखाड़ ले गया था। हमसे बिना पूछे ही गाँव का वडारी हमारे घर में गधे बाँधता। जहाँ मेरा जन्म हुआ, वहाँ गधे बाँधे जाएँ, इसी का गहरा दुख। बहुत क्रोध आता। पर घर किसे देना चाहिए, यह भी न सूझता। पड़ोस में जावजीबुआ की बड़ी कोठी। बहुत ऊँची। उनकी देखभाल और दबाव के कारण घर बचा रहा, ऐसा उनका ही कहना था। लेकिन घर के बीच की चौखट वे ही उखाड़ ले गए थे। कोई चुरा न ले जाए, इसकी सावधानी उन्होंने बरती। बाद में जब खुद के घर में उन्होंने पिछवाड़े एक दरवाज़ा बनाया तो यह चौखट और दरवाज़े के किवाड़ वहाँ लगे थे। परन्तु 'हौज़ से गई, वह बूँद से नहीं आती'—इस न्याय के कारण हम चुप ही रहे।

जावजीबुआ का घर दूध-दही से भरपूर। हमारे घर तो एक मुर्ग़ी भी नहीं थी। मेरे गाँव आने पर जावजीबुआ पत्नी से कहता, "बच्चे को दूध परोस।" बड़े आग्रह से भोजन के लिए बुलाता। परन्तु मुझे दूध कभी पसन्द न था। बड़ी मुश्किल से निगलता।

जावजीबुआ का घर वैसे पुराने ढंग का। गाँव पर उनका रोब-दाब भी वैसा ही था। उनके आते ही सबकी बोलती बन्द। जावजीबुआ तालुके का नेता था। सुबह होते ही सफ़ेद-झक्क कपड़े पहनता। साफ़ा भी वैसा ही उजला। बग़ल में छाता दबाकर तालुके में जाता। आसपास के गाँव के नेता लोग यहीं जमा होते। कोई बम्बईवाला आया कि उसके चारों ओर जमा हो जाते। चाय बनाना इनका धन्धा। हर दिन कोई-न-कोई मिलता। बाद में जब मैं नौकरी पर लगा, तब ये इसी प्रकार गिद्धों-से मुझे घेरकर बैठ जाते। कहते, "इसका बाप क्या आदमी था! बड़ी इंसानियत वाला। उसकी तुलना में बेटा कुछ भी नहीं!" यह सब संवाद मेरे सामने होता। चाय पीकर ये सब चलते बनते।

जावजीबुआ की माँ जीवित थी। दोनों आँखों से अन्धी। नाम चन्द्राव। बालों का गोला बनाया था। भौंहों के बाल भी पक गए थे। हाथ की चमड़ी पर भी झुर्रियाँ। चन्द्राव के पास मुझे बड़ा अच्छा लगता। बुढ़िया को घर में सभी सताते। उसकी दुर्दशा मुझसे देखी न जाती। उसे समय पर कोई खाना न देता। उसके कपड़े कोई न धोता। घर के लड़के-बच्चे तक उसे दिशा-मैदान कराने न ले जाते। उसको देखते ही मेरी अंतड़ियाँ चटखने लगतीं। मैं घंटों उससे गप्प लड़ाता। उसकी लाठी पकड़कर उसे दिशा-मैदान के लिए ले जाता। उसके पास कथाओं का बड़ा स्टॉक था। मैं उसकी आँखों के गड्ढों में गहरे-गहरे देखता। सिर्फ़ अँधेरा दिखता। उसकी बातों में भी मज़ा आता। उसका और मेरा मज़ेदार खेल चलता। वह सिनेमा शब्द का उच्चारण न कर पाती। सिनेमा का उच्चारण वह 'सिडीमा' करती। कई कोशिशों के बावजूद वह उच्चारण ठीक न कर पाती। उसे जब मिट्टी दी गई, तब मैं गाँव में नहीं था। कहते हैं, मरते समय वह मेरी बहुत याद कर रही थी। उसके मरने की ख़बर सुनकर मेरा मन भर आया।

जावजीबुआ और उसके इकलौते बेटे बबन में बहुत अधिक मतभेद था। बाप के बारे में बबन बहुत बुरा बोलता। बाप कहता, 'पुराने काम छोड़ दे।' बबन जानबूझकर वही काम चोरी से करता, चोरी-छिपे चमड़ा फाड़ता। वाद्य बजाने का ग़ुलामी धन्धा बाप को बिलकुल पसन्द नहीं था, और बबन बहुत अच्छी शहनाई बजाता। उसकी टीम पूरे तालुके में प्रसिद्ध। हमेशा बाप के ख़िलाफ़ रहना उसकी ज़िद। जावजी शारीरिक दृष्टि से काफ़ी मज़बूत। उनका शरीर फ़ौलाद-सा, तो बबन बाप के सामने बहुत ही कमज़ोर दिखता। बड़े पेड़ के नीचे छोटा पौधा जैसे

सूख जाता है, बढ़ नहीं सकता; ठीक उसी तरह कुछ बबन के व्यक्तित्व के बौनेपन के लिए उसका बाप ज़िम्मेदार था। वैसे बाप बहुत ही चरित्रवान, लेकिन बबन को कोई भी चीज़ वर्जित नहीं थी। वह जुआ खेलता। बाई और बोतल की संगत। उसकी शादी वैसे उसके बाप ने बचपन में ही कर दी थी। बीवी भी जवान हो चली थी। पर बबन उससे मिल न पाता। बुढ़ऊ आँगन में ही लाठी लेकर बैठता। उसका कहना था कि लड़के की बॉडी ख़राब होती है। बाद में बबन को तीन-चार लड़कियाँ हुईं। उसकी लड़कियाँ वैसे बड़ी ख़ूबसूरत। इन लड़कियों की शादी जावजीबुआ ने ही कर दी। बबन की ज़िन्दगी-भर शिकायत रही कि बाप ने मुझे मेरी एक भी लड़की का भला नहीं करने दिया।

बाद में बबन अपना सारा घर-बार लेकर बम्बई आया। फ़ुटपाथ पर झोंपड़ा बनाकर रहता। पुराने काग़ज़ बेचने का धन्धा करता। जब तक बुढ़िया थी, जावजीबुआ की व्यवस्था अच्छी थी। पर बुढ़िया के मरते ही जावजीबुआ की दुर्दशा होने लगी। बबन बाप को एक पैसा न देता। 'एकाध लड़की मेरे पास रख दे। रोटियाँ बनाकर खिला देगी;' यह साधारण माँग भी बबन ने ठुकरा दी। बुढ़ऊ बड़ा ज़िद्दी था। मरने तक उसने स्वाभिमान नहीं छोड़ा। सिर्फ़ खाने के लिए बुढ़ऊ ने घर के सारे टीन-टप्पर बेच डाले। और फिर ज़मीन का एक टुकड़ा बेचकर अपना गुज़ारा किया। घर में कोई नहीं था। सुबह पानी देने जब पड़ोस की बाई आई, तब बुढ़ऊ मरा पड़ा दिखा। वैसे अब महारवाड़ा में कर्ता कोई नहीं बचा था। सब बम्बई पेट भरने गए थे। बुढ़ऊ जब मरा, तब महारवाड़ा में एक-दो बूढ़ी विधवा औरतें। बाक़ी सब घर बन्द। क्या करें वे? बुढ़ऊ को क़रीब-क़रीब घसीटते हुए ले गए। गाँव के मराठा लोग तमाशा देख रहे थे। महार की लाश को वे कैसे हाथ लगाते? नया कोरा कफ़न कहाँ था? पुराने बारदाने में ही बुढ़ऊ को लपेटा गया।

बम्बई में बबन चाचा कभी-कभी मिलता है। ऑफ़िस भी आता है। धुत्त नशे में! झूमता हुआ। मैले कपड़े। कभी पैरों में कुछ है तो कभी कुछ नहीं। वह ऑफ़िस में आया कि सारे क्लर्क मेरी ओर नज़रें गड़ाकर देखते। 'फिर ऐसी हालत में कभी मत आना,' मुझसे यह कहा नहीं जाता। जब वह आता है तो बुढ़ऊ को गालियाँ बकता रहता है। वह बड़बड़ाता रहता है कि "बुड्ढे ने सारी इस्टेट उजाड़ दी। अब सिर्फ़ एकमंज़िला मकान है और उसे बेचकर मैं मुक्त हो जाऊँगा।" और सचमुच अपनी आख़िरी लड़की की शादी में उसने वह मकान बेच डाला। गाँव के लोग वैसे इस मकान पर आँख गड़ाए बैठे ही थे। सागवानी लकड़ियों के भंडार से यह बना था। शायद गाँव की मंडली ने यह मिट्टी के भाव खरीदा होगा।

लड़की की शादी का निमन्त्रण देने वह आया था। बबन सभी लड़कियों को

मन से चाहता। उसके मन में एक बात हमेशा खटकती रहती कि एक भी लड़की की शादी वह ठीक से नहीं कर पाया। उसकी छोटी बेटी वेणू के दुखान्त के समय का मैं स्वयं गवाह था। वेणू की शादी गाँव में ख़ूब धूम-धड़ाके से हुई थी। वेणू बहुत सुन्दर थी। नक्षत्रों-सी। माँ-बाप से उजली थी। उसे जो घर मिला, वह धनवान। लड़के के पिताजी बम्बई के किसी कम्पनी में फ़ोरमैन थे। लड़का दिखने में बड़ा ऊँचा-पूरा। घर में खेती-बाड़ी देखता। वेणू को पति द्वारा बहुत अधिक तकलीफ़ दिया जाना शुरू होता है। पति रात-रात उसे सोने न देता। उस पर सन्देह भी करता। बाहर खेतों में जाता तो चाबी-ताले में बन्द कर देता। स्कूल में जब था, तब मैंने भी एक-दो बार उसका छल कम करने की कोशिश की। पति छोटे-मोटे कारणों पर ही चिढ़ जाता। बैल-ढोरों-सा पीटता। अन्त में, बबन उसे त्योहार-निमित्त घर लेकर आता है और लड़की वापस नहीं भेजनी है, यह अपना निर्णय सुना देता है। जँवाई पागलों-सा हो गया। हाथ में नंगा चाकू लेकर बबन के घर के सामने खड़ा हो गया। बबन वैसे ग़रीब आदमी, पर डगमगाया नहीं। बाद में तो वह रामोश्या की टोली लेकर भी आ गया। लड़की ने फ़ौजदारी कचहरी में बयान दिया, "साहब, मुझे सामने के नाले में ढकेल दीजिए, प्राण निकल जाएँ, फिर भी मैं उसके साथ नहीं जा सकती।" उसे मुक्ति मिलती है। बाद में बहुत ही वयस्क व्यक्ति से उसकी शादी होती है। इतना वैभव छोड़कर वेणू क्यों आई? बूढ़ा पति क्यों बनाया? दुख-तकलीफ़ों का कँटीला रास्ता उसने क्यों अपनाया, यह सवाल आज भी मुझे निरुत्तर कर देता है। आज बूढ़े पति की नौकरी छूट चुकी है। बँगलों में आया का काम कर, वह पति और बच्चों को पालती-पोसती है। वेणू की दुर्दशा बबन ज़िन्दगी-भर न भूल सका।

बबन चाचा ने शादी में बड़े आग्रह से बुलाया था। "तू अकेला नहीं, बीवी-बच्चों को साथ लेकर आना।" यह बात कहना वह भूला न था। शादी मुलुंड में गौतमनगर में हुई। नाम के लिए वह गौतमनगर था। वहाँ विशाल झोंपड़पट्टी बसी थी। कामाठीपुरा-नागपाड़ा से उठकर आए लोग अब यहाँ सट-सटकर झोंपड़ियाँ बनाने लगे। किसी द्वीप-सा। स्थानान्तर करने पर पूरा द्वीप उठ जाता। इस यन्त्रयुग में भी यह द्वीप टूटा नहीं था। घर आकर जब पत्नी को चाचा के निमन्त्रण के बारे में बताता हूँ, तब वह भड़क उठती है, "आपको जाना हो तो अकेले जाइए। मैं अपने बच्चों को उस झोंपड़पट्टी में ग़लती से भी नहीं जाने दूँगी।" वह भी अपना भूतकाल भूलना चाहती थी। परन्तु मैं अपना सबकुछ कैसे झटक देता...उस दिन मैं अकेला ही शादी में गया। अकेले जाने की वजह से चाची नाराज़ थी। चाचा मुझे सँभाल लेता है। शादी के वक़्त चाचा का रूप मैं कभी नहीं भूल सकूँगा।

शादी को काफ़ी समय था। परन्तु चाचा पीकर टाईट थे। बड़बड़ाए जा रहे थे। मैं समझाने की कोशिश करता हूँ, "चचा, कम-से-कम आज तो नहीं पीना था। अभी शादी भी होनी है।" चाचा मेरी ओर देखकर बारातियों को गालियाँ बकते हैं, "उनकी माँओं की शादी में मैं नाचूँ...!" मुझे हँसी आती है। सटवा की गाली मैं फिर चाचा के मुँह से सुनता हूँ। चाचा का दारू पीना बारातियों में से किसी को नहीं खटकता। उधर भी अधिकांश लोगों की हालत कुछ ऐसी ही थी। चाचा के एक रिश्तेदार स्वयं स्टेशन-वैगन लेकर आए थे। रिश्तेदार की गाड़ी याने अपनी ही इस दृष्टि से तात्या गाड़ी की ओर देखते हैं। चाचा बारातियों के उसी तरह नख़रे सहते हैं, जैसे पटेल के घोड़े और महार के भूषण के कहे जाते हैं। दूल्हे की उस गाड़ी से निकासी होती है। लेकिन मैं विचार करता हूँ। दलितों की कुछ पीढ़ियाँ भौतिक दृष्टि से काफ़ी आगे निकल चुकी हैं। बाक़ी समाज आज भी गुफ़ा का जीवन ही जी रहा है। अनुभवों के हिसाब से इन दोनों वर्गों के बीच काफ़ी फ़ासला है। निकासी में चाचा सबसे आगे। गाँवों-जैसा ही बाजे का प्रबन्ध चाचा ने किया था। वह जब शहनाई के सुर सुनता है तो भूल जाता है कि वह दुल्हन का पिता है। बजनियों की शहनाई लेता है और झूमकर पुराने गाने का सुर छेड़ता है। दूसरा शहनाई वाला उसका गीत उठा लेता है। मुझे अचानक ही बजनियों की उस टीम से पिताजी याद आने लगते हैं।

बरसात के दिन थे। सारी झोंपड़पट्टी में कीचड़-ही-कीचड़। बौद्ध-पद्धति से शादी होती है। खाने की पंगत कीचड़ में ही बैठती थी। चाचा के आग्रह के कारण मुझे भी भोजन करना पड़ता है। पत्तल में लपसी और घुघरी मिलती है।

इधर खाने का मेरा स्वाद भी बदल चुका था। इस कारण मैं अपनी इच्छा के ख़िलाफ़ भोजन करता हूँ। रात जब घर के लिए चला, तब चाचा-चाची ने मेरी पढ़ी-लिखी पत्नी के लिए एक नई कोरी साड़ी दी। निश्चित ही वह पाँच गज़वाली थी। "तेरी बीवी के लिए ख़रीदी थी। वह आती तो उसे मंडप में ही पहनाते।" मुझे ये लोग बहुत बड़े दिल के लगते हैं। परन्तु मेरी और उनकी दुनिया का फ़ासला बढ़ता जा रहा है, यह बात मुझे बेचैन कर जाती है।

बबन चाचा गाँव की पुरानी पीढ़ी के अन्तिम अवशेष। इधर वह भी बापज़ादों-सा दारू पीकर जर्जर हो गया। महारवाड़ा के कितने ही युवकों की मौत मैंने देखी है। बबन चाचा भी कुछ दिनों का साथी लगता है। अब जब कभी महारवाड़ा जाता हूँ तो चारों ओर डरावनी शान्ति। दिन में बुढ़िया डायनों की तरह भूसा निकालती लगती। सारे घर खँडहरों में बदल चुके थे। वहाँ कुत्ते, सुअर दौड़ते दिखते हैं। महारवाड़ा में एकाध घर खुला है। वहाँ दरवाज़े पर भूत-प्रेत की कथा-सी कोई जर्जर शरीर की सफ़ेद बालों वाली बुढ़िया दिखती। उसके बालों का गुच्छा बना होता,

उसकी भौंहें भी पकी होतीं। अक्सर वे हाथ हिला-हिलाकर खुद से ही बातें करती होतीं। मेरे प्राण घबराने लगते हैं। महारवाड़ा के दिल दहलाने वाले लोग इस तरह हवा में ग़ायब हो कहाँ निकल गए? गाँव के मराठा लोग कहते हैं, "महारवाड़ा पर किसी ने करनी की।" सच, किसने करनी की होगी? पिछले पच्चीस-तीस सालों तक गाँव कैसा गोकुल-सा भरा-भरा था! गाँव को ज़मीन पूरी न पड़ती। गाँव हाथ-पैर फैलाने लगा है। अंग्रेज़ी कवेलू के कुछ घर, ग्राम पंचायत की सुडौल इमारत, नया स्कूल गाँव में झलकने लगे। बचपन से ही हम खुले में दिशा-मैदान के लिए जाते। पत्थरों-काँटों से भरा वह मैदान। हाथी-सी काली चट्टानें, साबरबोंड की घनी कँटीली झाड़ियाँ। आज यह मैदान साफ़ हो गया है। वहाँ कुछ धनिक-मराठों ने आकर्षक घर बना लिये हैं। अनाज जमा करने के लिए गोदाम। कटनी के समय वहाँ खलिहान बनाते हैं। उनका खलिहान इतना चकाचक होता है कि तेल गिर पड़े तो आप उठा सकते हैं! पहले महारवाड़ा के प्रत्येक परिवार के पास कम-से-कम हड्डियाँ पालने के लिए ज़मीन का एक टुकड़ा होता। पिछले कुछ वर्षों से ये ज़मीन ठगने-छीनने की मानो होड़ ही लगी हो। यदि गाँव की ज़मीन की क़ीमत एक हज़ार रुपए एकड़ है तो महार की ज़मीन का भाव पाँच-सौ रुपए एकड़। उन्होंने कोई साज़िश ही रच ली हो! बीस-पच्चीस सालों में महार अतल में चला गया था। गाँव के काम बन्द हो गए थे, इस कारण बलुत बन्द। गाँव में मज़दूरी भी न मिलती। ग्राम-व्यवस्था की आर्थिक उठापटक में उत्पादन-साधनों का कोई हिस्सा न था। रोटी-पानी के लिए सब बम्बई में खो गए। बित्ता-भर ज़मीन परेशानी के दिनों में गिरवी रखते। कुछेक लोगों ने पक्की ख़रीदी कर ली थी।

सभी लोगों की क़रीब-क़रीब यही हालत। गाँव में मेरा भी एक टटपुँजा टुकड़ा था। उसका उत्पादन लेने जाता तो ख़र्च ही अधिक लगता। दो पैसे की मुर्ग़ी और चार आने का मसाला वाली बात। दो साल पहले बेटी की शादी निकली, तब एक हज़ार रुपए इसी ज़मीन पर खड़े किए। ज़मीन मराठा किसान के पास गिरवी रखी। इधर एक-दो सालों से गाँव जाना-आना बन्द है। जिस घर में जन्मा, उस घर के बारे में मन में अलग जगह थी। परन्तु पिछले साल ही एक क़रीबी रिश्तेदार ने उसे खुलेआम नीलाम कर दिया। अगली बरसात में उसकी एक लकड़ी भी न मिलती, उसका यह कहना मुझे ठीक लगा। परन्तु पत्नी झल्लाई। बोली, "क्या हमारा वंश डूब गया?"

एक बार बोलना शुरू करता हूँ कि मुझे किसी बात की सुध ही नहीं रहती। फिर पीछे जाना पड़ता है। ज़िन्दगी की विकल परिस्थितियों में मुझे कविता ने ही

बचाया। नहीं तो सोच-सोचकर पागल हो जाता। स्कूल में कोई समारोह था। मुझसे एक बार गाने के लिए आग्रह किया जाता है। मैं लोककवि वामन कर्डक द्वारा रचित डॉ. बाबासाहब अम्बेडकर सम्बन्धी गीत गाता हूँ। गीत की रचना हृदयस्पर्शी। उसकी साफ़-सुथरी भाषा। इसलिए यह गीत मैंने ही लिखा होगा, ऐसा सर समझने लगते हैं। सबके बीच प्रशंसा करते हैं। मुझे स्पष्टीकरण के लिए कोई मौक़ा नहीं मिलता। मैं रात-भर बेचैन रहता हूँ, क्योंकि मुझे यह साहित्य-चोरी लगती है। सवेरे जब स्कूल जाता हूँ, तब सर से बात स्पष्ट करता हूँ। वे ढाँढ़स बँधाते हैं। कहते हैं, "अरे, इसमें ऐसी क्या ख़ास बात है? तू भी कवि बन सकता है!" सर की इस बात का मुझ पर गहरा असर होता है। सच, क्या मैं कविता लिख सकूँगा? मैं कुछ गीत रचने लगता हूँ। लोककवि वामन कर्डक हमेशा बोर्डिंग में आते। कभी-कभी जयन्ती के अवसर पर दलित-बस्ती में उनके कार्यक्रम होते। वे आते समय अपने साथ कोई साथी न लाते। इसलिए उनके गीत में साथ देने के लिए हम कुछ लड़के बैठते। उनके गीत उन दिनों कव्वाली-पार्टी के गानों-से होते। इन्हीं गीतों की तर्ज़ पर मैं भी गीत लिखने लगा। शुरू-शुरू में सिनेमा की तर्ज़ पर लिखता। 'अलबेला' उन दिनों बहुत ही प्रसिद्ध फ़िल्म थी। इस फ़िल्म के गानों की तर्ज़ पर लिखा एक गीत याद आता है। इन गानों में यमक की रेल-पेल होती। हर शनिवार रात के समय बोर्डिंग में हमारा कार्यक्रम होता। साथ देने के लिए डिब्बे, ख़ाली घड़े होते। अपने गीत भी कोई गाता है, इसी बात का थ्रिल लगता।

इस गाने का विशेष उपयोग हो, ऐसा कभी नहीं लगा। परन्तु छुट्टियाँ होने पर बोर्डिंग के लड़के अपने-अपने घर जाते। बाद में हम लोग क्या खाएँगे, यह विकट प्रश्न भी हमारे सामने होता। ऐसे समय भागवत मास्टर के साथ कटनी के समय गाँव-गाँव घूमना। बोर्डिंग के लिए अनाज जमा करने का कार्यक्रम होता। ऐसे समय हम गाँव आते तो चौपाल पर रुकते। उस समय लोग जमा करने के लिए मेरे गीतों का उपयोग होता। कोई समाज कार्य हो रहा है, इसकी मुझे कोई जानकारी नहीं थी। जब मैं नवीं-दसवीं में पढ़ रहा था, तभी मेरी कविता 'जनता' साप्ताहिक में छपी। आज मेरी कविताओं में दिखनेवाली कलात्मकता उस समय निश्चित ही नहीं थी, परन्तु उनकी सामाजिक संवेदना नक़ली नहीं थी।

कोई दस-पन्द्रह साल हुए होंगे। उस समय दलित लेखकों का साहित्य-सम्मेलन था। अध्यक्ष थे कुसुमाग्रज और उद्घाटक थे दादासाहब गायकवाड। सम्मेलन के संयोजकों में से मैं भी एक था। ख़ाली समय में कुसुमाग्रज के सामने डरते-डरते अपनी कविता की कॉपी सरका दी। उसमें प्रेम-कविता के साथ-साथ सामाजिक कविताएँ भी थीं। कुसुमाग्रज को मेरी एक कविता विशेष पसन्द आई। उसका

आशय सामाजिक था। आज भी पुरानी कॉपी में वह है। शीर्षक 'झूल' था।

वैसे यह दहकता अंगारा मेरे मन में कुंडली मारकर बैठ गया। ज़िन्दगी में बड़े लोगों की अँगुली नहीं पकड़ी, ऐसा भी नहीं। पर अँगुली कब छूट गई, इसका अन्दाज़ मुझे भी नहीं। अब यह कृतघ्नता होगी। पर मैं किसी भी व्यक्ति की ओर लोहचुम्बक-सा खिंचता जाता हूँ। उसमें भी सामाजिक जीवन में काम करनेवाले व्यक्ति की ओर पहले। कोई सोख्ता जैसे सारा द्रव्य सोख ले, वैसे ही व्यक्तित्व सोख लेने की इच्छा होती। फिर मालूम होता कि इस व्यक्ति से अब और लेने लायक़ कुछ भी नहीं है। लगता है, अब अगली यात्रा अकेले ही करनी पड़ेगी। इस कारण मेरे बारे में कई विरोधाभास उठ खड़े होते हैं। कइयों को सन्देह होता है कि मैं क्या हूँ? लेफ़्टिस्ट या राइटिस्ट? वे प्रेम से समझाते हैं, "अरे बाबा! किसी एक में शामिल हो जा। नहीं तो बीच की जगह कोई दुर्घटना हो जाएगी।" पर सच बताऊँ? तथाकथित लेफ़्टिस्ट या राइटिस्ट लोगों या पार्टी के बारे में मेरे मन में बड़ा असमंजस है। वामपन्थी कभी-कभी पूँजीपतियों-से पेश आते देखे हैं। ऐसे समय असमंजस और बढ़ जाता है। सिद्धान्तों की भीड़ में एक बात बड़ी ईमानदारी से महसूस करता हूँ। अन्तिम स्थान पर बैठे आदमी के प्रति ईमानदार होना चाहिए।

मुझे समझने में किस तरह ग़लतफ़हमी होती है, इसके बारे में एक क़िस्सा सुनाता हूँ। हमीद दलवाई किडनी के रोग से बहुत बीमार थे। मैं उन्हें मिलने जाता हूँ, मन्त्री की मोटर में। दादासाहब उस समय मन्त्री थे। वे भी साथ थे। हमीद मुझे देखते ही ठठाकर हँसते हैं और कहते हैं, "इसको मान गए, भाई। यह सब जगह होता है और कहीं भी नहीं होता। इसे तो गुरु मान लिया।"

हमीद के कॉम्प्लिमेंट के कारण मेरा चेहरा उतर गया। मन में विचार आया, 'सच, मुझे क्या चाहिए? अपना क्या खो गया है? यह कोरी भाग-दौड़ क्यों?' मेरी पत्नी ही सही और कटु समालोचक है। वह कहती है, "कुत्ते की उल्ली, इधर भी भली उधर भी भली!" अब इसका निश्चित अर्थ क्या है, यह उसी से पूछना पड़ेगा।

सवर्ण लड़कों की और मेरी संवेदना में काफ़ी अन्तर है। इसका अनुभव वैसे स्कूल में ही हो गया था। एक प्रसंग याद आ रहा है। साने गुरुजी की 'भारतीय संस्कृति' विषय पर निबन्ध-प्रतियोगिता थी। स्कूल से सभी लड़कों को किताब पढ़ने के लिए दी गई। किताब पढ़कर मेरा सिर भन्नाया। निबन्ध में मैंने भारतीय संस्कृति की बहुत खिल्ली उड़ाई थी। कुलकर्णी नाम के हमारे मराठी शिक्षक थे। निबन्ध

पढ़कर वे बहुत बेचैन हो उठे। उन्होंने मुझे बुलाकर बहुत समझाया, "तू जो विचार रखता है, दरअसल वह राष्ट्रद्रोह है।" मुझे याद है, तैश में आकर मैं उनसे झगड़ पड़ता हूँ। एस.एस.सी. के वर्ष का आखिरी दिन विद्यार्थी-दिन होता। उस दिन सारे शिक्षक कक्षा में बैठते और लड़के स्कूल चलाते। प्रिंसिपल से चपरासी तक का काम लड़के ही करते। निश्चित ही वे ऊँची कक्षा के होते। उस समय शिक्षक की वेशभूषा में लिया गया पीरियड याद आता है। मराठी और इतिहास विषय मैंने चुने थे। मराठी के पीरियड में कविता गाकर पढ़ी थी और इतिहास के पीरियड में जाति-व्यवस्था कैसे बनी, यह पाठ लिया था। उस समय जाति-व्यवस्था की व्युत्पत्ति बताते समय 'मनुस्मृति' की, हिन्दू धर्मग्रन्थों की कठोर आलोचना की थी। कक्षा में इतिहास के शिक्षक ब्राह्मण थे। बीच-बीच में प्रश्न पूछ-पूछकर रुकावट पैदा करते हैं। मैं आक्रामक मुद्रा में उनको उत्तर देता हूँ, यही दृश्य याद आता है। दरअसल मैं जो कुछ भी बोलता था, वह मेरे विचार न होते। डॉ. बाबासाहब अम्बेडकर की 'शूद्र वास्तव में कौन थे?'–पुस्तक मैं पढ़ पाया था। इसके अलावा बम्बई से बाबासाहब द्वारा सम्पादित 'जनता' साप्ताहिक पत्रिका बोर्डिंग में आती। उसके सम्पादकीय मानसिक शक्ति प्रदान करते। लगता, ये रहे अपने असली विचार। चारों ओर सामाजिक शोषण का अहसास बड़ी तीव्रता से हो रहा था।

साहित्य का कुतूहल इसी उम्र में पैदा हुआ। अभी मैंने कुलकर्णी सर के बारे में जो कुछ बताया है न, वह उनकी पूरी पहचान नहीं है। कुलकर्णी सर मराठी बहुत अच्छा पढ़ाते। कुछ ठिगने। एक-टाँगी धोती पहनते। उस पर कोट। सिर पर सफ़ेद टोपी। कोल्हापुरी चप्पल कर्र-कर्र बजाते वे कक्षा में जाते। वैसे वे दिखने में सुन्दर ही कहे जाएँगे। गाल पर चिकोटी लेने से ख़ून निकल आए, इतनी मुलायम चमड़ी। एम.ए. मराठी में। कॉलेज में जगह नहीं मिली, इसलिए वे हाईस्कूल में आए। उनके मन में हमेशा ही असन्तोष रिसता रहता। मुझे लगता है, शायद उनके कॉलेज में कवयित्री शान्ता शेलके रही हों। गप्पों में वे हमेशा ही उनकी बात निकालते। उनकी कविता पढ़ाते समय वे सबकुछ भूल जाते। इसलिए जब वे कक्षा में आते, तब हम उन्हें शान्ता शेलके की कविता पढ़ाने के लिए कहते। उनके पढ़ाने की पद्धति भी मज़ेदार थी। यदि वे किसी लड़के पर क्रोधित होते तो उसे पेंसिल से मारते। पेंसिल की मार कितनी लगती! परन्तु उनकी सज़ा देने की एक और पद्धति जानलेवा थी। जिस विद्यार्थी पर उन्हें क्रोध आया होता, तब वे उससे बिलकुल न बोलते, लेकिन बग़ल के विद्यार्थी से ख़ूब मीठी बातें करते। उसके आसपास के विद्यार्थियों से प्रश्न पूछते, परन्तु उस विद्यार्थी की ओर वे ग़लती से भी न देखते। इस कारण वह लड़का रुआँसा हो जाता। ऐसा ही अनुभव एक मान्यवर नेता का रहा। वे कहते, "राजनीति की लड़ाई में ऐसे-वैसे

भी चल जाते हैं।'' ऐसे समय वे फ़ालतू लोगों को पास रखते। लेकिन किसी-किसी के साथ इसी तरह का जानलेवा खेल खेलते।

कुलकर्णी सर शायद कथा लिखते रहे हों। दो-एक बार उनकी कहानी मैंने पत्रिकाओं में देखी थी। अंक जब माँगा तो उन्होंने कहा, "स्कूली बच्चों के लायक़ नहीं है।'' मुझे बड़ी हँसी आई। उस कथा में छिपाने-जैसा क्या रहा होगा? जीवन की इस गाड़ी में कौन-सी ऐसी बात है, जो सर मुझसे छिपाना चाहते हैं!

कुलकर्णी सर मुझे स्कूली बच्चा समझते थे। ऐसे समय मेरे भीतर कई उतार-चढ़ाव आते। उन दिनों सिर्फ़ एक घटना के कारण जीवन का ढाँचा ही बदल गया। यह सब बताने से पहले थोड़ी भूमिका बताना ज़रूरी है। चाचा की बम्बई में हालत सीरियस थी। मुझे तार देकर बुलाया जाता है। घर के लोगों की यह समस्या थी कि चाचा मरे तो उन्हें पानी कौन देगा? चाचा का लड़का बहुत छोटा। भतीजे का पानी वैसे ग्रेट समझा जाता। मैं बम्बई आकर देखता हूँ कि चाचा अन्तिम घड़ियाँ गिन रहे थे। ठीक पिताजी जैसा ही उनका भी लीवर स्पिरिट से नष्ट हो चुका था। शायद अंतड़ियों में छेद भी पड़ गए हों। मेरे पिताजी को चाचा ने ही पानी दिया था। अब उन्हें पानी देने की मेरी बारी थी।

चाचा के मरने से धक्का नहीं लगा। उनके मरने की मानसिक तैयारी हो चुकी थी। दादी दहाड़ मारकर रो रही थी। दादी पिताजी से चाचा को अधिक चाहती। पर मेरी आँख से एक बूँद आँसू नहीं टपका। चाचा द्वारा माँ का एक बार किया गया उद्धार मैं आज तक न भूला था। मुझे खुद पर आश्चर्य होने की बजाय चाची पर आश्चर्य हो रहा था। किसी की लाश हो, चाची कभी न देखती। कहती, "झटके आते हैं, गला रुँधने लगता है।'' परन्तु पति मरने पर भी उसका बाहर न आना मेरी समझ से बाहर की बात थी। सारा कावाख़ाना चाची की इस बात पर कानाफूसी कर रहा था। अन्त में मृतक को पत्नी स्नान कराए, ऐसा रिवाज था। पर चाची ने बाहर जाने से इनकार कर दिया। शायद चाची को 'मुक्ति मिली' वाला समाधान मिला हो।

मृत व्यक्ति को पानी देने का मेरा यह पहला ही अवसर था। चाचा का जनाज़ा उठाया जाता है। उन दिनों महार लोग लाश दफ़नाते थे, आजकल की तरह चिता बनाकर जलाते न थे। बाबासाहब को चैत्यभूमि पर जलाते देखा था और तब से पुरानी पद्धति समाप्त-सी हो गई। सरकार में म्युनिसिपैलिटी के क़ब्र खोदने वाले ख़ास नौकर। पर वे भी महार। दफ़नाई गई लाश के कपड़े ये लोग बेचते हैं, ऐसी अफ़वाह इनके बारे में थी। वरली के सोनापुर में पुरुष-भर गड्ढा खोदते

हैं। चाचा की देह उस गड्ढे में रखते हैं। फावड़े से भराभर मिट्टी ढकेली जाती है। मिट्टी डालने से पहले पानी पिलाना नहीं भूलते। क़ब्र का चक्कर क्यों लगाना चाहिए? मटकी फोड़ते समय क्यों चिल्लाना होता है? इसका उत्तर मुझे आज तक नहीं मिला।

सब नल के नीचे हाथ-पाँव धोते हैं। नीम की पत्तियाँ लेकर एक व्यक्ति बैठा था। नीम की पत्तियाँ मुँह में डालने का रिवाज था। सामने के होटल में सबको चाय पिलाने, बीड़ी-तम्बाकू देने की प्रथा थी। उस दिन घर में चूल्हा नहीं जला। रिश्तेदार साग और रोटियाँ लेकर आए। जब पिताजी मरे थे, तब मैं बहुत छोटा था। परन्तु तेरहवीं में उस समय भी सिर के बाल कटवाने से इनकार कर दिया था। घर के सभी लोगों के आग्रह के कारण कि कौवा श्राद्ध का थोड़ा कुछ खा ले, इसलिए मैंने कौर उठा लिया था। पर उस उम्र में भी मुझे वह सब ढकोसला लगा था। पिंडदान की बात बड़ी हास्यास्पद लगती। आदमी जिस जगह मरा होता, वहाँ एक थाली के नीचे आटा फैलाकर बैठते। तेरहवीं के दिन वह थाली निकाली जाती। आटे पर इन तेरह दिनों में कोई नक्काशी उतर आती। इस नक्काशी को देखकर बड़े-बूढ़े यह बताते कि मरा व्यक्ति किस योनि में गया? यह रूढ़ि भी हास्यास्पद लगती। अक्सर ये लोग कौवे या साँपों के जन्म पाते। पुनर्जन्म की थ्योरी इस तरह नस-नस में व्याप्त थी। वैसे इनकी सत्रह पीढ़ियों ने 'गीता' पढ़ी भी थी या नहीं, यह एक रिसर्च का विषय है।

तात्या एक रास्ते निकल गए, यह सही है। पर वे मेरे लिए जो राह बना जाते हैं, इससे मैं चकरा जाता हूँ। इस राह से जाते समय कई बार ठोकर खाई हैं। अजगर-सा अपने ही चारों ओर घूमता रहा। मिट्टी में ही मुँह ठूँसता रहा। ज़िन्दगी का अर्थ ही बदल गया। थोड़ा-बहुत जो रोमांटिक जीवन था न, वह भी तपते रेगिस्तान में बदल गया। परन्तु इस रेगिस्तान का आभास भी प्रारम्भ में नहीं था। कोई महाकाय अजगर लील ले और पता भी न चले। घुप्प अँधेरे में आँखें फाड़-फाड़कर देखने-सी स्थिति थी। अपने रक्त-सम्बन्ध के लोग भी अपने हाड़-मांस की बोटी-बोटी कर सकते हैं; सपने में भी नहीं सोचा था। वैसे उन्होंने यह सब जानबूझकर किया था, यह बात भी नहीं थी। उनकी निगाह में एक अनाथ लड़के को मदद थी, यह सब।

तात्या ने मुझसे और माँ से बिना पूछे ही मेरी शादी तय कर दी। पंचों में सुपारी फोड़ दी गई थी। आज़ी बताती है, "बेटे, तात्या का दिया वचन मत तोड़। थूककर फिर नहीं चाटा जाता। और तेरी भावी पत्नी कितनी अच्छी है—ब्राह्मणों

की तरह! चाँद को कहती–'उगो मत,' और सूरज को कहती, 'ढलो मत,' ठीक ऐसी!" कावाख़ाने की दूसरी औरतें भी हामी भरती हैं। इन औरतों में मौसेरी-चचेरी रिश्तोंवाली औरतें सबसे आगे थीं। लड़की के पालक और मौसेरे चाचा के घरेलू सम्बन्ध थे। गाँव की लड़की का विवाह जोड़ने का क्रेडिट वे चाहते हैं। दोनों घरानों का भाईचारा बहुत गहरा था।

मैं कहीं बलि का बकरा तो नहीं बन रहा हूँ, इसकी मुझे शंका होती है। लड़की मैंने देखी नहीं और इन लोगों ने शादी तय कर ली, इसलिए मैं चिढ़ा हुआ था। लड़की भी देहात की थी। अँगूठा-छाप। गोरी, सुन्दर हुई तो क्या हुआ, मन में आता कि इतनी कम उम्र में गले में लंगर डाल लेना उचित नहीं है। अम्बेडकर-सा ख़ूब पढ़ूँ, यह जोश भीतर उफान मार रहा था। शादी से ज़िन्दगी के बारह बज जाएँगे, यह डर अलग से था ही। दूसरी ओर लड़की का सौन्दर्य-वर्णन सुनकर मेरे मन का एक और चेहरा कुछ उभरकर सामने आ रहा था। मैंने पत्नी के लिए जो सपने सँजोए हैं, वह वैसी ही होगी? उसे न देखते हुए भी मैं उसके बारे में सोचने लगा। माँ ख़ुश थी। उसकी आँखें पोते का मुँह देखने को आतुर थीं।

उसका गाँव संगमनेर से पाँच-छह मील की दूरी पर था। संगमनेर में शनिवार को साप्ताहिक बाज़ार लगता है। हमारे स्कूल की दोपहर की छुट्टी होती। उस समय बाज़ार में घूमना हमारा शौक़ होता। एक बार इसी तरह बाज़ार में घूम रहा था, तब एक रिश्तेदार ने उसके बारे में बताया। उसे दूर से दिखाया भी। लाइयाँ फूट जाएँ, इतनी चिलचिलाती धूप थी। वह धूप चाँदनी हो गई, ऐसा कुछ मैं नहीं कहूँगा परन्तु उसे देखकर कुछ क्षण मैं दंग रह गया था। आसपास के गाँव के लोग माल बेचने लाते। पंगत-जैसे वे सट-सटकर बैठते। उसके पास भी एक डलिया थी। अपनी माँ के साथ वह आई थी। वह ग्राहक को तराजू से माल तौलकर देती है। मुझे यह मालूम था कि उनकी एक छोटी-सी बाड़ी है। मैं दूर से उसे अपलक निहारता हूँ। चिलचिलाती धूप के कारण उसके गाल लाल हो गए थे। वह छींट का लहँगा और ब्लाउज़ पहने थी। अस्त-व्यस्त बाल माथे पर आते हैं। वह बहुत सुन्दर थी। उसकी नीली-भूरी आँखें, धारदार कटार-सी नाक और गुलाबी रंग, यह सब देख मैं अपनी जगह ही जम जाता हूँ। उसकी उम्र कुल दस-बारह साल की होगी। वह छरहरे बदन की थी। संगमनेर के भाजी-बाज़ार में कोई आसमानी परी तो उतरकर नहीं आई, ऐसा सन्देह होने लगता है। मन में विचार आया कि इसे यदि कक्षा की लड़कियों की तरह की पोशाक पहना दी जाए तो इसके पासंग में एक भी नहीं बैठ सकेगी!

उससे बात करना क़रीब-क़रीब असम्भव था। मैं बोर्डिंग में वापस लौट जाता

हूँ, कुछ क्षण बाद महसूस होता है कि मुझे पंख निकल आए हैं। मन में विलक्षण आकर्षण और मिलन की उत्कंठा भर-भर आती। वह कभी स्कूल नहीं गई, वह अनपढ़ है—ये सारी बातें फ़ालतू लगने लगीं। शादी यदि करूँगा तो इसी लड़की से। कुछ निर्णय जन्म लेने लगते हैं। शनिवार आने की मैं राह देखने लगता हूँ। उसे दूर खड़े रहकर देखना भी अपने-आपमें एक आनन्द-भरा काम हो गया। पर उसे इस बात का पता अन्त तक न चल सका।

मैं अपने मन में ही उसका नाम 'सई' रख लेता हूँ। वैसे नाम देहाती था। परन्तु उसे वह शोभता। बाद में एक बार देवगढ़ की यात्रा में उसके पास से दर्शन हुए। देवगढ़ के लिए बोर्डिंग के पास से ही रास्ता जाता था। चैत्र माह की यह यात्रा लगती। बम्बई से मौसेरे चाचा इस यात्रा के लिए सपरिवार आते। संगमनेर से दो-तीन मील पर देवगढ़। वहाँ की खंडोबा की जागृत-ज्योति प्रसिद्ध। महार लोगों का पीढ़ियों में चला आ रहा दैवत। इस यात्रा में रिश्तेदार नियमित रूप से आते। उनकी यह धारणा थी कि वही उनके रक्षक हैं। प्रत्येक घर से मुर्ग़ी या बकरा कटता। मौसेर चाचा बकरा ही काटते। देवदर्शन की अपेक्षा यात्रा के तमाशे, हंगामे और मटन के शोरबे में मुझे अधिक रुचि थी। खंडोबा का प्रेम-प्रकरण मन से अच्छा लगता। पीढ़ियों से चल रही यह आख्यायिका। खंडोबा वाणी जाति के थे। उनका प्रेम धनगर की महालसा से। उनके लिए वह धनगरवाड़ा में आता। पर खंडोबा के पास महालसा की मूर्ति न होती। हमेशा खंडोबा के मन्दिर के निचले हिस्से में महालसा का अलग मन्दिर। खंडोबा की बग़ल में उसकी विवाहिता पत्नी। लेकिन भंडारा महालसा पर होना है, ऐसी सबकी धारणा थी। देवदासियों का नृत्य देखने लायक होता, 'भंडार भोग्या रं—भोग्या, मलूदेवा!' यह गीत गाते। उस उम्र में यह सब थ्रिल लगता।

हाँ, तो मैं बता रहा था। ऐसी यात्राओं में सई मिलती। मिलती याने सिर्फ़ दिखती। बड़े आँचल के भड़कीले रंगों में मैंने उसे देखा। साड़ी का बोंगा, नाक में नथ। मुझे देखकर वह छुईमुई हो जाती। सफ़ेद खरगोश-सी थिरकती। उसकी हमउम्र लड़कियाँ उससे कहतीं, "यह देख, अपना पति।" वह दूर भाग जाती। मैं उसे पसन्द था, यह उसकी आँखें बतातीं। विवाह-पूर्व पति से बातचीत वाला मामला उन दिनों न था। इस कारण बात करने की हिम्मत न होती। पर एक बात सच थी कि मैं जहाँ भी जाता, वह भी वहाँ मँडराती रहती। नई-नई शादी कर दूल्हे राजा अपनी पत्नी को काँख में उठाकर क़िले की सीढ़ियाँ चढ़ते हुए दिखते। लगता, मुझे भी सई को लेकर ऐसी ही सीढ़ियाँ चढ़नी पड़ेंगी क्या? क्या मैं सई को उठा सकूँगा?

एक बार तो उसके गाँव जाने का मौक़ा भी मिला। दादी बम्बई से आई थी।

उसके साथ मैं सई के घर जाता हूँ। शाम हो चली थी। मेरी नज़र सई को तलाशती है। रात का भोजन हो चुकने के बाद भी सई नहीं दिखती। रात-भर बेचैनी रहती है। सुबह उठता हूँ तो सई मेमने से खेलती दिखती है। मुझे देखते ही लजाकर भीतर भाग जाती है। बम्बई में देखी 'शकुन्तला' पिक्चर याद आती है। शकुन्तला मृगछोने के साथ इसी तरह खेलती है। इन दोनों दृश्यों का काफ़ी दिनों तक मिश्रण होता रहता है।

सई के घर में काफ़ी लोग थे। दो-चार भाइयों का संयुक्त परिवार था। घर में पर्याप्त भेड़-बकरियाँ। इन्हें गाँव के खेतों में बिठाने से खेत, खाद-पानी से परिपूर्ण होते। इसके बदले में उन्हें खेत की मेड़ों पर लगे बबूल के पेड़ों की पत्तियाँ मिलतीं। इस पर वे भेड़ पालते। साल के अन्त में इनका ऊन मिलता। संयुक्त परिवार में सब लोग अपनी सुविधानुसार इस उत्पादन पर हाथ मारते। इस कारण हमेशा मनमुटाव। सई का बाप उन सबसे अलग था। काला रंग, कोलतार-सा। हँसते समय उनके दाँत ही अधिक चमकते। शरीर से मज़बूत। बगुलों-सा रहता। खेतों पर काम न करता। पी.डब्ल्यू.डी. में सड़कें बनाने के काम पर वह मुकादम था। बरसात में जब सड़कों में गड्ढे पड़ जाते, तब उन्हें ठीक करना उसका काम था। उसके काले-कलूटे शरीर को देखकर लगता कि इतने काले आदमी के यहाँ यह गोरी लड़की कैसे हुई? इसका उत्तर उसकी माँ को देखने पर मिल जाता। माँ सई-सी उजली। परन्तु सई की नीली-भूरी आँखों का कुछ अलग व्यक्तित्व था। कोब्रा लड़की दिखती है न, ठीक वैसी ही। अपना नाती इतने बड़े गोकुल में आ घिरा, यह सोचकर दादी का मन खिल उठता।

शायद इस मनःस्थिति का परिणाम था कि मैं एस.एस.सी. में फ़ेल हो गया। ज़िन्दगी में फ़ेल होने का यह पहला मौका था। जब रिज़ल्ट आया, तब मैं मामा के गाँव था। मैं फूट-फूटकर रोने लगा। माँ-मामा धीरज बँधाते हैं। एक यात्रा से भगवान थोड़े ही बूढ़ा हो जाएगा! वे समझाते हैं। फ़ेल कैसे हो गया, यह प्रश्न मन में कौंधता रहा। कक्षा में इतना 'गधा' तो मैं था नहीं। मार्कसीट आने पर फ़ेल होने का कारण स्पष्ट हुआ। अंग्रेज़ी में सिर्फ़ 28 नम्बर थे। अन्य विषयों में पास था। अंग्रेज़ी में यदि 35 नम्बर भी मिलते तो फ़र्स्ट-क्लास कहीं नहीं गया था। अंग्रेज़ी से मैं आठवीं से ही डरा हुआ था। हर साल बिलकुल बाउंड्री पर पास होता। आगे भी उम्र-भर अंग्रेज़ी छलती रही। साहबों की भाषा कभी नहीं सीख पाया। कहते हैं, एक बार बी.ए. के सारे पेपर जल गए। सबको पास कर दिया गया। जले हुए नाम से वे विद्यार्थी पहचाने जाने लगे। वैसा ही कुछ हमारा भी हुआ। सारी पीढ़ी बरबाद हो गई। आठवीं के बाद चार साल तक अंग्रेज़ी पढ़ा। ढंग से न तो एक वाक्य लिख सकता और न ही पढ़ सकता। था। धनवानों के

लड़के ट्यूशन लगाकर यह कमी पूरी कर डालते थे। हमारे लिए यह सम्भव न था। मोरारजी भाई को मन में गाली देता हूँ। उस समय वे महाराष्ट्र सरकार में थे। कहते हैं, उन्हीं ने यह शिक्षा-पद्धति शुरू की। जैसे इस सन्दर्भ में उन पर ग़ुस्सा था, वैसे ही हमारे हाथों से बन्दूक छीन ली गई, इसका भी ग़ुस्सा था। स्कूल में साल-भर एन.सी.सी. में था। वहाँ बन्दूक चलाने को मिलती। एन.सी.सी. का कैम्प एक बार लोह गाँव गया। अगले साल आओ, हम तुम्हें हवाई जहाज़ में बिठाएँगे, यह आश्वासन वहाँ के संचालकों ने दिया। एन.सी.सी. का अगला वर्ष आया ही नहीं। मोरारजी भाई ने बन्द करवा दी। विमान में बैठने का सपना हवा हो गया।

फ़ेल होने के कारण एक बात हुई। सारी ज़िन्दगी का उफान शान्त हो गया। आगे बहुत अधिक पढ़ने की इच्छा कम होने लगी। यहाँ-वहाँ अंग्रेज़ी का डर आड़े आ जाता और यह डर भीतर तक फैलता गया।

फ़ेल होने पर क्या कर सकता था? फिर संचालकों के आगे हाथ-पैर जोड़े। फ़ेल लड़कों को बोर्डिंग में रखने की व्यवस्था नहीं थी। बाहर भी कोई सहारा नहीं था। अपनी सारी ज़िन्दगी अब पेड़ से बिछले सूखे पत्ते-सी यहाँ-वहाँ उड़ती रहेगी, यह सोचते ही आँखों के आगे अँधेरा छा जाता। मुझे बोर्डिंग से निकालने पर माँ को भी निकालना पड़ता, यह बात सोचकर उन्होंने स्पेशल केस के तौर पर मुझे वहाँ रख लिया।

फ़ेल विद्यार्थी को बोर्डिंग में रहने का अधिकार नहीं—इस कारण लड़के मुझे और अधिक तंग करने लगे। मुट्ठी-भर भोजन के लिए यह कितनी बड़ी लाचारी थी! मुझे अपने आप पर बड़ी कोफ़्त आती। मैं दूसरे लड़कों से नज़रें बचाने लगा। सिर्फ़ खाना खाने बोर्डिंग में जाता। पास ही आदमी की ऊँचाई तक का मुर्गियों का दड़बा था। वैसे वह ख़ाली ही था। वहीं रहने लगा। अध्ययन के लिए वह एकान्त जगह लगी। शनिवार के बाज़ार में जाकर सई को देखनेवाला धन्धा बन्द कर दिया। अंग्रेज़ी किताब रट डाली। वैसे मुझे रटने पर याद रहता। नाटकों के संवाद सहज ही याद कर लेता था। वह आदत काम आई। बचे विषयों के लिए फिर नगर जाना पड़ा। इस साल अक्तूबर में मैं निकल गया। मज़े की बात तो यह थी कि अंग्रेज़ी में साठ से भी अधिक नम्बर मिले थे। पर अंग्रजी मेरी सुधर गई हो, ऐसी कोई बात न थी। यह सब रटने का कमाल था। इतने नम्बर मिलेंगे, कभी सपने में भी नहीं सोचा था।

बोर्डिंग का हमारा दाना-पानी एक तरह से अब समाप्त हो चुका था। किसी जेल से कड़ी सज़ा भोगकर निकलने-सा लग रहा था।

पर क़ैदी को बाहर की दुनिया में कौन पूछेगा? अपना रास्ता कैसे निकाला

जाए? ये सारे प्रश्न सामने खड़े थे। बचपन की बम्बई खींच रही थी। बम्बई इशारे से बुला रही है। इस मोहनगरी में अपनी राह सुलभ हो जाएगी, ऐसा लगता। तालुके में, जनपद में क्यों नहीं चिपक गया, इसका आज भी आश्चर्य होता है। अपने कुछ दोस्त ऑफ़िस में क्लर्क बने। तगाई[1] क्लर्क की तो 'ऊपरी' कमाई। क्लर्क का रौब कितना! सारे उसे 'भाऊ साहब' कहते। लोग उसका थूक झेलने को तैयार। पान, स्पेशल चाय सामने तैयार। इस बात का मुझे कभी आकर्षण नहीं रहा। वैसे ही मास्टर का भी। गाँव क्या, ज़िला क्या, यहाँ अपना दम घुट जाएगा। इस तालाबी ज़िन्दगी में कोई हलचल न थी। सबकुछ मृत लगता।

माँ और बहन को लेकर बम्बई की राह पकड़ी। कावाख़ाना जैसे हमारी ही राह देख रहा था।

बम्बई का आकर्षण ख़ून में किस क़दर समाया हुआ था। इतने सालों के बाद सोचता हूँ कि इस शहर ने मुझे क्या दिया? कहते हैं कि कृष्ण ने जरासंध के शरीर को चीरकर उसके दो टुकड़े, दो विभिन्न दिशाओं में फेंक दिए थे। वैसे ही मैं इस शहर में दो दिशाओं में बँट गया। रात में सिर छिपाने के लिए जहाँ जाता था, वह एक भयानक नरक था और जिस विलासी जीवन का दूर से ही दर्शन करता था, वह एक अलग तरह की मोहनगरी थी। अँगूठी के पत्थर-सी। वह आँखें चमकाती है, इशारे करती है। परन्तु यह पत्थर मुझे निरन्तर धोखा देता आ रहा है, इसका अहसास होने लगा है।

संगमनेर छोड़ते समय तिल मात्र भी बुरा नहीं लगा। माँ ने बोर्डिंग में कितनी तकलीफ़ उठाई थी! उसकी बनाई रोटियों का यदि ढेर लगाया जाए तो एक पहाड़ खड़ा हो जाएगा और इसी रोटी ने हमें ज़िन्दगी-भर छला। पेट की आग बुझाने के लिए ही माँ ने यह सब किया। अब उसे दमे की बीमारी ने जकड़ लिया था। थोड़ा-सा चलने पर साँस फूल जाती। बड़ी-बड़ी भट्टियों के दहकते अंगारों के सामने वह बैठी रहती। शरीर आँच में ही रहता। शायद उसे ब्लडप्रेशर की भी तकलीफ़ थी।

हम बम्बई आए तो रहे कावाख़ाने में ही। बम्बई में यही एक अधिकार के

1. कृषि-कार्यों के लिए ऋण।

साथ रह सकनेवाली जगह थी। दादी तब तक जीवित थी। वह हमें कैसे दूर ढकेल सकती थी? परन्तु चाची को हमारा फिर से वहाँ आना अच्छा नहीं लगा।

कावाख़ाने में आने के बाद अपने जीवन के दुखों की इतनी विचित्र थालियाँ परोसी जाएँगी, इसकी कल्पना प्रारम्भ में न थी।

बाद में जब कभी गाँव गया तो संगमनेर स्टेशन पर अवश्य उतरता। संगमनेर गाँव में भीतर जाने का सवाल ही नहीं था। स्कूल के दोस्त सब अपने काम-धन्धों में जम चुके थे।

एक बार इसी तरह संगमनेर स्टैंड पर उतरा। बोर्डिंग जाने की इच्छा होती है। साइकिल पर टाँग मारकर छोटे संगमनेर जाता हूँ। दूर से ही बोर्डिंग की इमारत दिखती है। मन में भावनाओं की भीड़। ज़िन्दगी के पाँच-छह साल यहीं बिताए थे। माँ की याद सताती है। बोर्डिंग में जाकर जहाँ माँ काम करती थी, वह कमरा देखने की इच्छा होती है। जहाँ सोता था, पढ़ता-लिखता था, वहाँ जाना चाहता हूँ। लड़कों के साथ गप्पें मारने की बात याद आती है, ऐसे कितने ही विचार घने होते गए। बोर्डिंग में मुझे कोई नहीं पहचानता। दो-चार लड़के जुआ-ताश खेल रहे थे। मुझे देखकर सब विचलित होते हैं। बोर्डिंग-निरीक्षण के लिए कोई अधिकारी आया है, ऐसा ही कुछ वे समझते हैं। भोजन-हॉल में जाता हूँ। जानवर बाँधने के स्थान पर जिस तरह गड्ढे हो जाते हैं, वैसे ही बित्ता-बित्ता-भर गड्ढे पड़ चुके थे। रसोईघर भी इसी तरह ख़राब हो चुका था। बोर्डिंग के बीच के दालान की रस्सी पर लड़कों की गुदड़ियाँ झूल रही थीं। अपने समय बोर्डिंग में ऐसी उजड्ड व्यवस्था कभी नहीं थी। मैं निराश हो जाता हूँ। किसी लड़के के साथ बात करने की इच्छा नहीं होती। उदास भारी क़दमों से सीढ़ियाँ उतरता हूँ। बोर्डिंग चलाने का पहलेवाला ध्येय समाप्त हो चुका था। अब यह कुछेक लोगों का व्यवसाय बन चुका था। राजनीतिक पार्टी का अड्डा बन चुका था।

पेटिट हाईस्कूल की घटना बहुत ही रोमांचित करनेवाली। रावसाहब संगमनेर क़स्बे के कॉलेज में लेक्चरर था। अतः जब भी गाँव जाता, उसे मिलने कॉलेज अवश्य जाता। एक बार महाराष्ट्र साहित्य परिषद् की संगमनेर शाखा ने पेटिट में कविता-वाचन तथा दलित साहित्य पर मेरा कार्यक्रम रखा। इस हाईस्कूल का मैं भूतपूर्व विद्यार्थी हूँ, इसका किसी को पता न था। दगड़ू नाम से तो मुझे शायद कोई न पहचानता। सभा-स्थल की ओर बढ़ता हूँ। देखता क्या हूँ कि भवालकर अध्यक्ष पद पर हैं। जिन मास्टर ने मुझे मराठी कविता पढ़ाई, वे सामने बैठे हैं। भाषण की शुरुआत होती है। मैं कितना घबरा गया हूँ, इसका उल्लेख करता हूँ। पूना-बम्बई के सजग श्रोताओं के सामने भी मैं कभी नहीं घबराया था। मुझे जिन्होंने मराठी कविता पढ़ाई और जिन भवालकर ने स्नेह से सींचा, उनके सामने

साहित्य पर क्या बोलूँ, यही सवाल था। मैं स्कूल का पुराना विद्यार्थी हूँ, यह सभागृह के लिए नई जानकारी थी। इतना होने पर भी घंटे-डेढ़ घंटे के लिए मैं श्रोताओं को एक नई दुनिया में ले जाता हूँ। मैंने कई कार्यक्रम प्रस्तुत किए हैं, परन्तु इस कार्यक्रम की सुगन्ध कई दिनों तक मेरे मन में घुलती रही।

बम्बई में क़दम रखते ही नौकरी मिल जाना सम्भव न था। माँ के लिए भी फिर से काम में जुटने के अलावा कोई रास्ता न था। माँ कावाख़ाने की अन्य औरतों के साथ मार्केट में काग़ज़ जमा करने निकलती। वैसे इस धन्धे के लिए कोई पूँजी की भी आवश्यकता नहीं थी। काग़ज़ का बोझ लेकर माँ थकी हुई रात में आती। अलग-अलग प्रकार के काग़ज़ को छाँटती। ख़ाकी काग़ज़ का अधिक दाम मिलता। बोहरा की दुकान पर पैकेट बनाने के काम आते। कावाख़ाने के पीछे ही काग़ज़ बेचने का गोदाम था। वहाँ पुरानी चिन्दियाँ भी ख़रीदते। आसपास की औरतों को यह मालूम था कि लोहे, काँच, ताँबे और पीतल के टुकड़े कहाँ बेचने हैं। माँ लौटते समय खाने के लिए बड़ी मज़ेदार चीज़ लाती। उसे यह मालूम था कि केक और बिस्कुट के टुकड़े कहाँ सस्ते मिलते हैं। होटल में बनाई गई चाय-पत्ती फिर से सुखाई जाती। वह सस्ती मिलती। यही सेकेंड-हैंड चाय हमारे घर बनती। माँ मार्केट में काग़ज़ बीनने जाती है, इसकी मुझे बड़ी शर्म आती। साला, इतना पढ़-लिख गए, लेकिन अभी भी माँ को मज़दूरी पर दिन काटने पड़ रहे हैं। और काम भी क्या? काग़ज़ बीनने का। समाज में कैसी प्रतिष्ठा? शायद यह प्रतिष्ठा की बात शिक्षा के कारण मेरे भीतर पैदा हुई। चारों ओर इस तथाकथित प्रतिष्ठा की परवाह किसी को न थी। दुखों के परिचय से दूर उनका जीवन अबाध आगे बढ़ता जा रहा था और मैं अकेला भीतर-ही-भीतर खोखला हो रहा था। दीमक लगे पेड़-सा।

रोजगार दफ़्तर की सीढ़ियाँ रोज़ चढ़ता-उतरता था। निराश मन लिये घर आता था। शेड्यूल्ड कास्ट की अलग लिस्ट होती। आज-सी गम्भीर स्थिति उन दिनों नहीं थी। कॉल भी आतीं, परन्तु इंटरव्यू में मैं साफ़ उड़ जाता। आलीशान दफ़्तर। नीचे मखमली गलीचे। लाल-लाल होंठ से 'हलो' कहनेवाली रिसेप्शनिस्ट दरवाज़े पर होती। ये सारी दुनिया सपनों की दुनिया लगती। बस्ती की ज़िन्दगी इससे पूरी तरह अलग—वहाँ गालियाँ, गुदड़ियाँ, कोयले की सिगड़ियाँ और दमघोटू धुआँ। घर खचाखच भरा हुआ। उप-किरायेदार। मैं टाँय-टाँय अंग्रेज़ी न बोल सकता। किसी के पूछने पर 'यस' या 'नो' इतना ही कह पाता। इंटरव्यू में पसीना छूटता।

एक बार पुलिस-कमिश्नर के ऑफ़िस में इंटरव्यू के लिए जाना पड़ा। वातावरण में सरल फौलादी, अनुशासन। जब मेरी बारी आती है तो देखता हूँ कि वहाँ एक नुकीली मूँछवाला, फ़ौजी रोबदाबवाला व्यक्ति बैठा है। अंग्रेज़ी में उलटे-सीधे सवाल पूछता है। सन्तोषजनक उत्तर नहीं दे पाता। वे मेरी मार्क्सलिस्ट देखते हैं। अंग्रेज़ी में इतने अच्छे मार्क्स देखकर उन्हें शंका होती है कि यह मार्क्सलिस्ट मेरी नहीं है। वे मुझे लेफ़्ट-राइट लेते हैं। मैं शपथपूर्वक बताता हूँ कि यह मार्क्सलिस्ट मेरी ही है। मेरी माँ मज़दूरी करती है। मुझे नौकरी की कितनी सख़्त ज़रूरत है, यह मैं आँखों में सारी मज़बूरी उतारकर ऑफ़िसर को बताता हूँ। परन्तु ऑफ़िसर सीधे मेरी हँसी उड़ाता है। मेरा चेहरा रुआँसा हो आता है। मैं क्लर्क की नौकरी के भी लायक़ नहीं, ऑफ़िसर की यह बात सुनकर भीतर तक टूट जाता हूँ। बाहर आने पर मन में घुटन समा चुकी थी। कोई न देख सके, ऐसे एकान्त में फूट-फूटकर रोने की इच्छा होती है। आकाशवाणी भवन से भी इसी तरह ख़ाली हाथ लौटना पड़ा था। मैं टाइपिंग नहीं जानता, उनकी टिप्पणी थी।

ख़ाली समय खाने को दौड़ता। पढ़ने का शौक़ बचपन से था ही। परन्तु अपनी रुचि की पुस्तकें न मिलतीं। जितनी भूख पेट की थी, उतनी ही वाचन की थी। वाचन की भूख थोड़ी-बहुत नेबरहुड लाइब्रेरी में शान्त कर सका। कावाख़ाने के पास ही सड़क पार करने पर एक बहुत बड़ा चर्च था। उसी चर्च के पास ही मिशनरी लोगों की लाइब्रेरी थी। राव नाम का लाइब्रेरियन था। उससे मित्रता बढ़ाई। मेरी पसन्द की किताबें वह घर पढ़ने को देता। मुझे फ़ीस न देनी पड़ती। वैसे फ़ीस मेरी जेब से भी अधिक थी। पाँच-छह महीने में क़रीब-क़रीब सारी पुस्तकें छान मारीं। सबसे अधिक पागल किया शरच्चन्द्र ने। उनका 'श्रीकान्त' पढ़कर मैं अत्यधिक प्रभावित हुआ। श्रीकान्त की मानसिकता, न जाने क्यों, मुझे बहुत परिचित लगी। इसी तरह राहुल सांकृत्यायन की 'वोल्गा से गंगा' किताब गहरे छू गई। रसेल का नीतिशास्त्र यहीं पढ़ पाया। मेरे सिवा यहाँ मराठी कविताओं को कोई न पढ़ता। उमर ख़ैय्याम की अनूदित रुबाइयाँ गुनगुनाना मेरा पसन्दीदा शौक़। मराठी उपन्यासों के इतने विशाल भंडार से कुछ उपन्यास ही याद रहे, जिन्हें मराठी समीक्षकों ने कभी महत्त्व नहीं दिया। डॉ. रंगनाथ देशपांडे का 'आग्या मोहोल' और मनोहर तल्हार का 'मानस' शायद इसलिए भाये हों कि उनमें मुझे अपनी ही ज़िन्दगी के चित्र दिखाई दिए थे।

बचपन में देखा कावाख़ाना और आज का कावाख़ाना--इसमें कोई सांस्कृतिक परिवर्तन न था। मौसेरे चाचा की आर्थिक हालत ही कुछ सुधरी थी। एक मौसेरा चाचा बर्माशेल में था। मैं उन्हें बाबा कहता। गरज़मन्दों को ब्याज पर पैसे देते। इस कारण उनकी जेब हमेशा गरम रहती। उनकी बातों में रौब होता। अँगुलियों में सोने की अँगूठियाँ। घड़ी भी झलकती। पत्नी के शरीर पर गहनों की भरमार। परन्तु यह सब तीज-त्योहारों पर ही दिखता। हालाँकि इनके पास पैसा था, फिर भी सुबह होते ही पत्नी अलंकारहीन होकर दूसरी महिलाओं के साथ काग़ज़ बीनने जाती। मेरे दिमाग़ में प्रश्न उठता, आवश्यकता न रहने पर भी चाची को काग़ज़ बीनने क्यों भेजते हैं? इनका बेटा मुझसे एक-दो साल छोटा था। नवीं-दसवीं में होगा। इस लड़के को यह बात तनिक भी पसन्द न थी कि उसका बाप दूसरों को ब्याज पर पैसे दे। हमारे दोनों-तीनों कमरों के किराये की रसीद बाबा के नाम ही फाड़ी जाती। वैसे हम क़ानून से उनके उप-किरायेदार थे। अपने नाम की किराया-रसीद हो, ऐसा पिताजी या चाचा को कभी ज़रूरी नहीं लगा। इस कारण सब लोग बाबा से डरकर रहते। हमारा फिर से उस कमरे में आकर रहना चाची को पसन्द न था। परन्तु बाबा के डर से वह कुछ न कहती। दादी को रात में चाय की तलब उठती। दादी की यह बहुत पुरानी आदत थी। कहते हैं, पहले वह चाय की तलब के लिए सौ रुपए का नोट तुड़ाने में भी आगा-पीछा न सोचती। इस बुढ़ापे में अब बाबा के घर उसकी चाय की तलब पूरी न होती। रात में घर पर चाय न बनाई जाती। बाहर वाले को ऑर्डर दिया जाता। यह बाहर वालों का बड़ा दबदबा था। सिर्फ़ सूखा-सूखा नहीं, मँगाओ खीमपाव! दादी को सोने से पहले चाय मिलना भोजना मिलने-सा होता। चाय पीते समय दादी की गप्पें चलतीं। उस समय इन दोनों भाइयों ने गाँव में अंग्रेज़ी-खपरैलों का घर बनाने का काम शुरू किया। सब सुन सकें, इतनी ऊँची आवाज़ में कहती है—"मेरा दगड़ू भी ऐसा ही बड़ा मकान बनाएगा!" इस पर बाबा मज़ाक उड़ाते हुए कहते हैं, "उसे कह कि मुँह धोकर आए। मकान बनाना क्या हँसी-खेल है? शादी करके देखो और मकान बना के देखो, यह क्या यूँ ही कहते हैं?" मैं यह सब सुनता रहता हूँ। मैं अपना अपमान सहन नहीं कर पाता। परन्तु इस अपमान की छाया चेहरे पर नहीं आने देता। हँसते-हँसते कहता हूँ, "देखो बाबा, जब आप बम्बई आए थे, तब हमाली करते थे और आज मैं पढ़-लिखकर आया हूँ। मुझे जो नौकरी मिलेगी, वह तीन-चार सौ रुपयों की होगी। आप ऐसा न समझें कि मैं मकान नहीं बनवा पाऊँगा।" यह मैं भावावेश में बोल गया था। परन्तु अपनी बात का खोखलापन अब मुझे मालूम हो गया है।

मकान बनाना तो दूर रहा, ख़ानदानी मकान भी मैं नहीं बचा सका। इस

बम्बई में खुद का फ़्लैट नहीं ले सका। आज भी टीन की चादरों से बने घर में रहता हूँ। चाचा के वक़्त के रुपयों की क़ीमत आज नगण्य है। दुनियादारी के गड्ढे भरते-भरते मैं थक गया हूँ। जिस तरह नौकरी की तलाश में थका था, ठीक उसी तरह। किराये का ही क्यों न हो लेकिन सिर पर छाया हो, इसके लिए मैंने कितनी मानसिक यातना झेली। कितने लोगों के सामने कितनी बार अपना दयनीय चेहरा रखा! दादासाहब विधायक थे, तब की बात है। पत्नी कहती– ''दादासाहब से तुम्हारी पहचान है। इतना छोटा काम भी क्या वे नहीं कर सकेंगे?'' अपने-आपको अलग रखकर मैं उनसे मिलने गया। उन्होंने मुझे दूसरे दिन आमदार-निवास में बुलाया। सुबह गया तो उन्होंने कहा कि उन्हें किसी बड़े अधिकारी ने 'सारंग' में नाश्ते पर बुलाया है। मुझसे कहा, ''तू मेरे साथ चल, पर नीचे रुक। मैं अभी दस-पन्द्रह मिनट में आया।'' मैं 'सारंग' के सामने सागर की उफनती लहरें देखता रहा। साहब नीचे उतरे, पर अकेले न थे। बड़े अधिकारी साथ थे। साहब अब मुझे भूल चुके थे। शायद बड़े अधिकारी साथ होने के कारण उनके सामने कोई धर्म-संकट रहा हो। वे अधिकारी की गाड़ी में बैठकर मेरे सामने ही फुर्र-से निकल गए। मैं गाड़ी को पागलों-सा देखता हूँ। इतने साल बीत गए, पर यह घटना मैं नहीं भूल सका। अकेले में यह घटना याद आने पर उसाँसों से गला भर आता है।

छुट्टी के दिन आसपास के घरों में जुए के 'अड्डे'। जुए के लिए स्थान देने पर घर के मालिक को पैसे मिलते। कभी-कभी पुलिस छापा मारती। ऐसे समय क़ानून से बच निकलने के लिए सिर पर पैर रखकर भागते।

अपने ही गाँव का महादू याद है। वह एक नम्बर का जुआरी। उसे जुए में पैसे उड़ाने का बेहद शौक़। यह कभी भी काम करते न दिखता। बाद में इसे बम्बई से 'सीमापार' किया गया। चोरी करना उसका मुख्य धन्धा था। उस आदमी के लिए मुझे बड़ा अचरज होता। उसने कभी बड़ी चोरियाँ नहीं कीं। छाते, सूखती साड़ियाँ, ये मामूली चोरियाँ वह करता। चोरी के आरोप में जब वह कई बार पकड़ा जाता है, तब उसे सीमापार कर दिया जाता है। गाँव में भी वह लड़कों को जमा कर जुआ खेलता। बड़ी मज़ेदार बातें करता था वह। अनुभवों के कई क़िस्से सुनाता। लगता, इतना अच्छा आदमी चोर कैसे हो सकता है? परन्तु वह इतना गहरा था कि उसके चेहरे पर असलियत कभी न झलकती। दिन में जुआ और रात को कावाख़ाने में 'भगत घुमाना' इन लोगों का ख़ास काम।

भगत घुमाने की आवाज़ से सारा वातावरण भयभीत होता। इस भगत में

तरह-तरह की भगत-मंडली साथ होतीं। कुछ आग पर चलनेवाले, तो कुछ जलती ज्वाला गप से लीलनेवाले। उनके सामने घेरा भरा रहता। रोगी को वे 'झाड़' कहते। झाड़ को वे सपासप बेंत से पीटते और झाड़ कलेजा दहलानेवाली आवाज़ में चीख़ता रहता। बस, यही दृश्य मन पर स्थायी है। बाद में उन्हें कुछ कहना अपने बस के बाहर की बात होती। ऐसे समय एक अघोरी भगत आता। ख़ुद ही उलटी करता और फिर घूम-घूमकर इसे चाटता। देखनेवालों को बड़ी घिन आती।

जिस तरह भगतों का पागलपन कावाख़ाने में था, वैसा ही सोना बनाने का भूत भी उन पर सवार था। उसमें बाबा सबसे आगे। वे भट्ठी सुलगाते। उसमें रासायनिक प्रक्रिया के लिए कुछ दवाइयाँ डालते। परन्तु मुझे याद है, उसमें से सिर्फ़ लोहे के गोले ही निकलते। इस सबकी हम लड़के बहुत हँसी उड़ाते।

एक बार ऐसी ही वैदू बाई आई। सोना दुगुना करने का लालच देती है। कावाख़ाने की सभी औरतों ने अपने गले की सोने की चेनें उस बाई को दे दीं। कुछ देर बाद वे देखते हैं कि सभी गहने पीतल के निकले।

सेक्स की चर्चा वैसे खुलेआम चलती। किसी को यह बात अश्लील न लगती। कावाख़ाने में सयाजी नाम का एक व्यक्ति था। बहुत दुबला। सारी हड्डियाँ गिन सकें, इतना दुबला। उसकी दमे-सी साँस फूलती। कहते हैं, उसकी शादी हुई। परन्तु ज़नखे को क्या पद्मिनी! उसकी जवान पत्नी उसे छोड़कर चली गई। पर सयाजी वैसे ज़नखा नहीं था। उसने एक ऊँची-पूरी गोरी बाई रख ली। बाई फुटपाथ पर केले बेचती थी। बरसात में भुट्टे भूनकर बेचती। इन दोनों ने एक साथ फ़ोटो भी खिंचवाया था। वैसे सयाजी अनाथ ही था। उसका अपना क़रीबी कोई नहीं था। रेलवे में सरकारी नौकरी। बाई उसे निचोड़ खाती। सयाजी अपने मन की व्यथा दूसरी स्त्रियों के सामने खोल देता है। केलेवाली बाई सयाजी को रात में हाथ भी नहीं लगाने देती। उसका सारा माल खाती है। उसकी कमाई की झिलमिल साड़ियाँ पहनती है। पान की पट्टियाँ खाती है।

सयाजी को बुरी तरह ठगा गया है, इस निश्चय पर पहुँचने के बाद चाल की औरतों ने सयाजी की मदद करने का निर्णय लिया। सबका भोजन निपट चुका। सयाजी के लिए एक कमरा ख़ाली किया जाता है। वह रात सयाजी के हनीमून की रात थी। पर बाई बड़ी उस्ताद। ज़ोर-ज़ोर से चीख-चिल्लाकर उसने कावाख़ाना सिर पर उठा लिया। परन्तु औरतें भी माननेवाली नहीं थीं। मंजुला सबसे आगे रहती। वे कमरे में घुसती हैं। कोई उसके पैर पकड़ती है, तो कोई सिर और सयाजी को कार्यक्रम निपटाने के लिए कहती हैं। हम यह सारा दृश्य

खिड़की से देखते हैं। बाई ने हाथ-पैर झटकने की शुरुआत की। पता नहीं, अँधेरे में कहाँ से बाबा प्रकट हुए। बाई को मुक्ति मिली। अपनी साड़ी छाती पर लपेटकर वह अँधेरे में ग़ायब हो जाती है। पर इसके बाद सयाजी ने औरतों का पीछा छोड़ दिया। मैं जब केलेवाली बाई की मानसिकता का विचार करता हूँ तो मेरे दिमाग़ में बहुत-बहुत उलझनें पैदा हो जाती हैं।

कावाख़ाने में जिस तरह सट्टा-बेटिंग चलता, उसी तरह दारू की भट्टियाँ भी थीं। गली के मुसलमान मवाली यह धन्धा करते। इनकी भट्टियों की जगह संडास के पास ही तय होती। रात में दस-बारह के बाद संडास के पास जाने की हिम्मत किसी की न होती। स्त्रियाँ तो कुछ अधिक ही डरतीं। एक बार एक स्त्री अँधेरे में नल के नीचे नहा रही थी। एक मवाली गुंडा आता है और उस पर मूतता है। वह स्त्री असमंजस में। उसके सामने प्रश्न यह था कि ठंडे पानी में नहाते समय यह गरम पानी कहाँ से आया? दहकती भट्टियों पर टीन के डिब्बों में दारू का मसाला पकता रहता। पानी के बजाय ऊपर टीन के डिब्बे पर बर्फ़ का बहुत बड़ा टुकड़ा रखा रहता।

एक दिन मुझ पर कावाख़ाना सुधारने का भूत सवार हुआ। वैसे भी नए विचार मैं स्कूल से लेकर आता हूँ। एक शाम अकेला ही बॉम्बे सेंट्रल स्टेशन जाता हूँ। पब्लिक फ़ोन घुमाता हूँ। घर आकर देखता हूँ तो दारू की भट्टियों पर पुलिस का छापा था। सारा माल ज़ब्त करते हैं। अलबत्ता दारू निकालनेवाला कोई हाथ नहीं लगता। आज कुछ अच्छा काम किया, इसलिए उस दिन अच्छी नींद लगी।

दूसरे दिन यूँ ही कावाख़ाने की ओर आता हूँ। साथ में कॉलेज जानेवाली मित्र-मंडली थी। आँखें तरेरता हुआ गुंडा सामने अड़ जाता है। मैं सहज पूछता हूँ, "क्या चाहिए?" मुझसे एक शब्द न बोलते हुए वह एक दनदनाता तमाचा मेरी कनपटी पर जड़ देता है। क्षण-भर बिजली कौंधती है। साथ के दोस्त विरोध नहीं करते। जैसे कुछ हुआ ही न हो, इस तरह हम आगे बढ़े। मवालियों के गुंडों के ख़िलाफ़ रिपोर्ट बिज़िलेंस को दी। ख़बर के बारे में इन्हें जानकारी तो नहीं मिली, इस शंका से मैं रात-भर नहीं सो सका। परन्तु इसके बाद कावाख़ाना सुधारने का उत्साह बारिश में पड़े ढेले-सा अपने आप घुल गया।

शादी के लिए रिश्तेदारों से लगातार प्रस्ताव आते रहते। परन्तु मुझे यह सवाल ठंडा कर देता कि नौकरी के बिना शादी कैसी? शादी का क्रेडिट लेने के लिए

मौसेरे चाचा उतावले हो उठे थे। लड़की के रिश्तेदारों के और इनके सम्बन्ध बहुत अच्छे थे। इसलिए उन्होंने शादी की रट लगा दी। माँ से वे हमेशा कहते, "लड़की बड़ी हो गई है, उसे आँचल आ गया है। नौकरी क्या, आज न कल लग ही जाएगी। जिसने चोंच दी है, वह चारे की भी व्यवस्था करेगा।" यह सबकी ही भाषा होती। हमारी गाँठ में फूटी कौड़ी भी न थी। शादी का सारा ख़र्च मौसेरे चाचा उठाने को तैयार थे। निश्चित ही यह सब ख़र्च वापस कर देने के आश्वासन पर। आज नहीं, तो कल नौकरी लगेगी, इस हिसाब से। मुझ पर यह उपकार था, क्योंकि इस पर ब्याज नहीं लगना था। एक ओर सई का चेहरा, उसकी बोलती आँखें, उसका गोरा रंग, आँखों को चकाचौंध कर रहा था तो दूसरी ओर आर्थिक हालत बेचैन कर देती।

अन्त में सई की ही विजय हुई। नौकरी न होते हुए भी मैं शादी के लिए तैयार कैसे हुआ, यह प्रश्न आज भी मुझे सताता है। सई के रिश्तेदार बम्बई बुलाए गए। शादी गाँव में होनेवाली थी, पर शादी का कपड़ा बम्बई में ख़रीदा जानेवाला था।

उन दिनों महार लोगों में शादी का 'बस्ता बाँधना' एक मज़ेदार बात होती। दूल्हा-दुल्हन के रिश्तेदार, गाँववाले—सब मिलकर बस्ता बाँधने जाते। बस्ता बाँधना अर्थात् दूल्हा-दुल्हन के कपड़े ख़रीदना। सारी मंडली दुकान के सामने घेरा बनाकर खड़ी रहती। उसमें से दस-बीस कपड़ों की परख के लिए दुकान के भीतर। उसमें दो-एक महिलाएँ विशेष रूप से रहतीं। दुकानदार को इसकी पूरी जानकारी रहती। ऐसे समय दोनों पक्ष एक-दूसरे को 'काटने' की सोचते। दूसरे पक्ष ने जिस कपड़े को हाथ लगाया होता, वह कपड़ा ख़रीदना पड़ता। इस पर भयंकर झगड़ा उठ खड़ा होता। कभी-कभी शादियाँ टूट जातीं। दुकानदार अपनी क़ीमत पर अड़ जाता। बस्ता बाँधने पर दुकानदार बड़ी दिलदारी से सबको जलपान देता। परन्तु बस्ता बँधवानेवाले को यह जानकारी न होती कि चाय के पैसे दुकानदार ने पहले ही निकाल लिये हैं। दादर, म्हतारपाखाडी या डोंगरी इन बस्तियों में बस्ता बाँधने का कार्यक्रम विशेष रूप से रंग लाता। बस्ता काँख में दबा दोनों पक्ष किसी बगीचे में जाकर बैठते। हलवाई की दुकान से लड्डू लाए जाते और बगीचे में सबको बाँटे जाते। गाँव से कोई न पहुँचा हो तो लड्डू उसके घर पहुँचाए जाते। ऐसा था यह बस्ता।

मुझे जब अपने बस्ते की याद आती है तो आज भी मेरे रोंगटे खड़े हो जाते हैं। बस्ता बाँधने से पहले ही विवाद खड़ा हो गया। मेरे पक्ष में कुछ पढ़े-लिखे मित्र थे। उनमें सदाशिव प्रमुख। उसका कहना था कि दूल्हा पढ़ा-लिखा है, उसे लड़कीवालों की ओर से सूट मिलना ही चाहिए। अजीब बात यह थी कि लड़कीवालों

की ओर से मेरे मौसेरे चाचा ही बोल रहे थे। उन्होंने हमारी माँग ठुकरा दी—"हम धोती, कोट, पगड़ी, जूता देंगे—पुराने हिसाब से कपड़े ख़रीदेंगे।" यह उनकी ज़िद थी। हमारी ओर से लड़की के लिए क़ीमती शालू पहले ही खरीदा जा चुका था। "लड़की के कपड़ों के लिए जो खर्च हुआ उसकी आधी क़ीमत के कपड़े हम देंगे।" उनका कहना था। यह परम्परा चली आ रही थी। झगड़ा बढ़ता गया। मैं भी पीछे हटने को तैयार नहीं था। दुकान के सामने यह झंझट चल रहा था। हम आँकड़ों के आधार पर यह सिद्ध करने पर तुल गए, आप जो कपड़े ख़रीदनेवाले हैं, उतने पैसों में ही सूट हो जाएगा। लड़कीवालों के बजाय हमारे चाचा ही मानने को तैयार न थे। अब आगे क्या होगा, इसलिए सब चिन्तामग्न। इतने में बाबा का पारा अन्तिम छोर पर पहुँच गया। वे दहाड़ते हैं, अनाप-शनाप गालियाँ बकते हैं। मेरे कुछ करने-कहने से पहले ही वे मेरे गाल पर अपनी पाँचों अँगुलियों के निशान जड़ देते हैं। पल-भर तो मालूम ही नहीं हुआ, क्या हो रहा है। फिर मैं अनियन्त्रित हो गया—"शादी तोड़ दीजिए।" ज़ाहिर कर देता हूँ। सिर्फ़ लड़की का बस्ता लेकर ही वे सब उस रात घर वापस लौट गए।

उस दिन मुझे अपने होनेवाले ससुर पर आश्चर्य हुआ। उन्होंने झगड़े में कोई हिस्सा नहीं लिया। मेरा पक्ष भी नहीं लिया। उन्हें कहीं ऐसा तो नहीं लग रहा था कि जो भी होता है, अच्छा ही होता है! रात-भर सो नहीं सका। करवटें बदलता रहा। मेरे स्वभाव में बड़ा अजीब विरोधाभास है। उसका परिणाम दो-तीन दिन में सामने आया। कावाख़ाने में सन्नाटा फैल गया। मुझसे कोई बात न करता। शादी टूट गई है, ऐसी सबकी धारणा थी। मेरा गुस्सा धीरे-धीरे शान्त होने लगा। सई के भविष्य का क्या होगा? मुझसे उसकी शादी तय हुई है, यह बात सारे इलाक़े को मालूम हो गई थी। फिर अब उससे कौन शादी करेगा? उलटे-सीधे विचार मन में डेरा डाल रहे थे। सई हाथ से निकल जाएगी, यह डर भी था ही। उसके सौन्दर्य पर मैं सही अर्थों में न्यौछावर हो गया था। आज मैं यहाँ पूरी तौर पर यह नहीं बता सकता कि उस समय कौन-सा विचार मुझ पर हावी था! पर मैं गरदन नीचे किए ससुर को मिलने निकल पड़ा। "मुझे आपकी कोई भी शर्त मंजूर है। आप अपने हिसाब से मेरे लिए कपड़े लीजिए। यदि न ख़रीदें तो भी चलेगा। मैं जिन कपड़ों में हूँ, उन्हीं कपड़ों में मंडप में खड़ा रहूँगा।" शायद ससुर को अपनी बेटी के सौन्दर्य का घमंड रहा हो। लड़के को तानकर रखने से ही वह रास्ते पर आएगा, ऐसा भी उनकी अनुभवी नज़रों को लगा होगा। बहरहाल, सब लोगों ने मिलकर मेरे लिए एक सूट ख़रीद दिया। उनमें यह परिवर्तन कैसे आया, मुझे भी नहीं

मालूम। शादी के समय पर सूट पहनकर कैसे दिखूँगा, यही चित्र मेरे सामने तैरते रहे। वैसे भी ज़िन्दगी में सूट पहनने का पहला अवसर था। ख़ुशी न होती तो ही आश्चर्य होता।

शादी किस साल हुई, आज याद नहीं। पर अक्तूबर 1954 में मैट्रिक पास हुआ। उसके पाँच-छह महीने बाद ही शादी के मंडप में था। उस समय महार लोग नव-बुद्ध नहीं बने थे। शादी परम्परागत पद्धति से ही सम्पन्न हुई। शायद इस पद्धति से विवाह करवानेवाला मैं आख़िरी व्यक्ति रहा होऊँ। बौद्ध हो जाने के कारण आजकल महारों की एक-दो घंटे में ही विवाह-विधि सम्पन्न हो जाती है। वह भी सरल पद्धति से। पंचशील, शरण और शपथविधि सम्पन्न हुई नहीं कि हो गई शादी। परन्तु, मेरी शादी के कार्यक्रम दो-तीन दिन चले।

शिक्षा के कारण दिमाग़ में कुछ नई बातें घर कर गई थीं। मैं हल्दी नहीं लगाने दूँगा, चेहरा ढँकनेवाला मौर आदि नहीं बाँधने दूँगा। मेरी ये माँगें देखकर बाराती चकरा गए। इतना प्रगतिशील दूल्हा शायद वे पहली ही बार देख रहे थे। मेरा विरोध शुरू हुआ। माँ घुटनों में सिर दबाकर सुबकने लगी। अन्त में मैंने हाथ-पैरों में हल्दी लगाने की इजाज दे दी। मोतियों के एक-दो सेहरे बाँधने दिए। यह सब समझौता मैंने माँ के सन्तोष के लिए किया।

हल्दी के दिन महारवाड़ा के सभी रिश्तेदारों को पंगत देने की प्रथा थी। ऐसे समय पिछली कुछ पंगत बाक़ी रही होगी तो उनका हिसाब भी यहाँ चुकता कर देते। सब पत्तलें उठानी पड़तीं। शादी के समय रिश्तेदारों के नखरे बढ़ जाते। शादी में नहीं आएँगे, ऐसी धमकी भी दी जाती। रिश्तेदार यदि शादी में आएँ तो व्यक्ति के ख़ानदानी होने की पावती मिलती। नहीं तो लोग ऐरा-गैरा नत्थू-ख़ैरा समझते। वैसे हम पर कोई पिछली पंगत बाक़ी नहीं थी। पंगत में पूरी और गुड़-पाक देना बहुत अच्छा भोजन समझा जाता।

हल्दी के दिन की पंगतवाली घटना याद आ रही है। इस पंगत की सारी ख़रीदारी रिश्तेदारों की सलाह से तालुके से की गई थी। चावड़ी पर बड़ी भट्ठी खोदी गई। कड़ाही में पूरियाँ तली जा रही थीं। तानाजी माल पर कौवे-सी आँखें गड़ाए हुए हैं। न जाने क्यों तान्या बाबा को रिश्तेदारों पर शंका हुई। उसने चावड़ी की गैलरी में जाकर देखा। वहाँ गुड़ और आटे की लोई चुराकर रखी गई थी। तान्या बाबा गुस्से में आकर माँ-बहन की गालियाँ बकते हैं। कार्यक्रम का बिगाड़ना, शादी-घर की हँसी उड़ाना, यह कुटिल चाल थी रिश्तेदारों की। यह परम्परा मैं बचपन से देख रहा हूँ। लोग खाने बैठे कि पूछिए मत। कोई जाँघों के नीचे पूरियाँ दबाते, तो कोई 'मेरा लड़का बम्बई में है। उसका हिस्सा डालिए,' 'मेरे बेटे की शादी में कैसे गले तक भरा था?' यह औरतों की पंगत का संवाद।

मेरा सिर चकराने लगता है। पर कुछ बोलने पर अपनी ही शादी का सत्यानाश होता, इसलिए तेरी भी चुप मेरी भी चुप। इस भोजन के बाद मंडली शादी की रस्म के लिए लड़की के गाँव निकलनेवाली थी। इकलौती बैलगाड़ी किराये पर ली गई। सारे बाराती भला उसमें कैसे बैठते? महारवाड़ा के लोग रूठ गए। हमारे बीच ज़िम्मेदार व्यक्ति कोई नहीं था। दादा तानाजी सबको समझाते हैं, "विधवा के बेटे की शादी में यह सब क्या करते हैं!" ऐसा दयनीय वातावरण बनाते हैं। परन्तु लोग हिलने को तैयार न थे। अन्त में तान्या बाबा सबका बस-ख़र्च देते हैं। गाड़ी-ख़र्च मिलते ही सब ख़ुश हो जाते हैं। मेरे गाँव से दुल्हन का गाँव दस-बारह मील ही था। दूल्हे की गाड़ी निकलते समय तान्या बाबा नारियल फोड़ना नहीं भूलते।

मेरी सजावट कुछ मज़ेदार ही थी। हाथ की कटार ठीक से सँभालने की बार-बार चेतावनी दी जाती। हल्दीवाले शरीर पर भूत जल्दी बिगड़ते हैं, इसलिए हाथ में कटार। उसकी नोक पर नींबू घोंपा हुआ। गाड़ी में गाना शुरू था :

"घोड़े, फदाक-फदाक तेरी चाल...।"

शादी में बड़ा मज़ा आया। वैसे इसका श्रेय मेरी हास्य-सूचकता को भी जाता है। आज मैं बहुत गम्भीर-सा हूँ। चेहरे पर कभी-कभी ही हँसी फूटती है। पर इस उम्र में कितने ठहाके लगाए, कोई गिनती नहीं! सारे बारातियों को हँसाता रहा।

शादी के बाद गाँव में बैलगाड़ी से जुलूस निकाला गया। हल्दी की गन्ध लिये पत्नी बग़ल में बैठी थी। किसी के ध्यान में न आए, इस तरीक़े से पत्नी की चिकोटी लेने की लहर मन में आई। पत्नी गाल के मौर खिसकाकर ग़ुस्से से देखती है। इतने लोगों में यह फ़ालतू धन्धा क्यों, उसकी नज़रों का आशय था। जावजीबुआ बीच में ही पास आकर 'ज़रा रौब से बैठ' कह जाते हैं। "लड़के के हिसाब से लड़की बहुत बड़ी हो गई। यह लंगर लड़के के गले बेकार ही बाँध दिया।" उनका यह मत था। वह क्या बोल रहा है, यह मुझे उस समय विशेष रूप से समझ न आया था। एक बात सही थी कि एक साल पहले जब मैंने सई को देखा था, तब वह काफ़ी दुबली-पतली थी। छरहरी बेंत की छड़ी-सी। परन्तु आज शादी में जब देखता हूँ तो वह शरीर से काफ़ी भरी-भरी लगती है। मैं ही उसे शुरू में पहचान न सका।

रात में भोजनादि के बाद समधिनजी का रुख़वत का खेल शुरू हुआ। इस खेल का अर्थ मुझे आज भी नहीं मालूम। समधिन के सिर पर कुरड़ियाँ फोड़ना, अश्लील गाने गाना। उसमें 'साँडिणी' का एक खेल होता। चार पुरुष प्राणियों से नीचे झुकते। लकड़ी की खाट ऊपर रखते। उस पर समधिन को बिठाकर नाचते,

यह एक प्रकार हुआ। बजनियाँ बाजा बजा रहे हैं...उनकी धूमधाम में नीचे से पुरुष लोग समधिन की चिकोटी लेते हैं और इस हो-हल्ले में समधिनजी को बचाने की आवाज़ कोई नहीं सुन पाता, ये सारी बातें।

सुबह दूल्हा-दुल्हन के स्नान के लिए ले जाने की बात आई ही। प्रत्येक जगह बजनियाँ लगते ही। दूल्हे-दुल्हन को नहलाना, सुपारी बाहर निकालना, नारियल खाकर एक-दूसरे पर थूकना, यह प्रमुख कार्यक्रम। सई के हाथ की सुपारी मुझसे नहीं निकल पाएगी और सबके बीच हँसी होगी, इसका अन्दाज़ मुझे हो जाता है। सब सुन सकें, इतनी ऊँची आवाज़ में मैं सई के कान में 'सुपारी छोड़ दे' कहता हूँ। सारे लोग मेरी इस बात पर हँसते हैं। नहाने के बाद पत्नी को उठाकर ले जाना, यह भी एक प्रथा थी। मैं पत्नी के कुछ क़रीब जाता हूँ और मैं उठा नहीं सकूँगा, ऐसा प्रदर्शित कर फिर वापस लौट आया। इसके कारण हँसी के फ़व्वारे उठे। मैं पत्नी को उठा सकूँगा या नहीं, इसकी शंका मुझे ही थी। बारातियों ने भी शायद ऐसा मज़ाकिया दूल्हा आज तक न देखा था। जावजीबुआ उदास हो कहता है, "क्या हो रहा है, पता नहीं। लड़के की ज़िन्दगी की हँसी तो नहीं होगी?" और मुझे इस रहस्य का पता नहीं चल पाया कि उस हँसी-मज़ाक के क्षणों में भी जावजीबुआ ने ऐसा क्यों कहा!

बारात की रात 'धेड़गा' नचाना एक और कार्यक्रम होता। यह भी बड़ा अजीब कार्यक्रम था। धेड़गा में दूल्हा-दुल्हन को अलग-अलग लोग उठा लेते। बिना तेल की चपाती दुल्हन के हाथ देकर बजनियों के ताल में गोल-गोल नाचना अर्थात् धेड़गा नचाना। ऐसे समय पत्नी पति को चपाती से पीट रही है, यह दृश्य। मुझे लगा, भविष्य में स्त्रियों को पुरुष उम्र-भर पीटता है, इसलिए उसे शादी के दिन पति को पीटने की इजाज़त इस प्रथा से दी गई है!

मराठी सिनेमा-सा मेरा हनीमून नहीं मनाया गया। धड़कते सीने से हाथ में दूध का गिलास लिये सीढ़ियाँ चढ़ती नायिका। नायक खिड़की से उगता चाँद देखता है। सारा पलँग फूलों से सज़ा हुआ। यह दृश्य मेरे स्वप्न तक ही सीमित रहा। दुल्हन जब पति के घर आती है, तब उसकी खूसट दादी उसके साथ आई। रात में नींद नहीं आती। पत्नी दादी के साथ सोई। घर-भर में लोग-ही-लोग। एक-दो दिन बाद पत्नी फिर दादी के साथ गाँव लौटी। शरारती निगाहों से वह देखती है और मैं ऐसी मानसिक अवस्था में था, जैसे भूखे के मुँह से कौर छीना जा रहा हो।

सात-आठ दिनों बाद पत्नी फिर आनेवाली थी। उस समय सारी कसर

निकाली जाएगी, इसी विचार में था कि बम्बई से रिश्तेदार का तार आया। नौकरी की कॉल आती है। पिछले अनुभवों के कारण बम्बई में इंटरव्यू में जाने की इच्छा नहीं थी।

'लड़की बड़ी भाग्यवान है, उसका गृह-प्रवेश बड़ा शुभ रहा,' यह सोचकर माँ ख़ुश होती है। हम सब बम्बई वापस आते हैं। आठ दिन बाद पत्नी से होनेवाली मुलाक़ात अब अनिश्चित समय के लिए स्थगित हो जाती है।

अन्त में नौकरी लग जाती है, परन्तु यह नौकरी बड़ी अजीब थी। परेल में वेटरनरी कॉलेज में क्लर्क-कम-लेबोरेटरी असिस्टेंट। यह मेरा लम्बा-चौड़ा पद था। पहले ही दिन नौकरी के अनुभव से मैं निराश हो जाता हूँ। मुझे यहीं नौकरी क्यों मिली, इसका कारण मालूम होता है। कोई भी उच्चवर्गीय व्यक्ति यह नौकरी करने को तैयार हो, यह सम्भव ही नहीं था। महाराष्ट्र के तालुकों के दवाख़ानों से बीमार जानवरों का गोबर यहाँ छोटी-छोटी बाल्टियों में लाया जाता था। सुबह महाराष्ट्र से आए पार्सल खोलना, उन्हें रजिस्टर में दर्ज करना और फिर उसे काँच के जार में काँच के रॉड से घुमाना, हर घंटे उसका पानी बदलना, उसका कचरा साफ़ करना, अन्त में पानी साफ़ रहने पर जार के नीचे बैठा द्रव्य एक काँच की कुप्पी में जमा करना मेरा काम था। डॉक्टर दोपहर के बाद आते। वे माइक्रोस्कोप से नीचे जमे द्रव्य की जाँच करते। जानवर को कौन-सी बीमारी हुई है, इसकी जाँच वे अलग-अलग काग़ज़ों पर करते। ये सारी रिपोर्टें मुझे भेजनी पड़तीं।

ऐसा ही एक और विभाग था। उसका नाम था अनॉटमी। उसमें जानवरों की चीरफाड़ होती। चमड़ी निकाला गया जानवर हुक में टाँग देते। वह ख़राब न हो, इसलिए उसकी नसों में अल्कोहल भरना मेरा काम होता। मेरे मातहत काम करनेवाला क्लास फ़ोर भी महार। ये लोग कोंकण के थे। वेटरनरी, डॉक्टर की अपेक्षा ये लोग जानवर छीलने में एक्सपर्ट। यह उनका ख़ानदानी धन्धा। दोपहर में मानसरोवर के हंसों-से सफ़ेद कपड़े पहनकर प्रशिक्षणार्थी-डॉक्टरों का जत्था आता। बड़ी कोफ़्त होती उन्हें देखकर। लगता, इनके ये सफ़ेद गाउन जानवरों के ख़ून से सन जाएँ। वैसे इसके पीछे उनका कोई दोष नहीं था। परन्तु अपनी खीझ निकालने के लिए मेरे सामने और कोई चारा भी तो नहीं था! विचारों के तनाव से सिर फटने को होता। लगता, साला इतना पढ़-लिख गए, फिर भी बापज़ादों का धन्धा ही अपने हिस्से क्यों आया? यही अपनी क़िस्मत तो नहीं, यह शंका भी खाने लगती। समाज-व्यवस्था के ख़िलाफ़ जो आक्रोश और विद्रोह फूटता है, उसके बीज इन अनुभवों में मिल सकेंगे। लगता, मुर्दाफ़रोशों द्वारा खोदी गई क़ब्र जैसी उथल-पुथल मच जाए।

इसी बीच मैं 'रूपारेल' कॉलेज जाने लगा था। कॉलेज सुबह का था। दस बजे भागते-दौड़ते ऑफ़िस आना होता। कॉलेज का रोमांटिक जीवन मेरे हिस्से कभी नहीं आया। पिछली बेंच पर बैठता। केवल हाज़िरी लगाना, एक-दो पीरियड पूरे करना, पिछले दरवाज़े से भाग जाना। इतना ही उद्देश्य होता पीछे बैठने का। 'रूपारेल' में संस्कृत पढ़ानेवाले प्रोफ़ेसर याद आ रहे हैं। बहुत गोरे। भव्य व्यक्तित्व। ऊँचे-पूरे। कालिदास का 'मेघदूत' पढ़ाते। उसके शृंगारिक श्लोक सुनकर लड़के-लड़कियाँ कानाफूसी करते। उन्हें हँसी के बुलबुले फूटते। परन्तु मैं बहुत गम्भीर होता जा रहा था। इस शृंगारिक कल्पना से मन कभी रोमांचित न होता। हमेशा यह डर रहता कि ऑफ़िस का मस्टर भीतर तो नहीं चला जाएगा। बरसात में छाता भी न ख़रीद सकता। तब भीगते हुए ही ऑफ़िस जाना, लेबोरेटरी में ही कपड़े सुखाना, कपड़े सूखने पर उन्हें पहनना और गोबर के नर्क में डूब जाना, यह मेरा रूटीन था। उस समय यह सब कैसे सह गया, इसका आज भी आश्चर्य होता है। मैं सही अर्थों में टूट चुका था।

पत्नी बम्बई आई। उसका बाप उसे लेकर आता है। बरसात के दिन। बरसात छिटपुट रहती, फिर भी मैं फ़ुटपाथ पर बिस्तर डालकर सोता। घर में बड़ी भीड़ होती। बीच में यदि बारिश आ जाती तो गुदड़ी-तकिया काँख में दबाकर घर भागता। वहाँ किसी के सिरहाने-पैताने सोना पड़ता।

पत्नी को आए सात-आठ दिन बीत गए थे। उसके शरीर की हल्दी की चमक और बढ़ गई थी। घर की भीड़भाड़ में भी मैं उसकी नज़रों की तलाश में रहता। हमारी अभी-अभी शादी हुई है। हमारी सोने की व्यवस्था कुछ ओट-परदे में ही क्यों न हो, अलग हो, इसकी चिन्ता किसी को न थी। पत्नी दिन-भर काम करने के लिए हमारे घर और रात को सोने के लिए बग़ल में तात्या के घर। तात्या-चाची पलँग पर और वह पलँग के नीचे।

फ़ुटपाथ पर सोते समय अचानक बारिश आई। बारिश का इतना आनन्द कभी नहीं मिला था। हमेशा गालियाँ बकनेवाला मैं आज बड़ी ख़ुशी से बिछौना काँख में दबाकर तात्या के घर में ही गुदड़ी बिछा देता हूँ। पैर पसारता हूँ तो पत्नी के पैरों का स्पर्श होता है। अँधेरे में भी उसे पहचान लेता हूँ। मैं बिल्ली की आँखों-सा एकटक देखता हूँ। उसकी हलचल जारी थी। वह जगी ही थी। दोनों के तलुओं का स्पर्श हो रहा था। शरीर में बिजली कौंधती है। पास ही का पैर पोंछने का बारदाना मैं उस पर फेंकता हूँ। वह फिर मेरी ओर फेंकती है। पर उसके पास जाने का साहस न होता। लगता, साली यह भी कोई ज़िन्दगी है! अपनी पत्नी

की सेज पर भी नहीं जा सकता।

चाल की औरतों को शायद मुझ पर दया आई। मेरी चाची से उन्होंने बात की। इस सवाल पर माँ और चाची की हमेशा झंझट होती। कभी-कभी झगड़े तक बात पहुँच जाती। शायद दो-चार दिनों के लिए ही क्यों न हो, हमारे लिए घर ख़ाली करने की बात सोची गई होगी। वैसे यहाँ कावाख़ाने में दूल्हेराजा की पहली रात बड़ी प्रसिद्ध। दुल्हिन इतनी आसानी से दूल्हे को हाथ न लगाने देती। बड़ी चीख़-पुकार। पति को लात मारने की घटना तक होती। इसलिए पति द्वारा पत्नी को भोजन में भाँग मिलाकर खिलाने की घटनाएँ होतीं। पत्नी को इसकी कोई जानकारी न रहती।

चालाक लड़कियों ने यदि ये सब बातें पहले ही सुन रखी हों तो वे अलग भोजन करना टालतीं। सासूजी के साथ या ननद के साथ एक ही थाली में खाने बैठतीं। ऐसे समय बहू जिस किनारे खाना खा रही है, उसी किनारे भाँग-मिश्रित हिस्सा रख दिया जाता। अनजाने में भाँग खिलाने में बूढ़ी स्त्रियाँ बड़ी निपुण थीं।

शिवाचाचा की शादी हुई और उसकी अभी-अभी सयानी होती पत्नी को इसी प्रकार धोखे से भाँग खिलाने की घटना याद है। बम्बई में पति-पत्नी की सेज दिखती, पर गाँव में यह सब न था। संयुक्त परिवार की स्थिति में पूछना ही क्या! पति खाना खाने आया कि बटुआ और पगड़ी भूलने का बहाना करता। उसकी पत्नी यह संकेत समझ जाती। फिर चोरी-छिपे वे एकान्त पाते। खलिहान में या दालान में चोरी-छिपे सारा कार्यक्रम सम्पन्न करना पड़ता। सन्तों के अध्यात्म का अनजाने में यह निष्कर्ष तो नहीं निकलता था!

भाँग खिलाना मुझे पाशविक कृत्य लगता। यह काम मेरे केस में चाल की स्त्रियों के लिए सम्भव नहीं था। शाम से ही मन में भयंकर तड़पन पैदा हो गई। सही अर्थों में वह पहला स्त्री-स्पर्श था। सेक्सी पुस्तकें पढ़ने के कारण कमरे में पूरा प्रकाश रखने की बात मन में तय थी। सई मुझे देखते ही रोने लगी। छीनाझपटी में चूड़ियाँ फूट गईं। वह हद तक डर गई। उसकी देह में गँवई-गन्ध थी। पहली बारिश में मिट्टी से उठती गन्ध-सी। यह गन्ध एक ही साँस में छककर पीने की इच्छा होती। मैं उसे सब समझाकर कहता हूँ, "तुम्हें यदि अच्छा न लगे, तो मैं तुम्हें स्पर्श तक नहीं करूँगा।" निश्चित ही यह सब पुस्तकीय पांडित्य था। एक बड़ा-सा लेक्चर झाड़ने के कारण सई अन्तर्मुखी हो जाती है।

सुबह उठने पर चाल की स्त्रियों की बातें कानों से टकराती हैं—"क्यों री, दगडू कितना सयाना! नई-नवेली पत्नी को कैसे वश में कर लिया उसने!" सारी बात

मैं समझ जाता हूँ। हमारे कमरे के सामने ही रात में सारी स्त्रियों ने डेरा जमाया था। कमरे की पूरी रोशनी और मेरा भाषण। यह सब उन्होंने सुन लिया था। शायद देखा भी हो। रात-भर बत्ती जलती रखने की और सपने में बड़बड़ाने की हरकत पर मुझे पश्चात्ताप होने लगा। दिन-भर चेहरे पर चोर पकड़े जाने के भाव थे। मेरे सारे सपने बिखर जाते हैं। पर सई का साथ आकर्षित करता रहा। ऐसा लगता, कब रात हो। पर सिर्फ़ रात होना ही काफ़ी नहीं था। हम दोनों चाची के पलँग के नीचे साँस रोककर सोते। चाची के पलँग पर बैठने तक की इजाज़त न थी। चाची देर रात तक चाल की स्त्रियों के साथ गप्पें मारती। चाची कब सोने आती है, कब बत्ती बुझाती है, बस इसी की हम एकटक राह देखते रहते। चाची वैसे उम्र से जवान थी। चाचा के मरने के बाद उसने बड़ी निष्ठा से वैधव्य निभाया। पर शरीर की भी अपनी माँग होती है, भूख होती है। चाची को इसकी जानकारी रही होगी। इसीलिए तो वह रोज़ सुबह उठकर नीम के पत्तों का कड़वा रस पीती। अपनी वासना मारने की उसकी यह ईमानदार कोशिश होती। चाची नमक भी न खाती। पर वह देर रात तक बाहर गप्पें क्यों मारती रहती, यह बात मेरी समझ के बाहर थी। क्या हमें छलने में उसे मानसिक आनन्द मिलता था? हम तंग आकर घर छोड़ चले जाएँ, इसके लिए उसने कोई कुटिल चाल तो नहीं रची? कभी-कभी रात के बारह बज जाते। चाची के आने से पहले बत्ती बुझाना भी हमारे लिए सम्भव न था।

एक बार हम घर में बत्ती बुझाकर बैठे थे। आख़िर हम कितनी देर अपने-आपको सँभाल पाते? चाची अचानक घर में घुसती है और बत्ती जला देती है। हमारी हालत बड़ी ख़राब। अपने निर्वसन जिस्म बिस्तर में छिपाते-छिपाते हमारा बड़ा बुरा हाल हो गया।

चाची हमें इस तरह छलती है, शायद इसकी जानकारी माँ को थी। वह सुबह-सुबह कुत्तों-बिल्ली के माध्यम से अपना मुँह खोल देती।

एक बार तो घर में भयंकर झगड़ा खड़ा हो गया। इतनी गालियाँ कि बयान नहीं कर सकता। माँ का कहना था, "इस घर में हमारा भी हिस्सा है।" और चाची का तर्क था कि "जब आप लोग पेट की आग बुझाने गाँव गए, तब हमने यह घर सँभाला!" इस झंझट से मैं तो तंग आ गया था। एक बार झगड़े में माँ चाची को क्या कह गई, पता नहीं। चाची मेरी ओर झपटकर चिल्लाती है, "आ रे आ! कर ले अपने मन की शान्ति! तेरी माँ की आत्मा शान्त हो जाएगी!" मेरे हाथ-पाँव थर्राने लगते हैं। ऐसा लगने लगा, अपने सामने संस्कृति का भीषण रूप दैत्य-सा

विकराल स्वरूप लेकर नाच रहा हूँ। ऐसा लगता, चाल में किसी को मुँह न दिखाऊँ। माँ-पत्नी बीच-बचाव कर मेरी जान छुड़ाते हैं।

राहुल सांकृत्यायन की 'वोल्गा से गंगा' पुस्तक में आदिम स्त्रियों की आक्रामकता के कई उदाहरण थे। ये सारे प्रसंग फीके पड़ जाएँ, ऐसी यह घटना। हम लोग बम्बई में आकर किस नरक में सड़ रहे हैं, ऐसा लगने लगा।

इतना कुछ हो रहा था, फिर भी चाची का घर क्यों नहीं छोड़ा? वैसे देखा जाए तो चाची के कथन में काफ़ी सत्यांश था। हम पराए माल पर झींगुरों-से थे। यह बात आज सच लगने लगी। इतनी बड़ी महानगरी में कहीं भी सिर छिपाने को जगह न मिलती क्या? निश्चित मिली होती। उस समय मछेरों की झोंपड़पट्टी में एक झोंपड़ी भी तय कर आया था। पचास रुपये पेशगी भी दे आया था। परन्तु माँ-दादी ने कोहराम मचा दिया, "इतनी सुन्दर पत्नी लेकर तू झोंपड़पट्टी में कैसे रहेगा? वहाँ सब लफंगे, गुंडे। दारू के अड्डे। जुआ, सट्टा-बेटिंग। झगड़ों में ख़ून की होली...!" वैसे यह सही नहीं था कि झोंपड़पट्टी में सिर्फ़ मवाली ही रहते थे। पर इतनी बात सच थी कि उस समय मुझे लगा कि अपनी पत्नी को कोई अलाउद्दीन खिलजी भगा तो नहीं ले जाएगा! मैंने एक बात गाँठ बाँध ली थी कि इस मायाजाल में अपनी पत्नी सुरक्षित रहेगी। आज यह निश्चित रूप से नहीं बता सकूँगा कि मैं किस कारण इस निष्कर्ष पर पहुँचा था। पर मैंने उस समय कावाख़ाना नहीं छोड़ा। माँ-दादी के अलावा आसपास के रिश्तेदारों का भी कहना था कि मैं कावाख़ाना न छोड़ूँ।

सई के स्वभाव में बड़ी मिठास थी। वह परछाईं की तरह मेरे पीछे-पीछे रहती। घर आनेवाले मित्र उसे कभी न रुचते। शनिवार-रविवार को दोस्तों की गप्पें, उनके साथ बाहर भटकना उसे क़तई पसन्द न था। वह ख़ूब भड़कती। एक बार एक दोस्त ने यह कहा कि वह मुझे बाहर ले जा रहा है तो उसने गँवई भाषा में उसे ख़ूब गालियाँ दीं। मेरे लिए उसका यह रूप नया था। सुबह का कॉलेज, दिन-भर वेटरनरी कॉलेज में काम और रात-भर जागने के कारण मैं बहुत थक जाता। रात में थोड़ी देर कॉलेज की किताबें पढ़ने बैठना सई को पसन्द न था। वह हाथों से किताब छीन लेती।

मेरे दोस्तों के बीच उसके सौन्दर्य की चर्चा हुई होगी। एक बार उसने मेरे एक दोस्त के ख़िलाफ़ शिकायत की। वह दोस्त बड़ा बातूनी था। यूनियन का कार्यकर्ता, प्रभावी वक़्ता, हज़ारों की सभा में बोलनेवाला। "वह जब-जब घर आता है, तब-तब पानी माँगता है और जब मैं आपके दोस्त को पानी देती हूँ, वह हथेली

पर चिकोटी काटता है।" यह उसकी शिकायत थी।

यह सब मैं हँसी में टाल देता हूँ। मुझे ग़ुस्सा कैसे नहीं आया, इसी बात का आश्चर्य होता। मैं उसे समझाता हूँ, "अरी, तू है ही सुन्दर। तुम्हें देख किसी का भी सन्तुलन डगमगा जाएगा। तेरे मन में कोई पाप नहीं न? बस्स।" अपने इस व्यवहार से मैं उसे दुनिया के बाहर का आदमी लगने लगा। गाँव में यदि कोई ऐसी बात सुनता तो 'एक घाव, दो टुकड़े' करने की प्रथा थी। पर मैं बहुत ही शर्मीले क़िस्म से पेश आ रहा हूँ, उसे मेरे इस स्वभाव का रहस्य पल्ले नहीं पड़ा। वैसे मैं किताबी दुनिया में था। अपने-आपको आधुनिक विचारोंवाला समझ रहा था। ऐसे समय यदि अपनी पत्नी के लिए किसी के मन में आसक्ति पैदा हो गई, इसमें ग़लत क्या है?

हमारे घर के सामने यहूदी-मुसलमानों के क्लब में जुआ खेलने आए लोग सई को नोट दिखाते। सई सोते समय मुझसे शिकायत करती। परन्तु मैंने उसकी बात कभी मन पर नहीं ली। अपना पति सुनता ही नहीं, यह सोचकर उसने क्लब के यहूदी मुसलमानों की शिकायत बुज़ुर्गों से की। मुझे आज भी इस बात का पता नहीं लगा कि मैं उन दिनों डरपोक और बेवकूफ़ों-सा क्यों पेश आया!

माँ को यह बात इतनी पसन्द नहीं थी कि सई ने आकर उसके इकलौते लड़के का पूरा चार्ज ले लिया है। जब तक मैं घर में होता, सई बहुत मधुर व्यवहार करती परन्तु मेरे बाहर जाते ही सास-बहू के झगड़े शुरू हो जाते। मुझे इसका कोई उत्तर न मिलता कि मुझसे इतनी अच्छी रहनेवाली सई मेरी माँ-बहन से क्यों झगड़ती है? शाम को घर आने पर माँ सई के व्यवहारों का पहाड़ा पढ़ती वैसे कोई बड़े अपराध न रहते। घर के कामकाज के बारे में ही शिकायत होती। माँ का वह स्नेहिल स्वभाव बदलता गया। सब सुन सकें, इतनी ऊँची आवाज़ में वह मुझे 'बैल' कहकर पुकारती। मैं पत्नी के वशीभूत हो रहा हूँ, मैं बैल हो गया हूँ, इस प्रकार वह मेरा अपमान करती। और मेरी हालत इधर कुआँ उधर खाई जैसी थी।

वैसे बचपन से ही माँ ने मुझे हथेली के घाव-सा सँभाला था। कल की आई इस गोरी-उजली सई ने उसके इकलौते बेटे को उससे छीन लिया है, यह माँ का असली क्रोध था।

माँ की मानसिकता मैं कुछ समझ न पाता। शिक्षित होने के कारण या शायद अधिक वाचन के कारण अपनी पिछली पीढ़ी की अपेक्षा मैं पत्नी को अधिक सौजन्य तथा आदर से रखता और इसी कारण घर में झगड़ों का ज्वालामुखी फूट पड़ा। पैर की चप्पल पैरों में ही रखनी चाहिए, यह चारों ओर की समझ थी। माँ

मुँह तोड़कर कहती, "अरे, बीवी को सिर पर बिठाएगा तो कल को वह वहाँ हगने की कमी भी नहीं रखेगी!" माँ मुझे नर्क से निकालती और मैं सई को फूलों-सा रखता। उसे किंचित् मात्र भी दुखाने की इच्छा न होती। अपने लिए वह कितनी आतुर-व्याकुल हो जाती है। मेरा साथ मिले, इसलिए घर आने पर कैसी आसपास मँडराती है। और अन्त में उसका साथ किस तरह रंगों के विविध पहलू खोलकर सामने रख देता है! उसका सहवास स्वर्ग-सुख से अलग नहीं—ऐसा भीतर-ही-भीतर लगता। लेकिन माँ उससे अप्रिय व्यवहार करती...।

अपनी नौकरी लग जाने के बाद माँ मार्केट में काग़ज़ बीनने न जाए, ऐसा मुझे लगता। उसका काग़ज़ बेचना प्रतिष्ठा को ठेस लगनेवाली बात है, यह बात मैं माँ को कई बार समझा चुका होता हूँ। "बेटे, मैं अब काग़ज़ बीनने नहीं जाऊँगी।" वह आश्वासन देती। परन्तु मेरे नौकरी पर जाते ही टोकरी सिर पर रखकर वह मार्केट के रास्ते चल देती। शाम को घर आने पर पत्नी से सारा वृत्तान्त सुनने को मिलता। माँ से इस बारे में पूछता। माँ, बेटी की शादी की समस्या सामने रखती। "तू बेटी की शादी की चिन्ता मत किया कर।" मेरे कई बार हिदायत देने के बाद भी वह न सुनती।

एक शाम मेरे मन का सन्तुलन बिगड़ गया। घर के माँ-पत्नी के झगड़े। मानसिक शान्ति हद तक समाप्त हो चुकी थी। साली फ़ालतू ही शादी की। कहते हैं, शादी करके लोग सुखी होते हैं पर अपनी ज़िन्दगी में तो ज़हरीले काँटे बिछे हुए हैं। सुबह साफ़ किए कि शाम को फिर उग आएँ। घर की दीवार पर एक बड़ा आईना था। वह हाथ में लिया। पागलों-सा शरीर झटकने लगा और गुस्से में आईना फ़र्श पर पटक दिया। "मेरा बेटा पागल हो गया!" कहकर माँ ने आसमान सिर पर उठा लिया। 'फिर तुम दोनों कभी नहीं झगड़ोगी' यह उस रात क़बूल करवाकर ही मैं शान्त होता हूँ। झगड़े का कोई भी कारण काफ़ी होता। "तू पत्नी के लिए क़ीमती साड़ियाँ ख़रीदता है। मेरे लिए मामूली साड़ी लेता है।" यह माँ की अक्सर शिकायत होती। माँ के लिए पाँच-दस रुपए महँगी साड़ी भी ख़रीदता तो उसे विश्वास न होता। फिर साड़ियाँ लेने के लिए माँ को दुकान ले जाना पड़ता।

सई को महाराष्ट्रियन साड़ी की जगह गोल साड़ी पहनाने की इच्छा होती, पर माँ का इसके लिए सख़्त विरोध होता। गोल साड़ी में सई कैसी ब्राह्मणों सवर्णों-सी

दिखेगी, यह मेरी कल्पना होती। परन्तु मैं यह कभी नहीं कर सका। अपने कुछ मित्र तो पत्नी को कितने मॉडर्न ढंग से सजाते हैं और मैं वैसा नहीं कर सकता, इसकी बड़ी कोफ़्त होती।

एक बार टिफ़िनवाला टिफ़िन लेने समय पर घर नहीं आया। मेरा पति ऑफ़िस में भूखा रहेगा—इस चिन्ता में सई। उसके दिमाग़ में न जाने क्या आया कि उसने मेरी बहन को साथ लिया और टिफ़िन लेकर सीधे ऑफ़िस आ गई। सई का टिफिन लेकर ऑफ़िस आना मुझे कुछ ठीक नहीं लगा। एक ओर उसके भोले प्रेम पर न्यौछावर था तो दूसरी ओर ऑफ़िस के दोस्त क्या कहेंगे, यह प्रश्न सताता। परन्तु किसी ने नहीं पहचाना कि टिफ़िन लानेवाली मेरी पत्नी ही थी। कुछ लोगों ने फब्तियाँ कसीं, "क्यों रे, घर में कामवाली 'माल' रखी है?" मेरा मन टूट गया। सच बताऊँ, हिम्मत नहीं हुई। ऑफ़िस के दोस्तों को लेकर कभी घर नहीं गया और न ही सई को लेकर सफ़ेदपोशों के घर कभी चाय-पान के लिए ही गया।

कावाख़ाने में जाधव नामक मेरा एक मित्र रहता था। प्रारम्भ में वह चाची के घर ही खाना खाता। बड़ा नम्बरी। घंटों गप्पें मारता रहता। बहुत हँसता। मैट्रिक करने के बाद वह कोर्ट में स्टैम्प-वेंडर के रूप में नौकरी पर लगा। चार-छह साल गैप होने के कारण उसने कॉलेज में विलम्ब से प्रवेश लिया। जीवन के गहरे अनुभवों से परिपूर्ण। उसकी पोटली में बड़ी अजीब चीज़ें होतीं। उसके स्वभाव में आक्रामकता होती। वह देख मैं रोमांचित हो उठता। लोग या समाज क्या कहेगा, यह सोच-सोचकर कितना बड़ा बोझ ढोते हुए मैं जी रहा था और जाधव! कैसा स्वच्छन्द, किसी की परवाह किए बिना ज़िन्दगी जी रहा था! एक बार उसने ऑफ़िस में धमाका किया। कोर्ट में दस-पन्द्रह हज़ार के स्टैम्प उसे बेचने पड़ते। उस कोर्ट में एक प्रसिद्ध वकील था। स्वयं जज भी उसे सम्मान देता। यह वकील हाथ में नोटों की गड्डी लेकर, जिस स्टॉल पर जाधव स्टैम्प बेंच रहा था, वहाँ आता है। जाधव काउंटर से बाहर झाँकता है। वकील कतार में नहीं खड़ा था। सबसे पहले उसे स्टैम्प चाहिए थे। जल्दी स्टैम्प देने के लिए वकील उस पर गुर्राता है। उसने सारे नोट काउंटर पर रखे थे। जाधव का पारा चढ़ गया। वह सारे नोट उठाता है और एक पल में सारे नोट पत्तों-से फेंक देता है। नोट एकत्र करने के लिए वकील भाग-दौड़ करता है। हाथ में रूल पकड़कर जाधव आक्रामक हो गया। सारी कतार जाधव के इस व्यवहार को किंकर्तव्यविमूढ़ हो देखती रही। जाधव मुझे यह सब बताता

है, "जज मुझे बुलाते हैं। इस घटना से नौकरी जाने का डर तो है ही। जज के सामने रोया, यह सच है। पर वहाँ देखनेवाला कौन था? सारे कोर्ट में अपने शौर्य की तूती बोलती है।" जाधव के इस तर्क से मैं चारों खाने चित्त...!

इसी बीच जाधव की शादी हो गई। चीनी मिट्टी की कोई ख़ूबसूरत गुड़िया हो, ऐसी थी उसकी बीवी। उसकी शादी में मैं पूना गया था। जहाँ मैं रहता था, उसकी बग़ल में जिस प्रकार कामाठीपुरा का स्लम था, वैसी ही बस्ती में उसका घर था। दस-बारह सदस्यों का परिवार। ऊपरी मंज़िल पर वह अपने माँ-बाप के साथ रहता। उसका बाप अच्छा कीर्तनकार था। मुँह में सदैव रामनाम। और बेटा एकदम दूसरे छोर पर। जाधव अपने बाप के साथ ऐसे रहता, जैसे कोई अपने लँगोटिया यार के साथ रहता है। अपनी शादी का कोट बाप को पहनाकर कहा, "बापू आज तुम हीरो लगते हो!" बाप भी एक गाली फेंककर मुस्कुराने लगता। जाधव के घर के बड़े या छोटे भाइयों से ऐसा ही नाता। परन्तु मैंने देखा कि एक बार यदि ये झगड़े पर उतर आएँ तो सात-पीढ़ी के दुश्मनों-से रहते। सुबह उठकर देखने पर उन पर रात के झगड़े की छाया न होती—सब बराबर। इस घर में ख़ुशी और द्वेष का एक अजीब मिश्रण था।

जाधव शादी में कुछ अलग ढंग से पेश आया। हल्दी लगाना, नारियल थूकना, मौर बाँधना—ये सब मुझे जंगली बातें लगतीं। परन्तु जाधव इन सारी बातों में तन्मयता से रुचि लेता। कृष्ण-कन्हैया-सा शोभित होता। उसकी शादी में उसके सारे दोस्त कन्धे पर रूमाल डालकर भगवान-स्टाइल में नाचते हैं। साथ में बैंड। अविस्मरणीय दृश्य। 'आँगन में फूला पारिजात, मेरा साजन नहीं मेरे साथ,' इस गाने की पैरोडी ने सारे श्रोताओं की तालियाँ वसूल की। एक दोस्त अपनी दर्द-भरी आवाज़ में गाता है, 'गोबर, गाय-भैसों ने दिया डाल, मेरा साजन नहीं मेरे साथ...।'

शादी के बाद जाधव के रहने की बड़ी अव्यवस्था थी। इस महानगर में आसानी से एक कमरा भी मिलना दिव्य चमत्कार ही है। वह कुलाबा में रहता। वहाँ एक बँगले में उसकी बड़ी बहन आया का काम करती। बड़े ऑफ़िसर की वह आलीशान कोठी। सर्वेंट क्वार्टर में यह जोड़ा रहता। रात-बेरात सर्वेंट क्वार्टर में पहरेदार आकर चैक करता। वहाँ रिश्तेदारों को रहने की इजाज़त न थी। इसलिए पहरेदार को हमेशा रिश्वत देनी पड़ती। "साला, अपन साहब की लिफ़्ट का उपयोग भी नहीं कर सकते! पिछले दरवाज़े से चोरी-छिपे आना पड़ता है।" ऐसे कहकर वह एकाध तेज़-तर्रार गाली फेंकता।

यहाँ रहते हुए उसने एक दिन कमाल कर दिया। बहन घर में नहीं है, यह देखकर वह एक कामवाली लड़की की सहायता से एक ईसाई मैडम की पोशाक माँगकर लाया। उसने अपनी पत्नी को स्कर्ट, ऊँची एड़ी के बूट पहनने के लिए

मजबूर किया। मेकअप करवाया और उसे समुद्र-किनारे घुमाने ले गया। साहबों की तरह कमर में हाथ डालकर घूमते और सीटी बजाते हुए हमने उसे देखा। हमें देखकर उसकी पत्नी बहुत लजाई। बहन को जब मालूम हुआ तो उसने बहुत गालियाँ दीं।

ऐसा था जाधव। जो मन में आया, वह कर डालनेवाला। परन्तु मैं अपनी पत्नी को सादी गोल साड़ी तक न पहना सका, इसका खेद होता रहता।

इधर जाधव शायद ही कभी मिलता है। एक दिन मिला तो लगा, यह आदमी दारू की गिरफ़्त में बुरी तरह फँस चुका है। एक दिन उसकी याद बहुत सताने लगी। मैं उसके ऑफ़िस में गया। वह एक सरकारी विभाग में हेडक्लर्क है। बहुत नॉर्मल। सागर का तूफ़ान निकल जाने पर शान्त समुद्र-सा। उसका यह परिवर्तन देखकर मुझे बड़ा आश्चर्य हुआ। निरन्तर अध्यात्म पर बोलता जा रहा था। साथ के ब्राह्मण क्लर्क उसे कैसे 'पंडित' सम्बोधित करते हैं, यह बड़े चाव से बताता है। एक बार पिन का आँकड़ा एकदम सही बताकर वह शर्त कैसे जीत ली, उसे दिव्य ज्ञान कैसे प्राप्त होता जा रहा है, इसी का वर्णन वह करता रहता। 'कल को आनेवाले संकट यदि मालूम हो जाएँ तो उनसे बचने के लिए क्या करना चाहिए?' मेरे इस सवाल पर वह टालमटोल करने लगा। प्रारम्भ में भोग की ओर झुका व्यक्तित्व अब अध्यात्म की ओर मुड़ रहा है, यह देखकर आश्चर्य होता है। कोई आर.एस.एस. वाला अचानक मार्क्सवादी हो जाए, ठीक ऐसा ही परिवर्तन मुझे उसके भीतर नज़र आने लगा। दारू की एक बूँद भी नहीं छूता, उसके यह कहते ही मेरे आश्चर्य का ठिकाना न रहा।

जिन आन्दोलनों के बीच मैं बड़ा हुआ, वहाँ राजनीति और समाजसेवा की रेखाएँ आपस में उलझ चुकी थीं। पैदा होते ही पार्टी का कार्ड मिलता। सोशल फ़ोर्स ही इतना था कि आप अलग पार्टी में जाने की इच्छा रखते हुए भी उसका चुनाव न कर सकते। जिन्होंने ऐसा किया, वे बहिष्कृत हुए। उनकी अन्तिम-यात्रा में भी जाति के लोग उपस्थित नहीं थे। विंचूर के रणखाब, बाबासाहब की जीवनी लिखनेवाले खोरमांडे और कॉमरेड मोरे कुछ ख़ास उदाहरण हैं। गाँव में पढ़ते समय एक बार चुनाव में काम करने की घटना अच्छी तरह याद है। शेड्यूल्ड कास्ट फ़ेडरेशन और पी.एस.पी. का चुनाव-समझौता था। पी.एस.पी. का चुनाव-चिह्न पेड़ था। चुनाव के दिन समाजवादी लोगों के साथ मैं चुनाव-अभियान में गया था। बोर्डिंग के प्रत्येक लड़के को अलग-अलग काम सौंपा गया था। भोजन का समय होने पर मुझे महारवाड़ा भेजा गया। मैं मन-ही-मन यह बात खोज रहा था कि साथ

के समाजवादी लोग खाना खाने कहाँ गए होंगे?

वैसे हमारा ज़िला कम्युनिस्ट आन्दोलन का गढ़ था। आसपास के कुछ गाँव कम्युनिस्ट गाँव के नाम से जाने जाते। तेलंगाना की लड़ाई के समय ज़िले की कम्युनिस्ट पार्टी पर पाबन्दी लगी थी। उनके बन्दोबस्त के लिए रिज़र्व पुलिस फ़ोर्स थी। जगह-जगह उनके कैम्प थे। उन पर जो ख़र्च होता वह कम्युनिस्ट गाँवों से सामूहिक तौर पर वसूल किया जाता। यह दंड तालुके के साकीरवाड़ी-नवलेवाड़ी-वाशेरे गाँवों को भुगतना पड़ा।

इस बीच अण्णाभाऊ साठे का 'अक्ल की बात' लोकनाट्य मन्दिर के सामने देखा था। वैसे इस लोकनाट्य पर पाबन्दी थी। पुलिस कभी भी आकर कलाकारों की धरपकड़ कर सकती है, ऐसा तनाव वातावरण में था। यह लोकनाट्य तमाशा नाटक-सा राजा-रानी पर आधारित नहीं था। चारों ओर के शोषण की अभिव्यक्ति कला के माध्यम से प्रस्तुत की गई थी। सारी रात नाटक रंग लाता रहा। इस कला-पथक ने हमें नए गीत सिखाए। 'दौलत के राणा, उठ, सरजा; आवाज़ दे पड़ोसी को, शिवनेरी चल...' या 'हम धरती के बेटे भाग्यवान' आदि गीत हमारी ज़ुबान पर नाचते रहते। तालुके के गाँव में अण्णाभाऊ, अमर शेख़, गव्हाणकर के कला-पथक के ख़ुलेआम कार्यक्रम होते। तालुके के लोग जैसे यात्रा में आते हों, वैसे ही वे बैलगाड़ियाँ लेकर आते। ऐसी तूफ़ानी भीड़ एकत्र होती।

इतना होने पर भी हममें से कोई भी कम्युनिस्ट पार्टी में काम न करता। कम्युनिस्ट पार्टी ख़ून-ख़राबा करनेवाली पार्टी है, ऐसी ही कुछ बातें हमें बताई जातीं। इस कारण हम इन लोगों से बहुत दूर रहे। कल-परसों तक मार्क्स के दर्शन की बात तो क्या, उसका नाम भी मालूम नहीं था।

दादासाहब ज़िले के नेता थे। परन्तु उनकी कम्युनिस्ट नेता अण्णासाहब शिन्दे से बड़ी दोस्ती थी। दादासाहब कम्युनिस्ट पार्टी को खुलेआम सभाओं में गालियाँ देते और शाम को अण्णासाहब के साथ बैठकर खाना खाते, यह पहेली हमारे पल्ले न पड़ती। धीरे-धीरे ज़िले का कम्युनिस्ट आन्दोलन क्षीण होने लगा। विकेन्द्रीकरण के कारण मराठा-समाज सत्ता में केन्द्रित होने लगा। जेड.पी., शक्कर के कारख़ाने उन्हें अष्टभुजा देवी के हुकमी-हथियार लगने लगे। किसानों का राज्य विरोधाभास के उदाहरण के रूप में प्रसिद्ध हो गया। इसका श्रेय कुछ लोग यशवन्तराव चव्हाण को देते हैं। पर एक बात सच है कि गाँव की राजनीति ने पलटा खाया। कोई गाँव कम्युनिस्टों के नाम से प्रसिद्ध हो, लेकिन ठीक चुनाव की रात बदल जाए और सारा गाँव कांग्रेस की ओर हो जाए; इन चमत्कारों का अर्थ न समझता। बड़े-बड़े कम्युनिस्ट कांग्रेसी-सत्ता की राजनीति में आ गए। ज़िले के दत्ता देशमुख इस काम में कैसे पिछड़ गए, पता नहीं। डॉ. अम्बेडकर की पार्टी

काफ़ी दिनों तक विद्रोह के मूड में खड़ी रही। बाबासाहब का आदेश आता तो बर्रों के समान सब भनभनाते हुए उठते और अपने लक्ष्य पर टूट पड़ते।

उस समय के वामपन्थियों को इस बात की तनिक भी जानकारी नहीं थी कि अस्पृश्यों की अपनी अलग समस्याएँ हैं। एक समय तो ज़िले का बहुजन समाज कम्युनिस्ट था। किसी समय तो वह सत्यशोधक आन्दोलन भी रहा होगा। परन्तु इस समाज की सांस्कृतिक मूल्य-कल्पना कभी भी जड़ से समाप्त नहीं हुई थी। जेड.पी., शक्कर के कारख़ाने और महाराष्ट्र की राजकीय सत्ता के हाथों में रहने के बाद भी अनजाने में इन्होंने ब्राह्मण-संस्कृति की तरफ़दारी की। इनकी शादियों में ब्राह्मण आते। इनका पिंडदान ब्राह्मणों द्वारा सम्पन्न किया जाता। गाँव की यात्रा-पूजा, सत्यनारायण की कथा, श्रावण मास का अखंड-पाठ आदि के कारण इनकी मानसिकता पारम्परिक ही थी। गाँव का धनवान आदमी, चाहे वह समाजवादी हो या कम्युनिस्ट, अस्पृश्यों की मज़दूरी-समस्या की ओर पहले-सा ही मगरूर होकर देखता। गाँव के परम्परागत कार्यों के लिए यदि अस्पृश्यों ने इनकार किया तो वे पहले जैसे ही बहिष्कृत होते। उनकी नाकेबन्दी होती। गाँव की यात्रा का चन्दा नहीं दिया, पोले के दिन मन्दिर में बैल पहले ले गए, बाजा बजाने नहीं आए आदि छोटी-मोटी बातों को लेकर युद्ध छिड़ जाता। इन समस्याओं को लेकर वामपन्थियों ने कोई मोर्चा बनाया हो, याद नहीं। एक ओर महार समाज अपनी पुरानी बातें छोड़ रहा है, केंचुली-छोड़े साँप-सा सनसनाता देवधर्म से इनकार करता है और दूसरी ओर गाँव के उत्पादन के साधनों में उसका कोई हिस्सा नहीं।

येसकर पारी गई, बलुत गया। बित्ता-भर ज़मीन हड्डियाँ पोसने के काम आती थी, वह भी नाममात्र पैसों के लिए ज़मींदारों के पास गिरवी है। इस कारण महारवाड़ा उजड़ा पड़ा है। पेट का गड्ढा भरने के लिए सब शहर भाग रहे हैं, गन्नों के खेतों में पानी सींचने का काम करते हैं। यह है अब गाँव का दृश्य।

इसी समय ज़िले का एक विवाद अच्छी तरह याद है। ज़मींदारों ने शक्कर-कारख़ानों के लिए नाममात्र का मुआवजा देकर 99 वर्षों के अनुबन्ध पर महारों की परम्परागत ज़मीन हड़प ली। यह ज़मीन वापस मिले, इसलिए दादासाहब, राम पवार आदि लोग ज़िले में आन्दोलन करने लगे। उस ज़मीन पर धनवान किसानों ने काफ़ी कुछ सुधार किया है। यदि यह उन्हें फिर वापस दी जाती है तो वे इस ज़मीन की दुर्दशा कर डालेंगे। महार लोगों ने कभी किसानी की भी है? उनका सवाल। बाद में यह आन्दोलन बालू में पानी सोखने-सा कहाँ ग़ायब हो गया, पता नहीं।

जब तक बाबासाहब जीवित थे, इस राजनीति में एक जीवित ऊष्मा थी। तप्त ज्वालामुखी-सा यह समाज उफनता रहा। खेत-काम मिलने का आन्दोलन गाँव-गाँव सुलग रहा था। 'महारकी अर्थात् गुलामगीरी। ये काम हम नहीं करेंगे।' स्वाभिमान की यह हवा महार लोगों के भीतर संचरित हो रही थी। पहाड़ों से टकराने की धमक इस आन्दोलन में थी। परन्तु बाबासाहब की मृत्यु के बाद? एक खम्भे का तम्बू जैसे झंझावाती तूफ़ान के सामने धूल में मिल जाए, ठीक यही दुर्दशा इस आन्दोलन की हुई। "दूसरों के महलों में मत भटको। अपनी झोंपड़ी बचाओ," बाबासाहब का यह आदेश हवा में घुलने लगा। गुड़ से ज्यों मक्खी चिपके, वे सत्ता से चिपकने लगे। कांग्रेस-रिपब्लिकन समझौता तो आन्दोलन को स्लो पायज़निंग-सा खत्म करने लगा।

मैंने बाबासाहब को बहुत बचपन में देखा था। स्पष्ट याद न रहते। बोर्डिंग में जब था, तब ख़बर आती है कि बाबासाहब नासिक में आनेवाले हैं। वहाँ उनकी आम सभा थी। ख़बर सुनते ही रोमांचित होता हूँ। बाबासाहब के शब्द जीवन में एक बार तो सुनूँ, इस भावना में एक अजीब जोश था। कुछ लड़के साइकिल से नासिक के लिए निकल पड़ते हैं। मैं भी तैयारी करता हूँ। वैसे दूर तक साइकिल चलाने की आदत थी ही। चालीस-पैंतालीस मील की दूरी साइकिल से हम आसानी से तय कर लेते। शाम को ठहरने की समस्या थी। क़िस्मत बाग़ में दादासाहब गायकवाड का छात्राओं का छात्रावास था। हम हिचकते हुए वहाँ गए। इससे पहले गायकवाड को कभी नहीं देखा था। सिर पर नीली टोपी, धोती, कोल्हापुरी चप्पलें, मोटे स्थूल शरीर पर कोट पहने हम उन्हें देखते हैं। अभी-अभी साइकिल से बाहर आए थे। साइकिल से नीचे उतरे ही थे। हम बोर्डिंग के लड़के हैं, यह जानकर उन्हें बड़ा अच्छा लगा। हमें आग्रह से खिलाते-पिलाते हैं। बोर्डिंग की लड़कियाँ चोरी-छिपे हमें देखती हैं। दादासाहब का उस समय का दर्शन नहीं भूल सकता। खुद झाड़ू लगा रहे थे। हमारे बैठने के लिए दरी बिछाते हैं। लड़कियों को परोसने में मदद करते हैं, ये सारे अविस्मरणीय दृश्य। इतनी बड़ी पार्टी का आदमी हमसे कितने अपनत्व से पेश आ रहा है, यह मीठा ख़याल हमें श्रद्धा से सराबोर कर देता है।

रात में बाबासाहब नासिक आकर भी सभा में उपस्थित नहीं हो सके। सभा-स्थल पर लोग चींटियों-से जमा हो गए। स्टेज पर कुछ बड़े नेता लोग। शान्ताबाई दाणी माइक से सबको सूचना देती हैं, "बाबासाहब का स्वास्थ्य अचानक ख़राब हो जाने के कारण वे सभा में नहीं आ सकेंगे।" वे कहाँ ठहरे हैं, यह भी

बताती हैं। हम लड़के बहुत निराश हो गए। बाबासाहब की आवाज़, उनकी ओजस्वी वाणी, लाखों-करोड़ों को ग़ुलामी की जंज़ीरों से मुक्त करानेवाली वाणी, अपने कानों में सँजोकर तथा उसकी प्रतिध्वनि उम्र-भर अपने भीतर रखने की इच्छा से ही मैं इतना लम्बा सफ़र तय कर आया था। पानी में ढेला गल जाए, कुछ ऐसी अवस्था थी। साइकिल खींचने से थकी पिंडलियाँ अब दुखने लगीं। अब आ ही गए तो बाबासाहब को देखकर ही जाने की इच्छा ज़ोर पकड़ने लगी। हम लड़के फिर लड़कियों के छात्रावास में आ गए। बड़ी मुश्किल से रात बिताई।

जिस बँगले में बाबासाहब रुके थे उसके आसपास हम मँडराने लगे। इतने में हममें से किसी ने बँगले के सामने लॉन पर कुर्सी डालकर बैठे बाबासाहब को देखा। उनके इशारा करते ही हम उस दिशा में बढ़े। सुबह की कोमल धूप में बाबासाहब बैठे थे। महार जाति में पैदा होनेवाला आदमी इतना तेजस्वी हो सकता है, इस बात पर मुझे विश्वास ही न होता। उजला व्यक्तित्व, ऊँचा माथा। पूरे सूट में थे। सिर पर हैट भी। रात में आए लोगों से वे मिल सकें, इसलिए वे वहाँ बैठे होंगे। परन्तु उनका चेहरा बीमारी के कारण बहुत क्लान्त दिख रहा था। उन्हें पैरों में तकलीफ़ थी। चलते समय दूसरे लोगों की मदद लेनी पड़ती।

बाद में बम्बई आने के बाद एक बार कुलाबा में घूमते हुए मैंने देखा कि बाबासाहब धीरे-धीरे छड़ी के सहारे नीचे उतर रहे हैं। साथ में माईसाहब थे। हम लड़के बाबासाहब को ऐसे देख रहे थे, जैसे कोई महान आश्चर्य देख रहे हों। इसी बीच कावाख़ाने का चन्दर एक कार्यकर्ता के साथ उनके घर गया। उन दिनों किसी ने भेगुबाई एंड कम्पनी के नाम से कोई बोगस कम्पनी खोली थी। हीरो या साइडहीरो बनने के लिए युवकों की क़तारें पैसे देकर खड़ी थीं। कामाठीपुरा के पार्टी-ऑफ़िस में ही घटना घटी। फिर अचानक ही यह कम्पनी लुप्त हो गई। सबके पैसे पानी में चले गए। इन लोगों की शिकायत लेकर यह कार्यकर्ता बाबासाहब के घर गया। लोग पार्टी-ऑफ़िस में पैसे भर रहे हैं, ऐसे कुछ फ़ोटो भी उसके पास थे। चन्दर से मालूम हुआ कि बाबासाहब बहुत भड़क गए थे। पार्टी के लोगों को सीधे गाली ही दी। साथ ही उस कार्यकर्ता को भी आड़े हाथों लिया। कार्यकर्ता मराठवाड़ा का था। "अरे, तू शहर में यह काम करता है? तुझे काम ही करना है तो मराठवाड़ा में जा। वहाँ अपने लोगों के बुरे हाल हैं। तेरी होशियारी का यहाँ क्या उपयोग?" बाबासाहब हमेशा कहते कि, "मैंने शहर के लोगों के लिए बहुत कुछ किया। परन्तु देहातों में मेरे लोग आज भी दुख-तकलीफ़ भोग रहे हैं।" यह कहते-कहते उनकी आँखों में पानी छलछला जाता।

बाबासाहब के फिर अन्तिम दर्शन हुए उनके अन्त समय में ही। सुबह मैं हमेशा की तरह अपने काम पर निकला। अख़बारों के पहले पेज पर ही ख़बर छपी

थी। धरती फटने-सा अहसास हुआ। इतना शोकाकुल हो गया, जैसे घर के किसी सदस्य की मृत्यु हुई हो। घर की चौखट पकड़कर रोने लगा। माँ को, पत्नी को कुछ समझ में नहीं आ रहा था कि मैं इस तरह पेपर पढ़ते ही क्यों रोने लगा! घर के लोगों को बताते ही सब रोने लगे। बाहर निकलकर देखता हूँ कि लोग जत्थों में बातें कर रहे हैं। बाबासाहब का निधन दिल्ली में हुआ था। शाम तक विमान से उनका शव आनेवाला था। नौकरी लगे दो-तीन महीने ही हुए होंगे। छुट्टी मंज़ूर करवाने वेटरनरी कॉलेज गया। अर्ज़ी का कारण देखते ही साहब झल्लाए। बोले, "अरे, छुट्टी की अर्ज़ी में यह कारण क्यों लिखता है? अम्बेडकर राजनीतिक नेता थे और तू एक सरकारी नौकर है। कुछ प्राइवेट कारण लिख।" वैसे मैं स्वभाव से बड़ा शान्त। परन्तु उस दिन अर्ज़ी का कारण नहीं बदला। उलटे साहब को कहा, "साहब, वे हमारे घर के एक सदस्य ही थे। कितनी अँधेरी गुफ़ाओं से उन्होंने हमें बाहर निकाला, यह आपको क्यों मालूम होने लगा?" मेरी नौकरी का क्या होगा, छुट्टी मंज़ूर होगी या नहीं, इसकी चिन्ता किए बिना मैं राजगृह की ओर भागता हूँ। ज्यों बाढ़ आई हो, ठीक उसी तरह लोग राजगृह के मैदान में जमा हो रहे थे। इस दुर्घटना ने सारे महाराष्ट्र में खलबली मचा दी। लोग किसी भी उपलब्ध वाहन से बम्बई की दिशा में जा रहे थे। जाते समय किसी को टिकट ख़रीदने तक का होश नहीं था।

रात-भर हम घर आए ही नहीं। राजगृह के सामने घास पर ही लेट गए। सुबह देखता हूँ, किसी महासागर की विशाल लहरों-सी लोगों की बाढ़ आती चली जा रही थी। सबको क़तार में दर्शन करना था। एक-दो घंटे क़तार में खड़े रहने के बाद बाबासाहब के दर्शन किए। वे ऐसे शान्त पड़े थे, जैसे गहरी नींद में हों। उनकी नाक में रुई के फाहे डाले गए थे। उनके चरणों पर लोग फूल-पत्तियाँ डाल रहे थे।

दोपहर को उनकी शवयात्रा निकली। ऊपर सूरज आग उगल रहा था और हम बोझिल मन से शवयात्रा में चींटी की चाल से आगे बढ़ रहे थे। एक ऊँचे पुल पर जाकर भीड़ के आगे-पीछे का अन्दाज़ लेता हूँ। बाँबी फूटने की तरह लोग। नज़र न ठहरती! बताते हैं, इससे पहले लोकमान्य तिलक की शवयात्रा में इतने लोग आए थे। परन्तु उस दिन लोगों के जो शोकाकुल मन देखे, वह कभी नहीं भूल सकता। अनेक स्त्री-पुरुष शोकाकुल हो अपने सिर पीट रहे थे...कइयों की आँखों में आँसू नहीं ठहर रहे थे।

बाबासाहब ने नागपुर में 1956 में अपने लाखों अनुयायियों को बौद्ध धर्म की दीक्षा दी। इस ऐतिहासिक कार्यक्रम में मैं नहीं पहुँच सका। परन्तु इस क्रान्तिकारी परिवर्तन की आहट घर-घर पहुँच चुकी थी। अनेक परिवारों ने अपने

घर की दीवारों पर टँगी देवी-देवताओं की तसवीरें तोड़ डालीं। पूजाघर के देवी-देवताओं की मूर्तियाँ कौड़ी-पत्थर समझ फेंक दी गईं। यात्रा-मरीमा-म्हसोबा-खंडोबा--इन परम्परागत भगवानों से मुँह फेर लिया गया। बकरे-मुर्ग़ काटना बन्द हो गए। वैसे हमारे घर में नाममात्र का पूजास्थान था। चाँदी के खंडोबा-बहिरोबा की छोटी मूर्ति माँ ने ख़ासतौर पर बचपन में तैयार करवाई थी। वे चाँदी के होने के कारण माँ ने चिथड़ों में बाँधकर कहीं रख दिए। आज भी जब मैं पुरानी चीज़ों को किसी काम से देखता हूँ तो वे दिखते हैं। इस भगवान की चाँदी का क्या करें, मेरी समझ में नहीं आता। उन्हें अब मेरे घर में कोई स्नान नहीं करवाता। पूजा भी नहीं की जाती। बाबासाहब द्वारा दीक्षा देते समय यह शपथ कि 'मैं हिन्दू धर्म के ब्रह्मा, विष्णु, महेश और उनके समस्त तैंतीस करोड़ भगवानों को नहीं पूजूँगा,' ख़ून में समा चुकी थी। बम्बई में दीक्षा के अवसर पर स्त्रियों को सफ़ेद साड़ियों की ज़रूरत होती। उस दिन व्यापारियों ने अपना धन्धा ख़ूब चलाया। सफ़ेद साड़ी कहकर पुरुषों की धोतियाँ बेची गईं। दुगुनी क़ीमत देकर माँ और पत्नी के लिए सफ़ेद साड़ियाँ उधार ले आता हूँ!

धर्म कर्मकांड में कैसे बदल जाता है, इसकी यहाँ याद हो आई। कुलाबा में इसी तरह एक सगाई में गया था। लड़की कोंकणस्थ और लड़का देशस्थ। सगाई कार्यक्रम को कोंकणस्थ लोग 'बोलघड़ा' कहते। वैसे कोंकणस्थ पंचायत का बड़ा विस्तार था। पंचायत की पावती के बिना शादी होना सम्भव न था। इस पावती के लिए पंचायत के सदस्यों को रिश्वत दी जाती। दारू भी पिलानी होती। देशस्थ-कोंकणस्थ विवाह बहुत कम ही होते। देशस्थों को पंचायत का सदस्य बनना पड़ता। इनके बौद्धाचार्य अलग। देशस्थों को इनकी शादी करवाने की अनुमति नहीं थी। दोनों पक्षों की ओर से सदस्यता-पावती देखी जाती। देशस्थ लोगों की ओर से दुल्हन के लिए रंगीन साड़ी लाई जाती है। साड़ी वैसे क़ीमती थी। बस, साड़ी देखकर कोंकणस्थ मंडल भड़क उठी। बोलघड़ा के लिए तैयार न होते। मैं भी भाषण करता हूँ। व्यंग्यात्मक ढंग से बताता हूँ, "एक दूल्हे ने काले बूट पहने, इसलिए शादी में रुकावट पैदा की गई।" यह सत्य घटना बताता हूँ। "अतः किसी भी बात का अतिरेक बुरा ही होता है।" परन्तु, लोग मुझे सुनने की तैयारी में नहीं थे। मुझे ठाकरों की याद आती है, 'चार आने ही होते हैं।' बँधा रुपया देने पर भी न लेनेवाले!

रात के समय पास की दुकानों में भाग-दौड़ होती है। सफ़ेद साड़ी कहीं नहीं मिलती। अन्त में धोती लाई जाती है। लड़की को धोती पहनाकर 'बोलघड़ा' के लिए लाया जाता है। उस रात समझ न आया कि हँसें या रोएँ!

इस घटना को भी पीछे छोड़नेवाली और एक घटना घटी। एक शादी में दूल्हे

ने गांधी टोपी पहन ली। "सिर से गांधी टोपी उतार," यह कार्यकर्ताओं का आग्रह। उसका कहना था—"आपको सफ़ेद रंग चाहिए न?" "यह टोपी सफ़ेद ज़रूर है, पर कांग्रेस की है। इसलिए तुरन्त उतारो।" अन्त में उनकी ज़िद के सामने उस दूल्हे को झुकना पड़ा। इस सन्दर्भ में एक मनोविनोद (वैसे सत्य घटना है) हमेशा सुनने को मिलता। ऑफ़िस में जानेवाली लड़कियाँ बड़े शौक़ से सफ़ेद साड़ी पहनकर जातीं। परन्तु सफ़ेद साड़ी पहननेवाली लड़की पहले महार थी और अब बौद्ध हुई, यह समीकरण जब बनने लगा तब सवर्ण लड़कियाँ सफ़ेद साड़ी पहनना बड़ी सावधानी से टालतीं। इन घटनाओं पर बड़ी हँसी आती है। आदमी के साथ जाति कैसे गोचड़ी[1] की तरह चिपकी होती है! आप कितना भी भटकिए, पूरा ख़ून चुस जाने तक वह सरक ही नहीं सकती।

"हिन्दू धर्म छोड़कर आपने बौद्ध धर्म अपनाया, फिर भी आपकी छलाँग अन्त में फ़सिंग के भीतर ही रही," ऐसा सावरकर का कहना था और हिन्दू भक्तों का कहना था—"आप बौद्ध हो गए, पर हैं तो महार ही।" महार के रूप में पहचाने जाने के लिए सरकारी-दरबार में उनका नाम नवबौद्ध घोषित किया गया। यदि कोई हिन्दू ईसाई या मुसलमान हो जाता है, तब उसके हिस्से ऐसे विशेषण क्यों नहीं आते?

बाबासाहब ने देश के नाम एक खुला पत्र लिखा था। उस पत्र में उन्होंने लिखा था कि देश की सरकार के लिए एक ही विरोधी दल चाहिए। उनकी बड़ी तीव्र इच्छा थी कि शेड्यूल्ड कास्ट फ़ेडरेशन को भंग कर लोकतन्त्र प्रणाली पर आधारित नई रिपब्लिकन पार्टी होनी चाहिए। इसी आधार पर पार्टी के कार्यकर्ताओं ने रिपब्लिकन पार्टी स्थापित की। इसके पीछे सामुदायिक नेतृत्व की कल्पना थी। परन्तु प्रेसीडियम के नेताओं में बहुत जल्द अनबन हो गई। बाबासाहब के चरणों में ली गई शपथ इस तरह हवा हो गई। 3 अक्तूबर का मुद्दा घटनात्मक प्रसंग के रूप में उपयोग में लाया गया। संशोधित और असंशोधित—इस आधार पर सीधे-सीधे दो गुट हो गए।

3 अक्तूबर से पहले संविधान लिखा जाए परन्तु इस संविधान पर किसका नाम हो, इस विवाद में संविधान फँस गया। संशोधन के पक्ष में सारे वकील लोग। संशोधन न चाहनेवालों में दादासाहब गायकवाड। धोती बनाम पतलून वालों में यह सीधा झगड़ा था। "काग़ज़ को कौन पूछता है?" कहकर दादासाहब गायकवाड ने इस संविधान बनानेवालों की सार्वजनिक रूप से हँसी उड़ाई। उधर इसका समर्थन

1. जोंक।

करने के लिए ज़िले के दादासाहब ने एड़ी-चोटी का ज़ोर लगाया। पार्टी का कलगी-तुर्रा बड़ा रंग लाया। दादासाहब हमारे ज़िले के। इसलिए मैं संशोधन की ओर से काम करने लगा। पार्टी की फूट कई ज़िलों तक फैल चुकी थी। ज़िले की राजनीति को ज़रूरत से ज़्यादा महत्त्व मिल गया। पश्चिम महाराष्ट्र में ज़िलेवार गुट बन गए। उधर विदर्भ में महार जाति की उपजातियों पर आधारित गुट बने। बावणे, लाडावान और कोसरे—यह विदर्भ की उपजातियाँ। उधर पश्चिम महाराष्ट्र में सोमवंशीय। अपने बाबूजी संशोधन के आधार-स्तम्भ। उनके पीछे विदर्भ के और उतने ही उनकी उपजाति के लोग थे। दूसरी ओर खोब्रागडे की उपजाति बड़ी थी। भूमिहीन खेत-मज़दूरों को रिपब्लिकन पार्टी का कोई भी गुट आकर्षित नहीं कर सका। कुल मिलाकर संशोधन वही। परन्तु बोर्ड बदल गया। उसमें भी बोर्ड के दो भाग। कुल मिलाकर यह हालत थी।

अच्छा-बुरा समझने की वह उम्र न थी। किसी बाढ़ की चपेट में तिनके के बहने-सा मैं बहा जा रहा था। नेता जो कुछ कहेंगे, उसे कविता में उतारना शौक़ बन गया। शेक्सपियर ने 'यह चित्र और वह चित्र'—ऐसा हेमलेट के मुँह से कहलवाया था। वैसे ही मैं भी कविताओं में, संशोधन का उदात्तीकरण करने लगा। संशोधन के विरोधियों का पहलू अधिक काला करने की कोशिश कविता में होने लगी। पार्टी की ओर से अख़बार निकाला जाता। उसमें इस आशय की कई कविताएँ मैंने दीं।

रिपब्लिकन नेताओं के क़रीबी दर्शन में कोई सन्तोषजनक बात न दिखती। इसमें से अधिकांश नेता बाबासाहब की हू-ब-हू नक़ल करते। बाबासाहब कुत्ता पालते तो ये भी कुत्ते पालते। बाबासाहब क़ीमती पेन रखते, ये भी रखने लगे। सूट पहनना आम बात हो गई थी। किसी शोक-सभा या शवयात्रा में भी ये लोग सूट पहनकर आते। तब उन पर बड़ी दया आती। गाँव-देहातों में इनकी सभाओं में इनका डीलडौल खुलकर दिखता। देहातों में जनता रास्तों पर धूल में पत्तलें बिछाकर लपसी[1] खाती है और ये नेता अपने घरों में मुर्ग़ी-शराब में मस्त। यह विसंगति बहुत खटकती। निश्चित ही इनके ये शौक़ लोगों के चन्दों से पूरे होते।

एक बार ऐसे ही विरोधी नेता की सभा में गया। भाषण के पश्चात् उन्होंने श्रोताओं का प्रश्न पूछने के लिए आवाहन किया। बहुत देर तक मैं अपने व्यंग्यकार को नहीं दबा सका। मैंने प्रश्न पूछा, "लोग कहते हैं कि फ़ोर्ट में जो बाबासाहब का पुतला है, वह आप-सा दिखता है!" सही बात तो यह थी कि प्रश्न

1. पतला हलुवा।

का व्यंग्य-स्वरूप वे समझ गए थे, पर वे बहुत झल्लाए। कहने लगे, ''बाबासाहब की तरह मेरी नाक है, इसलिए क्या उसे काट डालूँ या उनकी और मेरी ऊँचाई एक जैसी है, क्या उसे भी कम कर डालूँ?'' साहब के इस उत्तर से उस दिन सभा का बड़ा मनोरंजन हुआ।

संशोधन पार्टी के ऐसे ही एक नेता थे। 'संविधान-पंडित' के रूप में चारों ओर उनकी ख्याति। संशोधन वाले सभी नेता उनकी खुलेआम तारीफ़ करते। 'भारत के केनेडी' के रूप में उनका उल्लेख होता। संयुक्त महाराष्ट्र के वे दिन। पत्थर को सिन्दूर लगाने से वह भी चुनकर आ जाएगा, ऐसी हालत थी। साहब चुने गए। तब से उनका रुआब और बढ़ गया था। उन दिनों हम शाम को भाटिया बाग़ में एकत्रित होते। साहब के साथ अपना भी फ़ोटो छपे, यह सबकी इच्छा थी। बड़ी मुश्किल से साहब फ़ोटो के लिए तैयार होते हैं। फ़ोर्ट में एक फ़ोटोवाले के पास हम गए। साहब को ज्यों अचानक चींटे ने काट लिया हो! वे कड़के, ''आप लोग आगे चलिए या मुझे आगे जाने दीजिए।'' अनुयायियों को बड़ी निराशा हुई। फटे-पुराने कपड़ों में अनुयायी उनके साथ चल रहे हैं, यह बात तो कहीं साहब को नहीं खटकी? वैसे ये साहब बहुत गरम स्वभाव के किसी के भी साथ बात बड़े रौब से करते। ग़लती से यदि कोई घर चला जाता तो दरवाज़े से भगा देते। यदि किसी ने जाने का साहस कर ही लिया तो उसे अनेक वकीली दाँवपेंच के सवाल पूछकर हैरान कर छोड़ते।

ऐसे ही एक दिन मैं उनके घर गया। साथ में एक बड़े दलित लेखक थे। जाते ही साहब ने हमसे हमारा ज़िला पूछा। ज़िला पूछने के पीछे सिर्फ़ एक ही आशय था कि हम किस गुट के हैं? चर्चा में दलित लेखक मित्र के मुँह से 'समाज' शब्द निकला। इस पर थोड़ा रुककर वे हमसे पूछते हैं, ''बताइए तो समाज की क्या व्याख्या है?'' लेखक बताता है, ''समाज की कई परिभाषाएँ हो सकती हैं। डॉक्टर, इंजीनियर अलग व्याख्या करेंगे। नेता लोग अलग करेंगे और लेखक अलग पद्धति से समाज की व्याख्या करेंगे!'' इस पर साहब तंग आकर बोले, ''समाज की इतनी व्याख्या करनेवाले आप पहले व्यक्ति मुझे मिले हैं।'' ऐसे थे साहब!

कम्युनिस्ट दर्शन की कोई बात शायद वे न जानते थे। परन्तु आवश्यकता पड़ने पर वे कम्युनिस्ट सिद्धान्तों की तीखी आलोचना करते, परन्तु चुनाव आने पर उन्हें मुस्लिम लीग या कम्युनिस्ट—कोई भी चलता।

सुधारवादियों के सिद्धान्तों के सन्दर्भ में वही एकमात्र अगुवा। संसदीय लोकतन्त्र के सन्दर्भ में भी यही बात—मोर्चा मत कहिए, 'पिटिशन' कहिए। अमुक सन् में इंग्लैंड में लोग पार्लियामेंट पर जो ले गए थे, वह मोर्चा नहीं,

पिटिशन था। संयुक्त महाराष्ट्र की राजनीति में कम्युनिस्ट पावरफुल हैं। यदि हम उनके साथ रहेंगे तो कम्युनिस्ट चिन्तन फैलेगा, ऐसी आक्रामक बात लेकर ये लोग संयुक्त महाराष्ट्र समिति से बाहर आ गए। ''देश से हम कम्युनिस्टों की जड़ें उखाड़ फेंकेंगे।'' साहब के इस बयान को हेडलाइन मिल गई। उन दिनों दादासाहब गायकवाड ज़ाहिर तौर पर बोल गए थे कि ''मैं जन्मजात कम्युनिस्ट हूँ। हम कच के समान कम्युनिस्टों के पेट से बाहर निकल जाएँगे।'' सिर्फ़ इस एक वाक्य के कारण दलितों, बौद्धों की राजनीति में कितना बड़ा युद्ध छिड़ गया था! दादासाहब गायकवाड कम्युनिस्ट हैं, यह शोर कल तक मचाया जा रहा था।

दादासाहब ने भूमिहीनों के लिए देशव्यापी सत्याग्रह किया तो उनके विरोधियों ने उनका मज़ाक उड़ाया। निश्चित ही उसमें मैं भी शामिल था। परन्तु धीरे-धीरे इस सत्याग्रह को अभूतपूर्व यश मिला। 'जेल भरो आन्दोलन' की क्या राजनीति होती है, उसके दर्शन अलग से हो रहे थे।

इस लड़ाई में केवल बौद्ध लोग ही नहीं थे बल्कि वह सारा कमज़ोर वर्ग था, जो ज़मीन के सवाल पर एक जगह एकत्रित हो रहा था। सुधारवादियों की हँसी उड़ाना सबसे पहले उन्हीं को खला। नेताओं में मतभेद होने के बाद भी दादासाहब ने नगर-ज़िले में सत्याग्रह किया। इस सत्याग्रह की अनेक मज़ेदार बातें कानों में पड़ रही थीं। शोलापुर के कुछ लोगों ने अचानक कलेक्टर के घर का कब्ज़ा कर लिया। कलेक्टर के पलँग पर सोने का स्वप्न एक स्वयं-सेवक ने सच कर दिखाया। उसके बारे में जो भी सज़ा थी, उसने ख़ुशी-ख़ुशी स्वीकार की।

सुधारवादी नेता लोग आकर्षक नारे देने में बड़े निपुण थे। 'पार्टी का हाथी चुनाव-चिह्न फिर वापस लाना' एक ऐसी ही आकर्षक घोषणा थी। 'देश की सम्पूर्ण बुद्ध-गुफ़ाएँ हमारे अधिकार में हों।' 'सारा भारत बुद्धमय करना।' ऐसे स्फूर्तिदायक भाषणों से ये लोग सभा में रंग लाते। बाबासाहब की मृत्यु की गुप्त रिपोर्ट सरकार को प्रकाशित करनी चाहिए, हर छह साल बाद यह भी एक थ्रिल घोषणा होती। बाबासाहब की मृत्यु संशयास्पद परिस्थितियों में हुई है। उसमें सुधार-विरोधियों के कुछ मान्यवर नेता और उनकी ब्राह्मण पत्नी का हाथ है, ऐसी व्हिस्परिंग पॉलिटिक्स खेलकर सारे वातावरण में असन्तोष के वातावरण का निर्माण करते। जो बाबासाहब के लिए शोभायमान हो, ऐसा एक स्मारक खड़ा किया जाए। उनके नाम पर अलीगढ़ या हिन्दू विश्वविद्यालय जैसी यूनिवर्सिटी हो, डॉ. अम्बेडकर अध्ययन-केन्द्र स्थापित हो, ऐसी कल्पनाएँ हमेशा सभाओं के सामने रखी जातीं। इनके लिए लोगों को लाइन लगाकर बैंकों में पैसे भरने चाहिए, ये आह्वान लोगों को मन से अच्छे लगे। नेताओं को दिए गए पैसे कहीं और हज़म हो जाते हैं, अतः इस अनुभव के कारण यह बात सबको उचित लगी। सात-आठ

दिनों में आँकड़ा 62 हज़ार तक पहुँच गया। नेताओं तक को इस आँकड़े पर विश्वास न होता। दूसरे सार्वजनिक चन्दों का जो भविष्य होता है, वह इसका भी हुआ। नेताओं में खटपट हुई। सारी रकम फ्रीज़ कर दी गई। चैत्यभूमि के स्तूप पर संगमरमर जड़ने की कल्पना भी लोगों ने इसी प्रकार पॉपुलर की थी। कहते हैं, लोगों ने पैसों की वर्षा कर दी। परन्तु अन्त तक संगमरमर नहीं बैठाया गया। बाद में ये पैसे हवा हो गए। समाज को इन पैसों का कभी हिसाब नहीं मिला। कनिष्ठ गाँव-कामगारों ने भी सारे महाराष्ट्र से प्रत्येक गाँव पीछे मनीऑर्डर भिजवाया। महार के वतन ख़त्म हो गए, परन्तु वह सारा पैसा आज भी बैंक में सड़ रहा है। समाज के रचनात्मक कामों के लिए इन पैसों का उपयोग नहीं हो पाया।

धीरे-धीरे समाज में उदासीनता फैलने लगी। सारे आन्दोलन चूल्हे-से ठंडे होने लगे। राजनीति की छाया समाज की सांस्कृतिक, सामाजिक और शैक्षणिक संस्थाओं पर भी पड़ने लगी। इतना ही क्यों, शादी-ब्याह, मरणोपरान्त शवयात्रा—इस पर भी गुटबाज़ी का प्रभाव दिखने लगा। कोई सामान्य आदमी भी यदि मर जाए तो श्मशान घाट पर उसके गुणगान की प्रथा थी। वार्ड के कार्यकर्ताओं को इस सभा में बोलना मान-सम्मान की बात लगती। उस समय जिस गुट का शव होता, उन्हीं को सभा में बोलने का मान मिलता। अध्यक्ष भी उसी गुट का। दूसरे गुट को टाला जाता। 'हम अपने गुट का आदमी मरने पर इसका बदला लेंगे,' ऐसा दूसरे गुटवाला घर जाते-जाते बोल जाता!

एक बार मैं ज़िले की एक आम सभा में गया। कार्यक्रम शाम को था। दोपहर में नेताओं के साथ कार्यकर्ताओं का शिविर था। एक हॉल में कुछ नेता लोग औपचारिक बातचीत कर रहे थे। मैं बड़े भक्ति-भाव से उनके भाषण सुन रहा था। शायद खाने का समय हो गया था। भोजन के समय मुझे कैसे टाला जाए, इस बात का विचार संचालक लोग कर रहे थे। उन्होंने मुझे पास बुलाकर कान में कहा, "इस समय एक मान्यवर नेता बस से आ रहे हैं, उन्हें लेने जाओ।" मैं बड़े असमंजस में था। एक तो यह काम स्थानीय कार्यकर्ताओं को सौंपना चाहिए। वैसे भी मान्यवर नेता को सब लोग पहचानते थे। मैं बाहर आता हूँ। भोजन में शामिल न करने के लिए मुझे इस प्रकार टाला गया है, इस बात का भीतर-ही-भीतर विश्वास दृढ़तर होता जाता है। चोट-लगे पक्षी-सी मेरी मानसिक अवस्था होती है। मैं स्टैंड पर नहीं जाता। दिन-भर गाँव में भटकता रहता हूँ। रात की सभा में शामिल न होकर बम्बई की गाड़ी पकड़ता हूँ। नेता अर्थात् कुछ स्थानीय महत्त्व के व्यक्ति ही थे। अनुयायियों के साथ गुलामों-सा व्यवहार करने में उन्हें शर्म न आती।

धीरे-धीरे नेताओं की भीतरी और व्यक्तिगत बातें मालूम होने लगीं। जिन लोगों को बहुत बड़ा समझते थे, वे भी अपनी ही तरह मिट्टी-गोबर के बने हैं। अपने स्वार्थ-लाभ के लिए किसी भी स्तर तक पहुँच सकते हैं, इसका भी विश्वास होता गया। इससे पहले नेताओं की काफ़ी मज़ेदार बातें सुन रखी थीं। एक नेता तो इंग्लैंड से बैरिस्टर बनकर आया था, वह कभी-कभार जब देहातों में सभाओं के लिए जाता, तब उसे खुले में नहाने में बड़ी शर्म आती। साहब को इंग्लैंड के बन्द बाथरूम की आदत! लोग बताते, "जब साहब नहाने बैठते, तब चार कार्यकर्ता उनके चारों ओर धोती तानकर पर्दा कर देते। इस तरह उनका 'बाथ' चलता।" बाद में बैरिस्टर महोदय एक खाना बनानेवाली को लेकर भाग गए। इस कांड की समाज में बड़ी तीखी प्रतिक्रिया हुई और उन्हें पार्टी से छुट्टी दे दी गई।

ऐसी ही पुणे के एक नेता की बात बताते हैं। ये कहीं भी सभा में जाते तो फुल सूट में। एक देहात में जयन्ती के उपलक्ष में इनकी सभा का आयोजन हुआ। साहब पेट-भर मुर्ग़ा दबा चुके थे। वे खुले में सोने को तैयार न थे। अन्त में साहब की सोने की व्यवस्था एक कमरे में की गई। कमरे के पास ही रसोईघर। जिस कार्यकर्ता का यह घर था, उनकी पत्नी ने ज़ोरदार मटन बनाया था। बाई चूल्हे के पास ही लेटी थी। रात में साहब की वासना ज़ोर मारती है। साहब अँधेरे में ही बाई को टटोलने के लिए आगे सरकने लगते हैं। बेचारी बाई गहरी नींद में थी। घर में सोया साहब इस क़दर टटोल रहा है, यह जानकर बाई भयाकुल हो गई। वह ज़ोर से चिल्लाती है। बाहर सोए पुरुष लोग जाग जाते हैं। सब साहब को माँ-बहन की गाली देते हैं। साहब वैसे छँटा हुआ था। अँधेरे में अपना सूट काँख में दबाकर भाग निकला। पीछा करते कार्यकर्ताओं को साहब नहीं मिलते। सुबह-सुबह ही कार्यकर्ता साहब की तलाश में शहर आ जाते हैं। जिसने यह नेता तय कर सभा के लिए गाँव भेजा था, उसके घर जाते हैं। कहते हैं, "साहब आपने बहुत अच्छा किया! बहुत अच्छा नेता भेजा, जो हमारी माँ-बहनों को टटोलने निकला!" आज भी यह नेता खुलेआम समाज में शान से रह रहा है। विशेष आश्चर्य की बात तो यह है कि वह विधायक चुना गया। रक्षक ही भक्षक बन जाए तो शिकायत किससे करें? आम आदमी के सामने यही सवाल।

परन्तु दादासाहब कभी भी बाई-बोतल के फन्दे में नहीं पड़े। एक चरित्रवान व्यक्ति के रूप में हम उन्हें बचपन से पहचानते हैं। पर इस राजनीति में दादासाहब का दम घुट रहा होगा। उन दिनों 'मिलिन्द' के नाम से 'रिपब्लिकनों को कम्युनिस्टों से किसने बचाया?' पुस्तिका प्रकाशित हुई थी। इस पुस्तिका के मुखपृष्ठ पर चित्रकार ने एक चित्र बनाया था। एक बैलगाड़ी में पार्टी के कुछ नेता बैल के रूप में जोते गए थे। गाड़ीवान के हाथों में चाबुक था और पीछे से

गाड़ी को पकड़कर रास्ते से खींचते जानेवाले दादासाहब थे। गाड़ी हाँकनेवाले इन्हीं नेताओं ने पाले-पोसे थे। उनका 'भारत के केनेडी', 'संविधान-पंडित' कहकर गौरव किया गया था। कार्यकर्ताओं में इस 'केनेडी' के बारे में खुली चर्चा चलती। 'अरे ये, पैसों के ढेर पर मूतनेवाला। पोपट-सा मिट्ठू-मिट्ठू बोलनेवाला। अनार लाकर कौन देता है, इसका विचार न करनेवाला।' कोई भी रचनात्मक काम हो, यह 'केनेडी' उसमें गड़बड़ी फैलाता। संसदीय लोकतन्त्र की गप्पें हाँकता। परन्तु आन्तरिक लोकतन्त्र में इसका कभी विश्वास न रहा। 'मिलिन्द' नाम से जो पुस्तक लिखी गई है वह दादासाहब की ही लिखी है, कार्यकर्ताओं की ऐसी मान्यता बन चुकी थी। जिस प्रकार 'केनेडी' वॉल्टेयर, अब्राहम लिंकन के हमेशा कोटेशन्स देता, वैसा ही इस पुस्तक में भी था। मिलिन्द इतनी अच्छी पुस्तकें नहीं लिख सकता, यह भी कार्यकर्ताओं की प्रतिक्रिया थी। इससे एक बात हुई। रिपब्लिकन के सुधारों में फूट पक्की हो गई। दादासाहब तंग आकर सरकारी नौकरी में चले गए।

इस समाज-कार्य के पागलपन के कारण घर में ठीक से ध्यान नहीं दे पाया। वैसे सई गँवई थी। उसे यह सब पसन्द न आता। क्षण-भर का विरह भी उसे सहन न होता। परन्तु मैं बहुत पहले पढ़ी सावरकर की 'काला पानी' पुस्तक के कुछ वाक्य उस पर फेंकता, "अरी, संसार माने क्या? कौवे जिस प्रकार तिनका-तिनका जोड़कर घोंसला सजाते हैं न, ठीक वैसा। हमारे घर से आज भले ही अभावों का धुआँ उठ रहा है, हर कल दूसरों के घर से सोने का धुआँ उठेगा।" जैसे कोई सभा में भाषण दे रहा हो, ऐसे वाक्य सुनकर वह चकरा जाती।

प्रारम्भ के दो-तीन सालों में सई को कोई बाल-बच्चा नहीं हुआ। बच्चे के लिए वह बहुत दुखी रहती। एक बार वह अपने चाचा के घर, मायके जाती है। उसका चाचा पास ही गोलपीठा के पास सिद्धार्थ नगर के बाप्टी चाल में रहता था। आसपास की बस्ती पसन्द न थी। दिन में भी हिजड़े-वेश्याएँ फ़ुटपाथ पर खड़ी मिलतीं। उनके उलटे-सीधे हाव-भाव होते। कई बार लगता, सई उस ओर न जाए।

इस बार वह मायके से वापस आई। उसे भी बच्चा हो, इसलिए वहाँ 'भगत' देखा। उसका अंगारा लेकर वह आती है। मैं कभी भी विशेष नाराज़ न होनेवाला उस पर भड़क उठा। उसे घर से बाहर जाने को कहा। नाटक में जैसे क्षमा माँगने का सीन होता है, ठीक वैसा ही उसे 'फिर ऐसा नहीं करूँगी' क्षमा-याचना के लिए मजबूर करता हूँ और उसे घर लाता हूँ।

शादी के पूरे तीन साल बाद सई को दिन चढ़ते हैं। राजकमल के 'नवरंग' चित्रपट के कवि-सी मेरी हालत हुई। सई की इच्छा लड़के की थी और मुझे लड़की की। माँ को भी वंश चलाने के लिए एक दीपक चाहिए था। पत्नी की जचकी के समय सास की भी जचकी हो तो कैसा लगेगा। वैसे मैं जिस सास की बात कर रहा हूँ, वह मेरे ससुर की रखैल थी। देशमुखीन। मराठा जाति की।

काफ़ी दिनों से ससुर का यह लफड़ा रहा हो। परन्तु देखमुखीन होने के कारण फिर शादी करने की अनुमति नहीं थी। बाई का पति ऐन जवानी में मर गया। बाई मेरे ससुर पर कैसे मोहित हुई? ससुर तो डामर-सा काला और बाई बहुत गोरी थी। ससुर बाई को जचकी के लिए सीधे बम्बई लेकर आ गए। वह भी दामाद के घर। बाई पीली-घम हो गई थी। बाई का पेट भरा-भरा दिखता। बाई शर्म से ज़मीन में धँसी जा रही थी। नज़रें न उठाती। ऐसी औरतें पहले पंढरपुर जाया करती थीं, अब ससुर ने बम्बई ढूँढ़ निकाली।

पत्नी और सास की एक ही अस्पताल में जचकी हुई। मेरे यहाँ लड़की हुई। लड़की माँ का चेहरा लेकर आई थी। आँखें नीली-भूरी। गुलाबी रंग। शरीर कपास-सा मुलायम। हाथ में लेने पर झट-से गिर जाएगी, इतनी मुलायम। कक्षा में देखी एक लड़की याद हो आई। लड़की का नाम 'बकुला' रखा। यह ख़ुशी बहुत समय तक नहीं टिक पाई। सास की भी जचकी होती है। जब वे घर आती हैं, तब बच्चा घर नहीं लाया जाता। बाई को गोरा-चिट्टा लड़का हुआ था। कावाख़ाने में भी औरतें कानाफूसी करती हैं। म्युनिसिपैलिटी के अस्पताल में एक पालना था—लावारिस बच्चों के लिए। बाई ने बच्चा उसमें रख दिया। बाई माथा ऊँचा किए गाँव को निकल गई। साथ ही ससुर भी। परन्तु मैं इस घटना से बेचैन हो उठा। सच, उस छोड़े गए बच्चे का अन्त में क्या हुआ होगा?

अब मैं जो कुछ बताऊँगा, वह मेरे अपने ही घर के झंझटों के बारे में होगा। अब तक दूसरों के लफड़े बताने में रुचि ली, परन्तु स्वयं की बात बताते हुए मन में बड़ी बेचैनी होती है। निश्चित ही भारतीय समाज की नीति का बोझ मेरे कन्धों पर भी है। पुरुषों के बारे में, उनके लफड़ों के बारे में, किसी को कुछ नहीं लगता। परन्तु अपनी औरत के बारे में मात्र शंका भी हो जाए तो कितनी बड़ी 'रामायण' घटित होती है, वह सबको मालूम है।

इसमें सई का दोष कितना और परिस्थितियों का कितना था, इसका मुझे आज भी सम्भ्रम है। किसी सस्पेंस सिनेमा-सा यह कथानक भी बड़ा उलझा हुआ है। इसमें अनेक घटनाओं तथा विचारों के छोर उलझे हुए हैं।

हम जिस चाल में रहते थे, घटनाओं की शुरुआत उसे तोड़ने के प्रकरण से हुई। कावाख़ाने की नाल के आकार की खपरैली चाल उसके मालिक को तोड़नी थी। वहाँ उसे भव्य इमारत बनानी थी। हम, हमारे बाप-दादे यहाँ वर्षों से रह रहे थे। हमें इसके बदले में कोई दूसरी जगह दी जाए, यह किरायेदारों की माँग थी। इस जगह के मालिक को मैंने कभी नहीं देखा, परन्तु किराया वसूल करनेवाले मेहता से अच्छा परिचय था। ऊँचा-पूरा। मखमली कुरता-धोती। रंग काला। उसने सीधे मारपीट की नीति अपनाई। नया मकान देने को वह तैयार था, पर किसे दिया जाए? यह उसका सवाल था। हमारे नाम किराया-रसीद नहीं थी। दूसरी बात यह कि नए मकान में चाची हमें रखना नहीं चाहती थी। इसी प्रकार, मौसेरे चाचा के मकान में उसकी विधवा भाभी रह रही थी। वह देवर के साथ नहीं रहना चाहती थी। अन्त में अलग-अलग स्टैम्प-पेपर पर क़रारनामा लिखा गया। मेहता किरायेदारों को अलग-अलग मिलकर बहकाता। अन्त में बिल्डिंग तैयार होने तक हमें घर छोड़ना ही पड़ा। रहने की विकट समस्या थी। पास की ही इमारत में—चन्दर के घर हम यानी माँ, पत्नी और बच्ची रहने गए। बाक़ी लोग यहाँ-वहाँ दिन काटते। नई इमारत में हमें घर मिलेगा, इसी सपने पर हम सब जी रहे थे। अनेकों को आश्चर्य होगा कि दस-बाई-दस के कमरे में हम इतने लोग कैसे रहते होंगे? नई जगह में उससे भी कम स्थान था। यहाँ तो चन्दर के परिवार सहित तीन परिवार थे। साड़ियों की नाममात्र की दीवार। आज भी जब याद आती है तो रोंगटे खड़े हो जाते हैं।

दो-तीन महीने हम इस घर में उप-किरायेदार रहे होंगे। इसी बीच सई को लेकर आसपास कानाफूसी होने लगी। वैसे इस कानाफूसी का कारण मैं ही था। इमारत के कोने में साइकिल की एक दुकान थी। वहाँ मेहबूब नाम का एक युवक काम करता था। मुझसे भी कुछ ठिगना होगा। रंग से गोरा। साइकिल की दुकान पर मेहनत से काम करता। इस कारण उसके बाजू भरे-भरे लगते। यह स्वभाव से बड़ा मीठा था। उसे शायरी का बड़ा शौक़। मैं उसे मन से चाहता। मैं हमेशा ही उसी के साथ घूमता। होटल में एक साथ चाय पीते। एक-दो बार उसे 'पुरणपोली' बड़े प्यार से खिलाई थी। एक बार बीमार पड़ने पर उसे अस्पताल भी ले गया था।

'मुझे सदमा पहुँचा है,' सिर्फ़ इतना ही उसने कहा था। घर आने पर सई को समय पर दवाइयाँ देने की हिदायत देता हूँ, क्योंकि उसका बम्बई में कोई नहीं था। वह खटिया डालकर हमारी गैलरी में सोता। आसपास की कानाफूसी मेरे ध्यान में आ रही थी। परन्तु यह सब बेवकूफ़ी है, इसमें किसी भी साज़िश है, हम कावाख़ाना छोड़ जाएँगे तो इनका घर में हिस्सा नहीं होगा—इसीलिए किसी ने यह

कुटिल नाटक रचा होगा, ऐसा लगता। लोगों को चिढ़ाने के लिए मैं मेहबूब के साथ और अधिक घूमने लगा। होटल में घंटों बैठा करता। दो-एक बार माँ ने भी सई के फिसलते क़दमों की अप्रत्यक्ष सूचना देनी चाही। मैं उलटे माँ पर ही बिगड़ा, "मुझे प्रमाण दो!" कोई माँ ऐसे प्रमाण बताएगी? वह चुप बैठी रही। मैं उसकी बात नहीं सुनता, यह देखकर वह अपनी लड़की के गाँव चली गई।

अब पास-पड़ोस की अफ़वाहों में उफान आया। उन दिनों मैं 'बुद्धायन' लिख रहा था। शायद ग.दि. मालगूलकर से प्रेरणा ली थी। दस-पन्द्रह गीत रच लिये थे। कॉलेज के एक दोस्त को बताया। उसने गीत पढ़कर कहा, "बुद्धायन क्या लिखता है, 'चोदायन' लिख!" ऐसा कहकर मेरी ओर अजीब नज़रें डालता हुआ वह आगे बढ़ गया।

कावाख़ाने में प्रवेश करते ही सारे लोग मुझे कॉलेज के उस दोस्त के समान ही देख रहे हैं, ऐसा लगता है। दिनोंदिन मैं टूटता जाता हूँ। सई पर शक करने की कोई गुंजाइश नहीं थी। उसे व्यर्थ ही तंग कर क्या हासिल होगा? शादी के बाद से ही उसके प्रति अगाध प्रेम आज भी उसी प्रकार था। उसके द्वारा अपने ही दोस्तों की शिकायतें याद आती हैं। इस कारण उस पर शंका का कोई कारण नज़र नहीं आता।

परन्तु इसी बीच एक घटना घटी। काम से घर लौटने पर ज़ोर से बच्ची के नाम से 'बकुला' कहकर चिल्लाना मेरी आदत बन गई थी। छोटी बच्ची ने मुझे पागल कर दिया था। चाल में अँधेरा था। घर में देखा, सई नहीं थी। मेरी आवाज़ सुनकर वह संडास की दिशा से आती है। उसके हाथ में राख की टोकरी थी। मैं उत्सुकतावश झाँककर देखता हूँ। वहाँ नल पर मेहबूब कपड़े धो रहा था। मेरे भीतर संशय जाग उठता है। सारी रात नींद नहीं आती। सई से पूछने की कोशिश करता हूँ। वह रोने लगती है। लड़की के नाम से क़समें खाने लगती है। क्या करूँ, कुछ नहीं सूझता। रात-भर विचारों से माथा फटने जैसा हो गया।

सुबह रविवार था। काम पर जाने की जल्दी न थी। ये दोनों बाहर कहीं मिलते होंगे? सई को 'सभा में जा रहा हूँ' कहकर बाहर निकलता हूँ। सई रोज़ ख़रीदारी के लिए कामाठीपुरा के हागरी बाज़ार में जाती थी। वहाँ जाकर एक कोने में खड़ा हो जाता हूँ। प्रेमी को मिलने जाते समय शृंगार किया जाता है। परन्तु सई बच्ची को जन्म देने के बाद बड़ी अस्त-व्यस्त रहती। "गन्दी क्यों रहती है?" यह पूछने पर कहती, "मुझे क्या करना है बन-ठनकर?" इस समय भी वह उसी रद्दी हालत में मार्केट आई। परन्तु इसमें भी उसका सौन्दर्य खिल उठता। मैं इस निष्पाप चेहरे पर व्यर्थ ही शंका कर रहा हूँ, ऐसा भी लगता है। वह बाज़ार से जब वापस लौटती है, तब चमत्कार घटित होता है। वहाँ एक कोने में मेहबूब

उससे बातें करता खड़ा था। मुझे ऐसा लगा, धरती फट जाए और मुझे समा ले। मैं आगे बढ़ आता हूँ। मुझे देखते ही सई घबरा जाती है। मैं उसे घर पहुँचने को कहता हूँ। मेहबूब को लेकर एक ईरानी होटल में जाता हूँ। अब वह भी रोने लगा। कुरान की क़समें खाने लगा। "वो मेरी बहन है..." वह बड़बड़ाने लगा था। क्या करूँ? कुछ न सूझता। मैं उसे तत्काल बम्बई छोड़ने को कहता हूँ।

घर आकर देखता हूँ कि मेहबूब गाँव जाने की तैयारी में था। उसके बाद वह कहीं नहीं मिला।

परन्तु मेरे भीतर शैतान जाग चुका था। सच क्या है? यह जानने के लिए मैं सई को रात-रात-भर छेड़ता रहता। पर वह कुछ भी कहने को तैयार न थी। उसने 'नहीं-नहीं' की रट लगा रखी थी। आज तक मैंने कितनी ही किताबें पढ़ी थीं। रसेल का 'नीतिशास्त्र' पढ़ा था। परन्तु ऐसे समय कोई किताब उपयोगी नहीं थी।

दस-पन्द्रह दिन सोचने में कट गए। बहुत परेशान हो गया। वज़न कम होकर नब्बे पौंड पर आ गया। एक बार तो लगा कि मैं सोच-सोचकर मर जाऊँगा। आँखों के सामने अँधेरा छा जाता। दीवाली को एक हफ़्ता बचा था। मैंने सई के लिए और बच्ची के लिए नए कपड़े ख़रीदे। सई को उसके मायके छोड़ आने का विचार पक्का हो गया था। परन्तु सई को मेरे मन की बात मालूम न हो सकी। उसके मायके से निकलते समय, "मुझे टी.बी. हो गई है, कुछ दिन सई को यहीं रखिए," यह कहना न भूला था।

फिर कावाख़ाने में वापस आ गया था। अब सारा कावाख़ाना नोंचने को आता। बेचैनी बढ़ती गई। भीतर-ही-भीतर लगने लगा, मुझे फाँसा गया है। किसी से ठीक तरह बात न करता। रात होने पर आँखों से गर्म धार फूट निकलती। प्रेमभंग का दुख कलेजा कुतर रहा था। यह सब होने पर भी नौकरी की बेगार कर ही रहा था। कावाख़ाना बहुत मानसिक वेदना देने लगा। शिवडी में बहन के पास रहने गया। वहाँ बहन अपने पति के साथ रहती थी।

गाँव में ये ख़बरें पहुँचने लगीं कि मैं पागल हो गया हूँ। मैं काग़ज़ फाड़ता हूँ, पत्थर फेंकता हूँ, यह अफ़वाह फैलती है। माँ बहुत उदास हो गई थी। उसे लगता है, मुझ पर सई ने कुछ टोना किया है। वह 'भगत' तलाशती है। वह एक बार कोंकणी भगत को लाई थी, ऐसा याद आता है। उसने मुर्ग़ा का उतारा किया। मैं यह सब चुपचाप देख रहा था। विरोध करने का मानसिक साहस नहीं बचा था। मैं भीतर से पूरी तरह टूट चुका था। सई से आसक्ति और घृणा एक साथ होती। परन्तु फिर भी सई मन से तोड़े न टूटती। एक-दो बार सई लड़की को लेकर साथ रहने भी आई। परन्तु मैंने उसे साड़ी-चोली तथा बस-किराया देकर फिर गाँव रवाना कर दिया। वह इसी आशा पर जी रही थी कि आज नहीं तो कल पति

वापस ले ही जाएगा। मैं डबल रोल कर रहा हूँ, इसकी उसे जानकारी नहीं थी।

इस तरह वक़्त बीतता जा रहा था। पर मेरा मन नई बातें सोचने के लिए तैयार नहीं था। पूरी तरह ढह चुका था मैं। साबले नाम का मेरा एक मित्र था। उसने इस संकट में बहुत धीरज बँधाया। पिछले एक साल से मैं बिना बाई के कैसे रह लिया, इसी बात का उसे आश्चर्य होता। वैसे वह चरित्रवान था। दारू की बूँद तक न छूता। मैं इतना उजड़ चुका था, फिर भी मुझे यह कभी नहीं लगा कि अपने-आपको दारू के सुपुर्द किया जाए। परन्तु साबले को मेरी चिन्ता थी। वह मुझे रात-रात-भर फोरास रोड, पवन फूल आदि वेश्याओं की बस्ती में घुमाता। परन्तु इन औरतों को देखकर घिन होती। मेरे शरीर के किसी अंग में कोई झनझनाहट न होती। कभी-कभी लगता, 'साला कहीं मैं हिजड़ा तो नहीं हो गया?' सुन्दर लड़की देखते ही थरथराने लगता।

तालुके में लड़कियों का छात्रावास था। एक बार वहाँ ट्रस्टी की वार्षिक सभा थी। उस सभा में कार्यकर्ता के रूप में गया था। खाना बनानेवाली महिला और छात्रावास की लड़कियों के बीच हमेशा झगड़े होते। इन झगड़ों का निपटारा कर बम्बई वापस आने के लिए ट्रस्टी ने मुझे सूचित किया। वहाँ भूरी आँखोंवाली एक लड़की थी। गोरी, पर ठिगनी क़द की। उसे मैं मन से पसन्द था। वहाँ की एक रिश्तेदार लड़की ने उसे मेरी ट्रेजेडी के बारे में बताया। मैं बहुत ग़रीब हूँ, यह भी बताया। वह कहने लगी, "मैं इसके साथ झोंपड़ी में भी रह लूँगी।" परन्तु पता नहीं क्यों, भूरी आँखों से मैं बहुत डरा हुआ-सा था! मैंने कोई रिस्पांस नहीं दिया।

इसी बीच साबले ने मेरे लिए एक बाई 'तय' की। चौपाटी पर अकेली भटक रही थी। बाई काली-साँवली। परन्तु दिखने में ठीक-ठाक। वह हमें नवलकर स्ट्रीट ले आती है। साबले बाहर ही रुका। बाई धन्धेवाली थी। बाहर से वह शिकार फाँसकर लाता। 'आज कौन बकरा फँसा' कहकर बाक़ी खिद्-से हँसतीं। परन्तु मैं तो भीतर तक डरा हुआ था। किसी को भरोसा हो या नहीं, पर वह बाई मेरे सामने पूरी नंगी खड़ी थी, फिर भी, मेरे शरीर में वासना की कुछ भी हलचल नहीं हुई। ठंडी गोटी-सा मैं उसकी ओर देखता रहा। शायद उसे भी आश्चर्य हुआ हो। उससे हुआ संवाद आज भी याद है। मैंने उससे कहा, "तेरी शादी हो गई?" इस पर वह उदास हँसी फेंकते बोली, "मेरी शादी रोज़ होती है!" जब मैं बिना कुछ किए ही बाहर आ गया तब साबले ने उससे पूछा। वह बोली, "तुम्हारा आदमी काम का नहीं है।" तब साबले मेरी ओर आश्चर्य से देखने लगा। वेश्यालय में मेरी वह पहली और अन्तिम यात्रा थी।

पर यहाँ मैं थोड़ा-सा झूठ बोल गया। इधर एक बार एक धनवान दोस्त के साथ फोरास रोड के एक कोठे पर गाना सुनने गया था। परन्तु वहाँ के गाने का

आनन्द नहीं ले सका। कोठे पर मैंने बच्चों के बस्ते और स्लेटें देखीं। पिछले दालान में छोटे बच्चों के सोते देखकर मैं बेचैन हो उठा। मेरे सामने हाथों में गजरा बाँधे हुए जवानी से लबालब चार-पाँच लड़कियाँ, तालियाँ पीट रही थीं, गा रही थीं। ऐसे समय एक लड़की ठीक मेरी लड़की-सी लगी। चेहरे की सजावट भी वैसी ही थी। भूरी आँखें, शंकुरूप चेहरा, गोरा रंग। नाचते समय उसका गर्भ से बढ़ा पेट मुझे दिखता है। अपने मन में ये विचार क्योंकर आए, इसका रहस्य मुझे नहीं मालूम। पर मुझे लगता कि मेरा सिर ज्वालामुखी-सा फट जाएगा। मेरी मनोदशा दोस्त ने जान ली या नहीं, पता नहीं, परन्तु उसने नाच रोक दिया।

इस समय दुख पर जो विजय मिली, वह एक दैवी घटना के कारण। आदमी का मन बड़ा मज़ेदार होता है, यह सच है। दुश्मन पर भी ऐसी संकट की घड़ी न आए, ऐसा हम कहते हैं। परन्तु अपने-सा ही दुख देखने पर अच्छा नहीं लगता है क्या? मैंने जो घटना सुनी, उसे सुनकर लगा कि इसके सामने अपना दुख कुछ भी नहीं है।

ऑफ़िस में ही पास के टेबल पर एक सज्जन काम करते थे। स्वभाव से बड़ा भला-अच्छा स्पोर्ट्र्समैन। वह अचानक ही टूट गया। चिन्ता से उसका चेहरा सूख गया। वैसे मेरी बात ऑफ़िस में किसी को मालूम न थी। पड़ोस में काम कर रहे उस कर्मचारी ने एक बार मेरे पास अपना बोझ हलका किया। वैसे यह पढ़ा-लिखा था—बी.एस-सी.। जाति से उच्चवर्गीय। उसके द्वारा बताई घटना पर मुझे विश्वास ही न होता।

उसने अभी-अभी अपनी पत्नी छोड़ दी थी। बच्चे वापस मिल जाएँ, इसलिए वह कोर्ट में झगड़ रहा था। पत्नी छोड़ने का कारण बहुत ही चौंकानेवाला था। उसके कथनानुसार पत्नी ने अपने ही सगे भाई से कुकर्म किया था। मेरा तो सिर चकराने लगा। ऐसी घटना कभी नहीं सुनी थी। जब मैंने अविश्वास व्यक्त किया, तब उसने भाई-बहन के पत्र दिखाए। भाई ने बहन को लिखा था। पत्र पर 'साईंबाबा प्रसन्न' लिखा था। उसमें एक वाक्य तो बड़ा चौंकानेवाला था, ''तुम्हारी शादी के पहले हम जो काम करते थे, वह अब भी कर सकते हैं। वैसे 'काम' शब्द का अर्थ तो तू समझ ही गई होगी।'' ज़िन्दगी का बहुत ही कुरूप हिस्सा मैं देख रहा था। इन पत्रों को कोई जाली कैसे समझे? वह कर्मचारी बता रहा था। ''मैं हमेशा टूर पर रहता। बहन को सँभालने के लिए भाई की अपेक्षा और कौन-सी शक्ति अधिक समर्थ हो सकती है?'' कोर्ट में प्रस्तुत करने के लिए उसने इन पत्रों के कुछ फ़ोटो भी निकाल लिये थे।

यह घटना सुनते समय न जाने क्यों बचपन में जावजीबुआ की बताई एक बात अनायास ही याद हो आई। बात कुछ इस तरह थी : एक ब्राह्मण था। उसके हँसने पर उसके मुँह से मोती-मूँगे गिरते। राजा को यह जानकारी मिली। इस प्रकार का आश्चर्य अपने दरबार में हो, इसलिए वह अपने सिपाहियों को उसे लाने के लिए भेजता है। राजा की आज्ञा सुनकर वह ब्राह्मण सिपाहियों के साथ घर से चलता है। फ़र्लांग-भर चलने के बाद उसे याद आता है कि उसका पंचांग तो घर में ही छूट गया। ब्राह्मण जब घर पहुँचता है तो देखता क्या है कि उसकी पत्नी पर-पुरुष से लिपटी हुई है। वह वैसा ही उलटे पाँव वापस लौटता है। महल में आने पर वह हँसता ही नहीं। उसके सामने अनेक हास्य-विनोद के प्रसंग रखे जाते हैं, पर ब्राह्मण मौन। अन्त में राजा ने उसे जेल में डाल दिया। वहाँ एक रात वह झरोखे से पूनम का चाँद देख रहा था। वह अचानक चौंकता है। देखता क्या है कि राजा की पटरानी घोड़े का खरहरा करनेवाले नौकर की पंचायत-आरती उतार रही है...नौकर की ज़िद पर वह घोड़ी-सी झुक जाती है। उसकी पीठ पर बैठा हुआ वह नौकर...फर्र-फर्र घोड़ी हाँकता है। यह दृश्य देखते ही ब्राह्मण खिलखिलाकर हँसने लगता है। सुबह सबने देखा, सारा कारावास मोतियों-मूँगों से भरा हुआ।

ले-देकर यह एक कथा ही है। परन्तु इसके पीछे जीवन का बहुत बड़ा रहस्य और सारांश छिपा है, ऐसा लगने लगा।

कावाख़ाने में रहना दूभर होता गया। हमें जिस नई इमारत में मकान मिलनेवाला था, उस इमारत पर मंज़िलें चढ़ रही थीं और उसके नीचे हमारा दम घुट रहा था। मकान-मालिक घर देने का नाम न लेता। हम सबको अधर में छोड़ दिया उसने।

जिन रिश्तेदारों के पास मकान-किराये की रसीदें थीं, उनमें मेहता ने फूट डाल दी। कुछ हज़ार पैसे देकर रास्ते लगा दिया। हम सबकी उम्मीदों पर पानी फिर गया। मकान के सन्दर्भ में कोई पावती न होने के कारण हम कोर्ट में भी नहीं जा सकते थे। इमारत का हर फ़्लैट पचास-साठ हज़ार रुपयों में बेचनेवाले मालिक के लिए हम किस खेत की मूली थे! अन्त में सब रिश्तेदार कावाख़ाने से छितरा गए। कम-से-कम मेरी मानसिक हालत बहुत ही ख़राब हो चुकी थी। ऐसा लगने लगा, इसी इमारत के कारण मेरी सारी दुनिया मिट्टी में मिल गई। इस जगह रहना अर्थात् फिर-फिर वही याद दुहराना था।

माँ और मैं कावाख़ाना छोड़ देते हैं। माँ अब मेरे लिए अत्यधिक चिन्तित थी। उसके इकलौते बेटे की दुनिया उजड़ चुकी थी। सई के रहते वह हमेशा अपनी बेटी की तरफ़दारी करती, परन्तु सई के जाने के बाद वह अपनी बेटी पर

बात-बात पर उखड़ती। मुझे हथेली के घाव-सा सँभालती। माँ के स्वभाव पर आश्चर्य होता। बम्बई में हमारे लिए कोई सहारा नहीं था। हम शिवडी में रहने चले गए।

एक-दूसरे से सटे हुए ठूँठ से आपने एक तीसरा पेड़ उगता हुआ देखा होगा। कहते हैं, उस पेड़ के मलबे पर उड़ते हुए पक्षी बीज डालते हैं। जब शिवडी में रहने के लिए गए तब मेरे इस टूटे मन पर ऐसा ही एक बीज पड़ा। मेरे मन में तेज़-तर्रार अंकुर उपजने लगा। अब अनेकों की उत्सुकता मरी जा रही होगी। परन्तु यह सब जानने के लिए शिवडी का सारा भौगोलिक और सामाजिक परिसर देखना आवश्यक होगा। तभी वास्तविक बात स्पष्ट हो सकेगी।

शिवडी स्टेशन छोड़ने पर और वडाला की दिशा में कुछ कदम चलने के बाद रेलवे लाइन से सटी बहुत बड़ी झोंपड़-पट्टी है। एक-दूसरे से सटे टीन की चादरों के घर। घर के सामने भूलभुलैया गलियाँ। एक बार भीतर जाने पर चक्रव्यूह में फँसने का आभास होता और सिर चकराने लगता। प्रारम्भ के सात-आठ दिनों में दो कारणों से मैं तंग आ गया। एक तो शिवडी की जानलेवा दुर्गन्ध। इस हिस्से में सूखी मछलियों के गोदाम। गली से जाते समय नाक को रूमाल लगाना पड़ता। फिर धीरे-धीरे इस दुर्गन्ध की इतनी आदत पड़ गई मानो कहीं दुर्गन्ध हो ही नहीं। इस दुर्गन्ध से एक बात याद आ गई। एक बार सूखी बोंबल की पुड़िया लेकर फ़र्स्ट-क्लास के डिब्बे में ग़लती से चढ़ गया। फ़र्स्ट-क्लास के सारे यात्री 'दुर्गन्ध कहाँ से आ रही है' इसकी तलाश अपनी नाक से कर रहे थे। मैं तुरन्त अगले स्टेशन पर उतर गया। पर थर्ड-क्लास के यात्रियों को यह दुर्गन्ध नहीं आई। है न मज़ेदार बात? हाँ, तो मैं बता रहा था—शिवडी की दुर्गन्ध!

तंग आने का दूसरा कारण यह था कि इस चाल के पास से ही लोकल गाड़ी दौड़ती थी। गाड़ी जब पटरियों से गुज़रती तो नींद टूट जाती। नीचे लीपे हुए घर की ज़मीन भूकम्प-सी थरथराती। इस थरथराहट की भी धीरे-धीरे आदत हो गई। कहीं पढ़ रहा था, उद्‌देश्य से प्रेरित मनुष्य नर्क में भी स्वर्ग-सुख पाते हैं। ऐसा यह स्वर्ग-सुख! नर्क का भी यह कैसा उदात्तीकरण था...!

ऐसे नर्क में बहन ने अपना संसार बसाया था। इस चाल में बहन का दस-बाई-बारह का रूम। टीन की चद्‌दर की ही दीवार। एक घर में बातें करने पर दूसरे घर में लोग सुनते, ऐसी हालत। सार्वजनिक नल का पानी। घर में जो नहाने की जगह थी, वह दरवाज़े से लगकर ही बनाई गई थी। बाहर छोटा-सा आँगन। उस पर टीन का शेड। आसपास की सारी बस्ती मुसलमानों की। सारे

मुसलमान घाट के। कुछ कोंकण के। उनकी हिन्दी भी बड़ी मज़ेदार थी। 'कौवे ने फड़का फाड्या' या 'म्हैसने गोबर हाग्या'—इस तरह की मराठी-मिश्रित। इस बस्ती में एक-दो घर महारों के रहे होंगे। मुसलमान लोग महारों को अछूत समझते। उनके घर का कोई खाता-पीता नहीं, यह सुनकर तो मैं दंग रह गया। भारतीय जाति-व्यवस्था की जड़ें इस प्रकार आड़ी-तिरछी गहरी धँसी हुईं। इस दस-बाई-बारह के रूम में बहनोई, बहन और उनका छोटा बच्चा, ससुर—इतने लोग रहते। इसके अलावा बहनोई के दोस्त का भी परिवार था। कोंकणस्थ। सावन्त उसका नाम। उसकी पत्नी चम्पाताई बड़ी ही मिलनसार।

इस भीड़ में माँ और मैं वहाँ रहने गए। अब हम कैसे रहते होंगे, कोई सोच भी सकता है क्या? इस बस्ती में जो सबसे बुरी चीज़ थी, वह थी संडास। चाल के संडास में जाते समय रोंगटे खड़े हो जाते। मैले पर कुलबुलानेवाले सफ़ेद कीड़े। इसलिए सुबह होते ही संडास जाना बड़ा ख़राब लगता। फिर तो बाद में मैं फ़ोर्स दबाकर ऑफ़िस में ही संडास जाने लगा।

शिवडी रहने तो आ गया, पर बेचैनी नहीं मिटी। सई और बकुला की याद भुलाए न भूलती। आँगन की बेंच पर घुटनों में सिर रखकर घंटों बैठा रहता। पढ़ने की इच्छा न होती। बहन के बच्चे से खेलने में भी मज़ा न आता। माँ अत्यधिक चिन्तित थी। उसे कुछ समझ न पड़ता कि मेरे लिए क्या किया जाए?

ऐसी मानसिक अवस्था में सलमा मिली। अब कइयों के सामने एक नया सवाल होगा कि सलमा कौन? एक मुसलमान के कारण मेरी दुनिया उजड़ गई, इसलिए एक मुसलमान लड़की को लेकर मैं कोई क़िस्सा गढ़नेवाला हूँ—ऐसा भी किसी को लग सकता है। परन्तु जब मैंने सलमा को पहली बार देखा, तब उसी ने नज़दीक आने की कोशिश की। उस समय मुझे प्रकृति के इस संयोग पर आश्चर्य हुआ।

बात यह थी, सलमा का घर सामने की चाल में था। दोनों चाल में केवल दस-बारह फ़ुट का अन्तर था। नल से पानी लाने के लिए सलमा के घर का रास्ता हमारे घर के पास से ही जाता। घर या आँगन में बैठने पर सलमा का घर दिखता।

वैसे सलमा इकहरी देह की थी। काली-साँवली। उसकी बादामी आँखें, गहरी काली। सोलह-सत्रह की रही होगी, कुर्ता-पायजामा पहनती। छाती पर मखमली दुपट्टा। पीठ पर लम्बे बालों में वेणी। सलमा वैसे बड़ी आकर्षक थी। बस्ती के लड़के उसे 'नरगिस' कहकर चिढ़ाते। उसका शरीर सुडौल था।

एक बार उसने पूछा, "आपको क्या हो गया है? बड़े उदास रहते हो?" मैं इस पर उदास हँसी हँसा था। बहन और चम्पाताई से उसकी दोस्ती थी। कभी-कभी लट्टू-सी घर में नाच जाती। उसे मेरी ज़िन्दगी की बातें मालूम हो गई थीं। वह

कहती—"तेरी औरत यहाँ आएगी तो मैं उसे लाठी से मारूँगी!" इसने मुझमें क्या देखा, पता नहीं। मैं स्वयं को आईने में देखता तो अपने-आपसे काँप उठता। पिचके हुए गाल, धँसी हुई आँखें, उसके चारों ओर काली झाँई। यह बहुत रोने का परिणाम भी हो सकता है।

एक बार उसने मुझ पर पानी डाला। और फिर धीरे-धीरे वह मुझ पर प्रभाव डालने लगी। मुझे लगा, बिल्ली जैसे चूहे से खेलती है, वैसे ही वह मुझसे खेल रही है। दूध से मेरा मुँह जल चुका था। इसलिए यह सब कुछ मुझे बड़ा हास्यास्पद लगता। इतना होने पर भी मेरे भीतर अनजाने ही कुछ परिवर्तन हो रहे हैं, इसकी मुझे तनिक भी जानकारी न थी।

सलमा का बाप इस इलाक़े का प्रसिद्ध 'दादा' था। उसे आते-जाते एक-दो बार देखा था। उसकी ख़तरनाक नज़रें देखकर मैं खिसक जाता। सलमा की माँ की ओर उसका विशेष ध्यान नहीं था। उसने दूसरी शादी की थी। वह बाई सलमा की माँ से बहुत जवान थी। उसे लेकर सलमा के बाप ने अलग घर बसा लिया था। परन्तु इस घर पर भी उसका उतना ही प्रभाव था। जब कभी मन में आता तो वह इस घर का भी एकाध चक्कर लगा लेता।

सलमा मेरा पीछा छोड़ने को तैयार न थी। उसके साथ खुल्लमखुल्ला बातें करना भी सम्भव न था। उसके घर में कड़ाई से बुरक़ा-पद्धति का पालन होता। जब कभी बाहर आना होता तो बुरक़ा पहनकर ही निकलती। सलमा बहुत चतुर थी। वह चौथी तक उर्दू पढ़ी थी, परन्तु उसमें ज़िन्दगी की समझ बहुत गहरी थी।

हम दोनों के बीच कोड-भाषा शुरू हुई। सुबह उठते ही वह घर से गाने की दर्द-भरी तान छेड़ती—'अभी न जाओ छोड़ के कि दिल अभी भरा नहीं' या 'सागर में आपको उतारे चले गए, हम बेखुदी में आपको पुकारे चले गए।' इन गानों की पंक्तियाँ आज भी याद हैं। फिर मैं भी गानों के उत्तर देने लगा...गानों के सुर से मेरी नींद खुलती। छोटे बच्चों से वह बोलती। तब मेरे ध्यान में आत्ता कि अरे, यह तो मुझसे बातें कर रही है! शाम को मैं जल्दी घर आऊँ, इसके लिए आग्रहपूर्वक निवेदन करती। निश्चित ही यह सारा संवाद उसके छोटे भाई-बहनों के साथ चलता। मुझे क्या समझना चाहिए, यह मैं समझ चुका होता। ऑफ़िस की फ़ाइल के पन्नों में उसी की हँसती आँखें दिखतीं।

अपने भीतर हो रहे इस परिवर्तन का अहसास मुझे होने लगा। कल-परसों तक सई का विचार कर रहा था, पर अब लगने लगा कि सई की जगह सलमा लेने लगी है। बहुत देर से घर आनेवाला मैं अब जल्दी आने लगा। चाल में घुसते ही स्पष्ट हो जाता, सलमा सज-धजकर मेरी ही राह देख रही है। सबकी आँखें चुराकर वह मेरा स्वागत करती। लगता, मैं किसी राजदरबार में पहुँच गया हूँ...!

चाल की महिलाओं के बीच कानाफूसी शुरू होने में देर नहीं लगी। मेरे आते ही स्त्रियाँ मुझे संशय से देखतीं। जब कभी नल पर जाता तो कहतीं, "ए रोशन, दिखता नहीं क्या? जवाई आया!" मैं चौंकने का अभिनय करता। लगता, अपना और सलमा का कुछ भी नहीं। फ़ालतू तिल का ताड़ हो जाएगा। घर आने पर माँ हाथ-पैर जोड़ती। कहती, "अरे बेटे, उसका बाप बड़ा भयंकर आदमी है। तेरे टुकड़े-टुकड़े कर डालेगा!" मैं कहता, "माँ, मैंने अपनी सीमा नहीं लाँघी है। मैं कुछ ग़लत करता हूँ क्या?" माँ को मुझ पर पूरा भरोसा था। एक बात सच थी कि सलमा के कारण उसका लड़का मर्द बन रहा है, हँसता है, बोलता है, इसलिए माँ ने सलमा पर कभी ग़ुस्सा नहीं किया। उन दिनों माँ ने मेरे लिए खजूर-नारियल लगा दिया था। जब सलमा घर आती, तब वह उसे भी बड़े आग्रह से ये चीज़ें खिलाती।

उस समय मैंने एक मज़ेदार बात यह देखी कि मुसलमान स्त्रियों को भी मेरे प्रति सन्देह था, फिर भी उन्होंने अपने पतियों को इस बारे में कुछ भी नहीं बताया। शायद उन्हें मालूम था कि यदि यह बात पुरुषों में छिड़ी तो नाहक ख़ून-ख़राबा होगा। एक धेड़ का बच्चा अपनी लड़की के पीछे पड़ा है, इतना कारण भी उनके लिए पर्याप्त होता।

साँप जैसे केंचुली छोड़ता है, ठीक उसी तरह मेरे मन और शरीर ने केंचुली छोड़ी थी। बड़े सवेरे उठकर व्यायामशाला जाने लगा। अच्छे कपड़े पहनने लगा। कोई मुझसे प्यार करता है, यह बात अपने आपमें काफ़ी रोमांचकारी थी। सलमा का और मेरा शारीरिक सम्बन्ध वैसे भी बिलकुल सम्भव न था। उस पर काफ़ी निगरानी रहती थी। परन्तु शरीर को ऊबने की हद तक मैंने भोगा। इसके लिए मेरा कोई आकर्षण न था। परन्तु उसे देखने भर-से मेरी यौन-विकृति ग़ायब हो रही है, इसका अहसास मुझे हो रहा था। इन्द्रियों की थरथराहट बन्द हुई। सारे शरीर में पुरुषार्थ की बिजली कौंधने लगी। मुझे मेरा नया स्वरूप दिख रहा था। यह मेरा पुनर्जन्म था। पाँच-छह महीनों में मुझमें क्रान्तिकारी परिवर्तन हुआ। छह महीने पहले जिन्होंने मुझे देखा था, वे मुझे न पहचान पाते। एक स्त्री के कारण मैं उजड़ गया था और दूसरी स्त्री ने मुझे जीवनदान दिया। ज़िन्दगी में स्त्री का सामर्थ्य नए रूप में देख पाया।

सलमा का प्रेम करने का तरीक़ा भी काव्य-सा रोमांचित करनेवाला होता। यदि उसे कहता, "सिर का दुपट्टा नीचे कर," तो वह बिलकुल न मानती। निश्चित ही हमारा यह सारा संवाद इशारों पर चलता। जब वह दूसरी बार मेरे सामने होती, तब उसके सिर पर दुपट्टा न होता!

एक छोटी-सी घटना के कारण मेरे मन में उसके प्रति आस्था गहरी हो गई।

घटना बड़ी मामूली। ईद के त्योहार पर इस बस्ती में मानो चेतना उफनने लगती। रोज़े के दिन फक़ीर गाने गाते और डफ बजाते। ईद के दिन सलमा बहुत सजती। हाथों में मेहंदी, आँखों में सुरमा, माँग में मोतियों का चूरा, रंग-बिरंगे फूलों के डिज़ाइन के कपड़े। उसकी शान देखते ही बनती। ईद के दिन यहाँ के लोग शिरखुर्मा विशेष तौर पर तैयार करते। यह सेवईं और दूध से बनाते। ईद के दिन सबको घर बुलाकर आग्रह से पेय पिलाने का रिवाज़ था।

ऐसे समय एक बार सलमा मेरे लिए शिरखुर्मा लेकर आई। बहन के हाथों में काँच का प्याला देकर बोली, "इन्हें दीजिए!" ऐसी कहकर फुर्र-से जाने लगी। मैं उस समय काँच के गिलास में चाय पी रहा था। आधी चाय पी चुका था। मेरे मन में बदमाशी सूझी। ये लोग हमारे साथ छुआछूत बरतते हैं। यह गुस्सा भी भीतर-ही-भीतर उफन रहा था। मैंने सलमा को रोका और धीरे-से पूछा, "क्या तू सचमुच मुझसे प्यार करती है?"

इस पर वह बोली, "तू क्या जाने! वह तो ऊपरवाला ही जानता है।" ऐसा कहकर उसने ऊपर हाथ उठाया था।

इस पर मैंने सलमा को कैंची में पकड़ने की कोशिश की। मैंने कहा, "तू मेरी यह बची हुई जूठी चाय पी सकेगी?"

इस पर वह बोली, "चाय तो क्या, तुमने ज़हर भी दिया तो पी जाऊँगी!" ऐसा कहकर उस दिन उसने मेरी जूठी चाय पी ली।

सारे दिन मेरे शरीर में मीठी सिहरन उठती रही।

कभी-कभी हम दोनों के बीच छोटे-मोटे झगड़े भी हो जाते। इसी बीच उसे देखने के लिए कुछ लोग आने लगे। एक दिन मुझे मालूम हुआ कि उसे कहीं के मेहमान देखने के लिए आ रहे हैं। कोई देखने आ रहा है, इसलिए उसने बहुत अच्छे कपड़े पहन रखे थे। पैरों में पायल खनक रही थी। उसने बालों में डेढ़-दो रुपये का मोगरे का गजरा लगा रखा था। ऐसी सज-धजकर वह आई और अपने घर की चौखट के सहारे आकर्षक पोज़ में टिककर खड़ी हो गई। मुझे तो अजन्ता की गुफ़ाओं को हाथों में दर्पण लिये काली रानी की याद हो आई। परन्तु उस समय मैंने उसे विशेष रिस्पांस नहीं दिया। पुस्तक पढ़ने में मग्न हूँ, ऐसा ढोंग किया।

अन्त में उसी से नहीं रहा गया।

उसने पूछा, "आज मैं कैसी दिखती हूँ?"

मेरा पारा और चढ़ गया। गुस्से में बोला, "मुझे मालूम है कि किनके लिए यह सारा नखरा किया है!"

बस, फिर क्या था! सलमा बहुत नाराज़ हुई। मेरे सामने ही उसने डेढ़-दो रुपये का सारा गज़रा बालों से खींचकर तोड़-मरोड़कर मेरे ही सामने फेंक दिया।

मैं अवाक् हो उसे देख रहा था। पैर पटकते हुए वह भीतर गई और कपड़े बदलकर वापस आई। इस समय उसके बदन पर सलवट-भरे कपड़े थे। भीतर जाकर रोने के निशान उसके चेहरे पर उभर आए थे। इस समय मैं सचमुच घबरा गया था। मैंने इन सारी बातों की ओर सिर्फ़ मज़ाकिया दृष्टिकोण अपनाया हुआ था। परन्तु वह तो सही अर्थों में प्रेम के चक्कर में फँस गई है। यह सोचकर मैं चिन्तातुर हो उठा।

मैं कितना डरपोक हूँ, इसका साक्षात्कार मुझे तुरन्त हो आया। उसने एक बार एक छोटे बच्चे के हाथों चिट्ठी भेजी। देखा तो वह सब उर्दू में था। अब मुश्किल हुई? अन्त में उर्दू स्कूल के पास जाकर खड़ा हुआ। एक मुसलमान लड़के से चिट्ठी पढ़वाई–'मेरे शहज़ादे!' इस पहले ही शब्द पर मैं उछल गया। आगे जब सुनता हूँ तो पसीना-पसीना हो गया। घर से भाग निकलने की बात उसने लिखी थी! अब इसको भगाकर मैं कहाँ रखूँगा? उसके बारे में मैंने कभी ऐसा कोई विचार नहीं किया था। मान लो कि मैं उसे भगाकर ले भी जाता हूँ तो उसका बाप मुझे ज़मीन से खोद निकालेगा। अब क्या किया जाए, कुछ न सूझता।

नागपाड़ा में देखी घटना याद हो आई। ऐसे ही एक महार का लड़का मुसलमान लड़की के प्रेम में उलझा। चर्चा हुई। गली के मुसलमान उसे मस्जिद ले गए और उसका ख़तना किया। वह दस-पन्द्रह दिनों तक कमर में लुंगी लपेटकर ऐसे चलता रहा जैसे उसे गर्मी हो गई हो।

यदि अपने साथ भी ऐसा ही हुआ तो क्या करूँगा?

सलमा और मेरे बीच धर्म की कितनी ऊँची दीवारें खड़ी हैं, इसका अहसास हुआ। बाद में मैं सलमा की नज़रें टालने लगा। वह आते-जाते मुझे 'डरपोक' कहकर चिढ़ाती। मैं ज़िन्दगी में एक बार फिर हार गया था।

जो दिन कभी न देखना पड़े, वह सामने आ धमका। फूलों के सेहरे से लदा दूल्हा सलमा के दरवाज़े पर खड़ा था। घोड़े पर बैठकर आया था। जब वह उतरा, तब कुछ लोग उसे पंखा कर रहे थे। सलमा के घर मुसलमान स्त्रियाँ ढोलक पर गाना गाने लगीं। शादी के दिन सलमा के नख तक न दिखते। बहुत बेचैन हुआ मैं। परन्तु सई के समय जितना टूटा था, उतना नहीं टूटा। शायद मेरे मस्तिष्क को सदमे सहने की आदत हो गई हो। उसकी शादी में बड़ा-सा तोहफ़ा देना मैं नहीं भूला।

सलमा की ससुराल भेंडी बाज़ार में थी। उसे कोई फ़िटर पति मिला था। ऑफ़िस से छूटने पर सीधे भेंडी बाज़ार की ओर कदम अपने आप मुड़ जाते। इतने बड़े भेंडी बाज़ार में सलमा का घर कहाँ होगा, यह समस्या थी ही। थोड़ा-बहुत

पागलपन ही था। एक बार तो मस्जिद में भी गया। किसी ने बताया था, "सलमा की खिड़की मस्जिद से दिखती है।" बातों-बातों में यह सूत्र हाथ लगा था। मस्जिद के तालाब में हाथ-पैर धोनेवाले, वज़ू करनेवाले मुसलमान मेरी ओर आश्चर्य से देखते। यह कौन काफ़िर आया? उनकी नज़रों में यही भाव होता।

एक दिन शाम को रास्ते में भटकते हुए अचानक सलमा ने मुझे दूसरी मंज़िल की गैलरी में देख लिया। मैं सुन सकूँ, इस हिसाब से उसने मेरा नाम पुकारा। मैं अपनी जगह से चिपक गया। आवाज़ की दिशा में देखता हूँ तो सलमा मुझे ऊपर बुला रही थी। मन में असमंजस था। ऊपर जाकर क्या बताऊँगा? उसके घर के लोगों को मुझ पर सन्देह तो नहीं होगा? वैसे ही घर लौट पड़ा। सलमा का साहस देखकर आश्चर्य हुआ।

सलमा जब कभी दो दिन के लिए भी मायके आई, तब उसने मुझे आड़े हाथों लिया। "तू घर क्यों नहीं आया?" पूछने लगी। मुझे कुछ सूझ नहीं रहा था। वह अपने ससुराल में मेरा कौन-सा रिश्ता बताती? एक हिन्दू लड़का मुसलमान लड़की को प्रेम भावना से देखता है, यह कल्पना भी उनके लिए बुरी सिद्ध होती! सलमा जब-जब मायके आती, तब-तब मुझे शादी कर लेने का आग्रह करती। मेरी कटी पतंग-सी ज़िन्दगी शायद उसे कचोटती रही हो।

एक बार मैंने उसके घर जाने का सचमुच साहस कर लिया। उसका पति काम पर गया था। बूढ़ी सास थी। मेरे वहाँ जाने से सलमा बहुत ख़ुश हुई। वह इसी बात से परेशान थी कि मेरा आदर-सत्कार किस तरह किया जाए! उसने अपनी सास को ठंडा लेमन लेने नीचे भेजा। इस समय मैं सलमा को ग़ौर से निहारता हूँ। उसे दिन चढ़ गए थे। न जाने क्यों, मुझे ख़ुशी होती है। मैं उसके उभरे पेट की ओर देखकर हँसते हुए कहता हूँ, "इसमें मेरा भी हिस्सा है न?"

वह जो उत्तर देती है, उससे मैं चारों खाने चित्त। कहती है—"अभी मुँह धो के आ!"

ऐसी थी यह सलमा!

एक बार उसने अपना फ़ोटो दिया था। वह आज भी पेटी के नीचे दबा होगा। इतने सालों के बाद भी उसे फाड़ डालने की इच्छा नहीं हुई। उसने और एक चीज़ दी थी। उसे बुनाई का शौक़ था। सफ़ेद धागों से उसने मेरे लिए एक बनियान बुना था। काफ़ी दिनों तक वह मेरे पास रहा। पहनने पर कवच पहनने-सा लगता। फिर पढ़ी-लिखी पत्नी आई। मैंने उससे कुछ भी नहीं छिपाया। पढ़ी-लिखी पत्नी क्या करे? उसने यह बनियान फ़र्श पोंछने के काम लिया। कई दिनों तक उसने उसे फेंका भी नहीं। साफ़ करके वह उससे फिर फ़र्श पोंछती। बहुत गन्दी होने पर चूहे पकड़ने-सा उसे उठाती और कहती, "यह देखिए, अपने

प्रेम की निशानी!"

सलमा की शादी के बाद हमने तुरन्त शिवडी छोड़ दी। जैसे मैं अपने उपचार के लिए ही शिवडी गया था और सलमा ने मेरा उपचार किया था। शिवडी छोड़ने के कारण कुछ और ही थे। बहनोई ने वहाँ का घर बेचकर अपना बोरिया-बिस्तर लपेटा और गाँव का रास्ता पकड़ा। जब बहनोई से बहन की शादी हुई, तब वह एस.एस.सी. में था। बहुत चुस्त दिखता। लगता, मैट्रिक होने के बाद कहीं भी क्लर्क बन जाएगा। पर हुआ कुछ और ही। मेरी जैसी ही हालत हुई उसकी। कुछ विषय छूटने के बाद भी वह अंग्रेज़ी में फ़ेल था। उसी समय उसकी माँ कैंसर से मर गई। उसके पिताजी का घर में बिलकुल ध्यान नहीं था। बुढ़ापे में भी वह बाई-बोतल में खोए हुए थे। बहनोई की बुरी हालत देखकर मैंने उसे अपने ऑफ़िस में चपरासी के तौर पर चिपका दिया। मैं साहब और बहनोई चपरासी। मैं अपना रिश्ता किसी को न बताता। बहनोई वैसे स्वभाव से ही बड़ा हुनरबाज़ था। उसे चपरासी की नौकरी पसन्द नहीं थी। टिलोपॉल से धुले कपड़े पहनकर वह स्टूल पर बैठता। दिन-भर उपन्यास पढ़ता रहता। उसे ऑफ़िस के लोग 'छोटा साब' कहकर पुकारते। वैसे उसके स्वभाव में मुझ-सा दब्बूपन नहीं था। कहने को चपरासी, पर हज़ार गप्पें मारता। साहब लोगों के बीच बातों में हार न मानता। साहब लोग उसे कभी-कभी टूर पर ले जाते। चपरासी खाना बनाए, यह प्रथा थी, परन्तु पहले ही दिन उसने जानबूझकर इतनी मिर्ची डाली कि फिर आराम से बैठने लगा और साहब लोग खाना पकाने लगे। टूर से आने पर कई क़िस्से सुनाता। पर चपरासी की नौकरी में उसका मन नहीं रमा। वह गाँव लौटने का निर्णय कर लेता है।

गाँव में प्रारम्भ में उसकी बहुत फ़जीहत हुई। साइकिल की दुकान शुरू की। वह भी नहीं चली। एक बार तो तालुके में एक साइकिलवाले के यहाँ मज़दूरी की। बहन को भी मज़दूरी करने की नौबत आ गई। मेरे मन में टीस उठती। बहनोई अब गाँव की राजनीति में दाख़िल हुआ। सिर पर गांधी टोपी चढ़ाई। प्रारम्भ में वह हज़ारों की गप्पें मारता, उस समय मैं उसका मज़ाक उड़ाता। परन्तु कुछ सालों में ही उसने कुआँ खोदा। अंगूर का बगीचा लगाया। गन्ना लगाया, तब तो मैं हैरान रह गया यह सब देखकर। यह सब उसने अपने सिर पर कर्ज़ा करके किया था। मैं यदि किसी से पाँच-दस रुपये भी उधार ले लेता हूँ तो मुझे नींद नहीं आती। इसने इतना ढाँढ़स कैसे कर लिया होगा?

मैं माँ के साथ एक रिश्तेदार के घर रहता था। इन दिनों माँ की बीमारी बढ़ रही थी। बोर्डिंग में खाना पकाते समय एक ही जगह बैठने से उसके शरीर में कमज़ोरी फैल गई। चलते समय दम फूल जाता। ब्लडप्रेशर था ही। माँ दवाख़ाने न जाती। वह बहुत घबराती। उसकी धारणा थी कि एक बार दवाखाने गया आदमी वापस नहीं आता। दो-एक बार ज़बरदस्ती ले गया था। उसके पेट में मांस का गोला बन गया है, ऑपरेशन करना होगा--ऐसा बताया गया।

ऑपरेशन-थियेटर तक माँ को ले गया था। वहाँ चमकते औजार, असंख्य यन्त्र, चिकना टेबल देखकर माँ बहुत घबराई। सीधे नीचे बैठ गई। "मुझे बेटी के गाँव ले चल। मैं वहीं मरूँगी," उसने यह ज़िद पकड़ ली। अन्त में माँ को बहन के पास छोड़ आया।

माँ की सख़्त बीमारी का तार मिला। अब क्या होगा, इसका अन्दाज़ मन में लग चुका था। बहन के गाँव जाकर देखता हूँ कि माँ अब कभी भी मर सकती थी। मेरी ज़िन्दगी में कुछ भी ठीक से नहीं हुआ, इसलिए वह बहुत दुखी थी। मुझे पास बिठाकर कहती है, "बेटा, तू अब शादी कर ले। भले ही भंगी की लड़की ला, पर अकेला मत रह!"

माँ की मृत्यु की रात मैं संगमनेर गया था। शाम तक वापस लौटूँगा, ऐसी उम्मीद थी। रात जैसे-जैसे चढ़ रही थी, तब पता नहीं कैसे, मुझे एक भयंकर उदासी ने घेर लिया। बहनोई साथ था ही। घर चलने का आग्रह किया। दस-बारह मील का फ़ासला रहा होगा। भयानक रात। झींगुरों की किर्राहट, सुनसान रास्ता। कमर तक गहरी नदी उतरकर हम घर आए। घर आने पर देखा, माँ अन्तिम घड़ियाँ गिन रही है। माँ की मौत बहुत क़रीब से देखी। मेरी गोद में माँ का सिर था। मैं चम्मच से उसके मुँह में दूध डाल रहा था। बहन रुआँसा चेहरा लिये पास ही बैठी थी।

माँ के प्राण कब निकले, पता ही नहीं चला। दबे पाँव मौत आई थी। पड़ोसियों ने कहा, नाक के सामने धागा रखकर देखिए। दरअसल माँ कब की ख़त्म हो चुकी थी। पड़ोसियों को यह बात बहुत पहले मालूम हो चुकी थी, परन्तु उन्होंने बताया नहीं। ऐसा लगता, जैसे माँ सोई हो। इतनी शान्त मौत मैंने कभी नहीं देखी। पिताजी तो हाथ-पैर घिस-घिसकर मरे। पिताजी और माँ की मौत में यह अन्तर क्यों था, यह सवाल मुझे काफ़ी दिनों तक सताता रहा।

नदी किनारे माँ को जलाया गया। उसके पेट के भीतर के मांस के गोले को फूटते हुए मैंने देखा था। लगा, अन्त में मैं अपनी माँ को नहीं बचा सका न!

माँ की मौत पर मैं नहीं रोया। बड़े धैर्य से माँ का क्रिया-कर्म किया। परन्तु उस अवस्था में भी मैंने अपना मुंडन नहीं कराया। माँ की अस्थियाँ काफ़ी दिनों

तक बहनोई ने सँभाले रखी थीं। मैं जब भी गाँव जाता तब बहनोई कहता, "अरे, ये अस्थियाँ बम्बई के सागर में बहा दे।" मुझे यह पागलपन लगता। माँ की अस्थियों और मिट्टी में मुझे कोई फ़र्क़ न लगता। अन्त में बहनोई ने ही न जाने कब वे अस्थियाँ नासिक की गोदावरी नदी में बहा दीं।

अब सही अर्थों में मेरी ज़िन्दगी उजड़ चुकी थी। मेरी ज़िन्दगी से माँ का निकल जाना एक जानलेवा, अपूरणीय क्षति थी। माँ ने पहाड़ों-सी तकलीफ़ उठाई और मैं सारी ज़िन्दगी उसे कौन-सा सुख दे पाया? इकलौता आत्मिक आधार भी निकल चुका था।

नहीं...।

एक आधार की एकान्त में बड़ी याद आती और वह थी बकुला।

एक कविता याद आ रही है। उस कविता में कहा है :

गहरी-गहरी गुफ़ाओं में
चमकता प्रकाश-पुंज
वात्सल्य का हाथ
चीत्कारता हूँ मुक्ति के लिए...।

अब मैं यह नहीं बता सकूँगा कि यह वात्सल्य का हाथ मैंने किस सन्दर्भ में लिखा था! परन्तु मुझे यह बकुला का हाथ लगता। उसे कीचड़ से निकालना है, यह तीव्र इच्छा होती। दो-तीन बार वैसी कोशिश भी की। साथ में सदाशिव सावले थे। परन्तु मैं गाँव जाता तो सई बकुला को लेकर दूसरे गाँव चल देती। इस सन्दर्भ में उसका व्यवहार बड़ा कड़वा था। वह कहती, "यह नेता हो गया है न? कल बकुला बड़ी होगी तो उसे देवदासी बनाऊँगी। उसके सामने नचाऊँगी।"

जब उसका यह सन्देश मुझ तक पहुँचता तो मैं टूट जाता।

सई ने एक बूढ़े व्यक्ति से शादी कर ली। वह भी इतना बूढ़ा कि मेरा बाप दिखे। उसके मेरी उम्र के बेटे थे। सई ने ऐसा क्यों किया, मैं यह समझ नहीं पाया।

एक-दो बार मैंने उसे सरसरी निगाह से संगमनेर के बाज़ार में देखा। बदन पर मैली साड़ी। सिर पर घास का गट्ठा। पीठ पर नन्हा-सा बच्चा धोती में बँधा हुआ। उसके सामने जाने की मेरी हिम्मत नहीं हुई। लगा, उसकी इस ज़िन्दगी के लिए मैं ही ज़िम्मेदार हूँ।

ये देख अब तक मैं बहुत बोल चुका। घड़ा होता तो मुँह तक लबालब भर जाता। कहते हैं, दुख दूसरों को बताने से हलका होता है। परन्तु मुझे वैसा नहीं लगता। इसे बयान करते समय भी यातना ही महसूस हुई। दिमाग़ के तार ढीले हो गए।

मैं सारी उम्र डरता ही रहा हूँ। जितने व्यक्ति इस कथा में हैं, उससे भी अधिक उस अभावग्रस्त समाज में मिल जाएँगे जहाँ मैंने जन्म लिया। अब यही देख लो कि आपातकाल में मैं कितना डर गया था! बात चल निकली है, इसलिए बताता हूँ। इन दिनों एक भूमिगत कार्यकर्ता ने मुझे लिफ़ाफ़े में 'निरोध' भेजा और लिखा कि, 'तुम-सी डरपोक क़ौम फिर पैदा न हो, इसलिए यह व्यवस्था।" परन्तु वह भूमिगत कार्यकर्ता भी डरा हुआ था। उसने नीचे अपना नाम नहीं लिखा था।

'दूसरी आज़ादी' में उसे बहुत अच्छा लग रहा होगा, परन्तु मुझे वैसा कुछ नहीं लगता। ऐसा लगता है कि दुकान वही है, बोर्ड बदल गए हैं। आज़ादी के तीस साल बाद ही नहीं, वरन् आपातकाल के बाद आई इस दूसरी आज़ादी में भी मैं उतना ही डरा-सहमा हुआ हूँ। यह व्यवस्था मुझे कभी भी फ़ुटपाथ पर पटक देगी। मैं तो अब समाप्त होने की अवस्था में पहुँच रहा हूँ। परन्तु मेरे बेटे के भविष्य के लिए इस देश ने क्या कुछ रख रखा है, इस सम्भ्रम में मैं पड़ा हूँ।

इस सहमी हालत में मैं तुम्हारे साथ भीड़ में कहाँ-कहाँ होता हूँ! तू मन से पूछेगा तो मुझे यह सब पसन्द नहीं! परन्तु अकेला हो जाने का डर कहीं-न-कहीं दबा रहता है। हमेशा तुम्हारी ही सुनता हूँ, यह बात भी नहीं। विद्रोह भी फूटकर निकलता है।

आपातकाल का एक ही क़िस्सा बताऊँगा। 'राष्ट्रीय लेखक संघ' ने मुझे दिल्ली बुलाया। हवाई जहाज़ का टिकट, फ़ाइव-स्टार होटल में निवास आदि की व्यवस्था थी। इस लेखक-सम्मेलन में स्वयं प्रधानमन्त्री इन्दिरा गांधी उपस्थित थीं। तू मुझे यह मौक़ा नहीं छोड़ने देना चाहता था। परन्तु भीतर-ही-भीतर बेचैनी बारूद की सुरंग-सी जल रही थी। मैंने इस निमन्त्रण को ठुकरा दिया। एक बार फिर हवाई जहाज़ से नीचे की दुनिया देखने का अवसर हाथ से निकल जाता है। परन्तु इस बारे में मुझे तनिक भी पश्चात्ताप नहीं होता।

यह सतत बेचैनी ही मेरा स्थायी भाव है। यह तड़पन जिस दिन समाप्त हो जाएगी, उस दिन मुझे लगेगा कि मैं अपने-आपको कन्धा दे रहा हूँ और इसमें मुझे मरणांतक दुख होगा।

दगड़ू पवार अब चल रहा है। उसके कन्धे झुके हुए हैं। उसने कन्धों पर ईसा मसीह-सा भारी क्रूस उठा रखा है और लगता है, इस बोझ से वह झुक गया है।

ईसा मसीह के पीछे जैसी प्रकाश-पुंज की परिधि होती है, ऐसी परिधि इसके पीछे नहीं। धीरे-धीरे उसका धब्बा कम, कम और कम होता जा रहा है। अब वह विशाल भीड़ में समा चुका है।

मुझे अपनी ही एक कविता याद आ रही है :

दुखों से उफनता यह पेड़ मैंने देखा है
वैसे इसकी जड़ें बहुत गहरी हैं,
बोधिवृक्ष-सी—
बोधिवृक्ष फूला तो सही,
पर यह पेड़ हर ऋतु में झुलसता रहा...।

नस-नस से फूटना चाहती है यातना
ज्यों कोढ़ी की अँगुलियों से
पत्ते झरते हों
यह ठूँठ है किसका? डाल-डाल पर जकड़ी बैसाखी
मौत नहीं आती, इसलिए मृत्यु-वेदना सहता रहूँगा...।

दुखों से उफनता यह पेड़ मैंने देखा है...।

□□□